羅振玉學術論著集

第五集 下

羅振玉 著

羅繼祖 主編

王同策 副主編

上海古籍出版社

目録

朱竹垞先生撰《經義考》三百卷，見聞廣博，創存、佚、闕、未見四例，體例亦精善。顧當時但刻其半，厥後揚州馬氏復刻他半，始成完書。而前無目録，檢查不便，讀者憾焉。往在江南，嘗擬爲之補編，才成什二三，旋入都供職，中輟者數年。宣統初元，長農科大學，齋居無事，始補完之，成書八卷。

朱氏生國初隆盛之世，其時兵事既定，文化聿興，海内藏書家競蒐求遺書，大半皆先生同好所藏，咸得寓目，故得蒐採賅備。然卷帙既富，疏失自不能免，如當時未見之書，厥後《四庫全書》及《存目》與諸藏書家目録恒有著録者；其注闕者，亦往往人間尚有足本。此聞見未及，不能爲先生咎。惟今存之書，往往但載史志及前人目録所載卷數，而不載今本卷數；又書名或與今傳本不同；卷數與今傳本或異，或尚存之書失載卷數，或不分卷之書，多至數百葉而誤作一卷，或誤以篇爲卷，或撰人名字仕履有誤。此則當時未及詳核，致有遺憾。予補目時隨筆記注，别録爲《校記》一卷。

頃居遼東，藁存行篋，爰遣寫官爲之清寫，授之梓人，俾與先生書並行焉。癸酉仲春羅振玉。

經義考目録卷一

卷一　御注及敕撰

《孝經》一卷世祖御注

《日講四書解義》二十六卷聖祖敕撰

《日講書經解義》十三卷聖祖敕撰

《日講易經解義》十八卷聖祖敕撰

《孝經衍義》一百卷聖祖敕撰

卷二　《易》一

《連山》《唐志》十卷，司馬膺注。佚

卷三　《易》二

《歸藏》《隋志》十三卷，《唐志》同。《崇文書目》三卷，晉太尉參軍薛貞注

卷四　《易》三

《周易》《漢志》十三篇。存

卷五　《易》四

《竹書易經》五篇佚

竹書公孫氏段、邵氏陟《論易》二篇佚

卜子商《易傳僞本》隋、唐《志》二卷，《中經簿》四卷，《七録》六卷，《釋文·序録》三卷，《國史志》、《中興書目》十卷。今存

別本十一卷。佚

《周易子夏十八章僞本》一卷《崇文總目》三卷。佚

淮南王劉安《道訓》《漢志》二篇，劉向《別録》、《七畧》作十二卷。佚

田氏何《易傳》佚

王氏同《易傳》《漢志》二篇。佚

周氏王孫《易傳》《漢志》二篇。佚

丁氏寬《易傳》《漢志》八篇。佚

服氏光《易傳》《漢志》二篇。佚

《蔡公易傳》《漢志》二篇，名字未詳。佚

楊氏何《易傳》《漢志》二篇。佚

韓氏嬰《易傳》《漢志》二篇。佚

施氏讐《周易章句》《漢志》二篇。佚

孟氏喜《周易章句》《漢志》二篇，梁《七録》十卷，《隋書》八卷，《釋文・序録》十卷，新舊《唐書・志》同。佚

《周易灾異》《漢志》十一篇，又六十六篇，蓋合京房言之。佚

梁丘氏賀《周易章句》《漢志》二篇。佚

五鹿氏充宗《周易畧説》《漢志》三篇。佚

卷六　《易》五

焦氏延壽《易林》《隋志・五行家》十六卷，新、舊《唐書・志》、《崇文總目》同。《七録》作三十二卷，殆合《變占》十六卷言

之。存

《易林變占》《隋志·五行家》十六卷。佚

卷七　《易》六

京氏房《易傳》《通志》三卷，《漢志》十一篇，《通考》四卷。存

《周易章句》《隋志》十卷，《七録》十卷，《録》一卷目，《釋文·序録》十二卷。佚

《周易錯卦》《隋志·五行家》七卷，《七録·經部》八卷。佚

《周易妖占》《隋志·五行家》十二卷，《七録》十三卷。佚

《周易占事》《隋志·五行家》十二卷。佚

《周易守林》《隋志·五行家》三卷。佚

《周易飛候》《隋志·五行家》九卷，又六卷，《七録》八卷，新、舊《唐志》六卷。佚

《周易飛候六日七分》《隋志·五行家》八卷。佚

《周易四時候》《隋志·五行家》四卷，新、舊《唐志》二卷。佚

《周易混沌》《隋志·五行家》四卷。佚

《周易委化》《隋志·五行家》四卷。佚

《周易逆刺占灾異》《隋志·五行家》十二卷，《漢志·灾異》孟氏、京房六十六篇，京氏、段嘉十二篇。佚

《易傳積算法雜占條例》《通考》一卷。存

段氏嘉《易傳》《漢志》十二篇。佚

任氏良《易旗》《漢志·蓍龜家》七十一卷。佚

卷八　《易》七

費氏直《周易注》《釋文·序録》，新、舊《唐志》作「章句」。《七録》四卷。佚

《易林》《隋志·五行家》二卷，《七録》五卷。佚

《周易筮占林》《七録·五行家》五卷。佚

《易内神筮》《隋志·五行家》二卷。佚

高氏相《易説》佚

趙氏賓《易論》佚

於陵氏欽《易吉凶》《漢志·蓍龜家》二十三卷。佚

伏氏萬壽《周易集林》《隋志·五行家》十二卷。佚

嚴氏遵《周易骨髓決》《通志》一卷。佚

崔氏篆《易林》六十四篇佚

洼氏丹《易通論》《本傳》七篇。佚

景氏鸞《易説》佚

袁氏太伯《易章句》佚

袁氏京《易難記》佚

彭氏宣《易傳》佚

戴氏崇《易傳》佚

樊氏英《易章句》佚

許氏峻《易新林》《隋志·五行家》一卷，《七録》十卷。佚

《易決》《七録》作《易要決》，《隋志·五行家》一卷，《七録》三卷。佚

《易雜占》《七録》七卷。佚

《易灾條》《隋志·五行家》二卷。佚

馬氏融《周易注》或作「傳」。《七録》一卷；《釋文·序録》，新、舊《唐書》作「章句」，十卷。佚

卷九 《易》八

鄭氏玄《周易注》《隋志》九卷，《七録》十二卷，《舊唐志》同。《釋文·序録》、《新唐書》十卷。王應麟録成一卷。佚

荀氏爽《周易注》《隋志》十一卷，新、舊《唐志》十卷。佚

《九家易解》《隋志》十卷。《釋文·序録》，新、舊《唐志》作「集解」。佚

劉氏表《周易章句》《隋志》五卷，新、舊《唐志》同，《中經簿》録《易注》十卷，《七録》九卷，《目録》一卷。佚

宋氏衷《周易注》或作「忠」，《七録》十卷，新、舊《唐志》同，《釋文·序録》九卷。佚

李氏譔《古文易》佚

張氏滿《周易林》《唐志》七卷。佚

魏氏伯陽《周易參同契》《唐志》二卷，《崇文總目》一卷，《通考》三卷。存

亡名氏《古五子傳》《漢志》十八篇。佚

《古雜傳》《漢志》八十篇。佚

《神輸》《漢志》五篇。佚

《雜灾異》《漢志》三十五篇。佚

《周易》《漢志·著龜家》三十八卷。佚

《蓍書》《漢志·蓍龜家》三十八卷。佚

《周易明堂》《漢志·蓍龜家》二十六卷。佚

《周易隨曲射匿》《漢志·蓍龜家》五十卷。佚

《大筮衍易》《漢志·蓍龜家》二十八卷。佚

《大次雜易》《漢志》三十卷。佚

《易卦八具》《漢志·蓍龜家》卷未詳。佚

《鼠序卜黄》《漢志·蓍龜家》二十五卷。佚

《周易版詞》《通考》一卷。佚

卷十　《易》九

王氏朗《易傳》佚

董氏遇《周易注》《釋文·序録》作「章句」，《七録》十卷。佚

劉氏邠《易注》佚

管氏輅《周易通靈決》《隨志·五行家》二卷。佚

《周易通靈要決》《隋志·五行家》一卷。佚

《周易林》《唐志・五行家》四卷。佚

鍾氏會《周易无互體論》《七録》三卷。佚

《周易盡神論》《隋志》一卷。佚

王氏肅《周易注》《隋志》十卷。佚

《周易音》佚

王氏弼《周易注》《隋志》六卷，《七録》十卷。存

《周易畧例》《隋志》一卷，新、舊《唐志》合《周易注》作七卷。存

《周易窮微論》《通志》一卷。佚

《易辨》《中興書目》一卷。佚

何氏晏《周易私記》二十卷佚

《周易講説》十三卷佚

孫氏炎《周易例》佚

荀氏煇《周易注》《七録》十卷。佚

阮氏籍《通易論》《宋志》一卷，胡一桂曰：「凡五篇」。存

嵇氏康《周易言不盡意論》一篇佚

虞氏翻《周易注》《隋志》九卷，《釋文·序録》十卷。闕

《易律曆》《隋志·五行家》一卷。佚

《周易集林》《隋志·五行家》一卷。佚

《周易日月變例》《七録》六卷，《隋志》注：「《周易日月變例》六卷，虞翻、陸績撰。」佚

陸氏績《周易注》《釋文·序録》「注」作「述」，《隋志》十五卷，《釋文·序録》，新、舊《唐志》十三卷，《會通》一卷，《鹽邑志林》載有一卷。佚

《注京氏易》三卷存

程氏秉《周易摘》佚

姚氏信《周易注》《隋志》十卷，《七録》十二卷。佚

尚氏廣《周易雜占》《隋志·五行家》九卷，《唐志》八卷。佚

翟氏玄《易義》《九家易》作「翟子元」。佚

《張氏易義》佚

《朱氏易義》佚

《楊氏周易集二王注》《隋志》五卷。佚

《周易馬鄭二王四家集解》《隋志》十卷。佚

卷十一　《易》十

裴氏秀《易論》佚

衛氏瓘《易義》佚

王氏宏《易義》佚

鄒氏湛《周易統畧》《隋志》五卷，新、舊《唐志・統畧論》三卷。佚

劉氏兆《周易訓注》佚

向氏秀《周易義》佚

阮氏咸《周易難答論》《唐志》二卷。佚

應氏貞《明易論》《唐志》一卷。佚

王氏齊《周易義》佚

皇甫氏謐《易解》佚

阮氏渾《周易論》《釋文・序録》「論」作「義」，《隋志》二卷。佚

袁氏準《周易傳》佚

庾氏運《易義》佚

郭氏琦《注京氏易》一百卷佚

徐氏苗《周易筮占》《七録・五行家》二十四卷。佚

欒氏肇《周易象論》《隋志》三卷，《唐志》一卷。佚

李氏充《周易音》六篇佚

王氏廣《周易注》《隋志》三卷殘闕，《七録》十卷，《釋文・序録》十二卷。佚

楊氏乂《周易卦序論》《隋志》一卷，新、舊《唐志》同。佚

郭氏璞《周易洞林》《隋志・五行家》三卷，《宋志》一卷。佚

《周易新林》《隋志・五行家》九卷，又四卷。佚

《周易林》《七録・五行家》六卷。佚

《易立成林》《隋志・五行家》二卷。佚

《周易玄義經》《宋志》一卷。佚

《易斗圖》《隋志・五行家》一卷。佚

《易八卦命録斗内圖》《隋志・五行家》一卷。佚

葛氏洪《周易雜占》《七録・五行家》十卷。佚

孫氏盛《易象妙于見形論》一篇佚

袁氏宏《周易畧譜》《舊唐志》一卷，《新唐志》同。佚

宣氏舒《通易象論》陸氏《經典·序録》作《通知來藏往論》，《唐志》一卷。佚

張氏輝《易義》佚

杜氏育《易義》佚

楊氏瓚《易義》佚

邢氏融《易義》佚

裴氏藻《易義》佚

許氏適《易義》佚

楊氏藻《易義》佚

張氏軌《易義》佚

張氏璠《周易集解》《七録》十卷，《隋志》八卷殘缺，新、舊《唐志》仍云十卷。佚

《畧論一卷》佚

干氏寶《周易注》《隋志》十卷，今止存一卷，《鹽邑志林》載之。佚

《周易宗塗》《七録》四卷。佚

《周易爻義》《隋志》一卷。佚

《周易問難》二卷佚

《周易玄品》二卷佚

殷氏融《象不盡意論》一篇佚

黄氏穎《周易注》《隋志》四卷，《七録》、《唐志》十卷。佚

宋氏岱《周易論》《隋志》一卷。佚

徐氏邈《周易音》《隋志》一卷。佚

范氏宣《周易論難》佚

李氏顒《周易卦象數旨》《七録》六卷。佚

顧氏夷等《周易難王輔嗣義》《七録》一卷。佚

李氏軌《周易音》《隋志》一卷。佚

宋氏處宗《通易論》《唐志》一卷。佚

李氏悦之《易音》佚

沈氏熊《周易譜》《唐志》一卷。佚

《周易雜音》《唐志》三卷。佚

范氏長生《周易注》《隋志》作「蜀才」。《隋志》十卷，《舊唐志》同。佚

卷十二　《易》十一

宋明帝《集羣臣講易義疏》《隋志》十九卷，《七録》、《唐志》二十卷。佚

《國子講易議》《七録》六卷。佚

張氏該等《羣臣講易疏》《唐志》二十卷。佚

荀氏柔之《易音》佚

雷氏次宗《周易注》佚

何氏諲之《周易疑通》《七録》五卷。佚

張氏浩《周易占》《隋志》一卷。佚

徐氏爰《易音》佚

范氏歆《周易義》《隋志》一卷。佚

《齊國學周易講疏》《七録》二十六卷。佚

祖氏冲之《易義》佚

顧氏歡《注王弼易》佚

沈氏驎士《易經要畧》佚

徐氏伯珍《周易問答》《七録》一卷。佚

周氏顒《周易論》《隋志》十卷，《七録》三十卷。佚

梁武帝《周易大義》《隋志》二十一卷，《唐志》二十卷。佚

《大義疑問》《唐志》二十卷。佚

《周易講疏》《隋志》三十五卷。佚

簡文帝《易林》十七卷佚

元帝《周易講疏》《梁書》十卷。佚

《連山》《隋志》三十卷。佚

《洞林》《隋志》三卷。佚

《筮經》《梁書》十二卷。佚

南平王蕭偉《周易幾義》《隋志》一卷。佚

《周易發義》《唐志》一卷。佚

蕭氏巋《周易義記》佚

蕭氏子政《周易義疏》《隋志》十四卷。佚

伏氏曼容《周易注》《七録》八卷。佚

《周易集林》《唐志》十二卷，又一卷。佚
陶氏弘景《易髓》《宋志》三卷。佚
褚氏仲都《周易講疏》《隋志》十六卷。佚
何氏胤《周易注》《隋志》十卷。佚
賀氏瑒《周易講疏》佚
朱氏异《集注周易》《七録》一百卷。佚
孔氏子袪《續朱异集注周易》一百卷佚
庾氏詵《易林》二十卷佚
費氏元珪《周易注》《七録》九卷。佚
尹氏濤《周易注》《七録》六卷。佚
姚氏規《周易注》《隋志》七卷。佚
崔氏覲《周易注》《隋志》十三卷。佚
《周易統例》《隋志》十卷。佚
馬氏楷《周易爻》《七録》一卷。佚
沈氏林《周易義》《七録》三卷。佚

武氏靖《周易雜占》《七録》八卷。佚

梁氏蕃《周易開題義》《唐志》作《開題論序疏》，《隋志》十卷。佚

《周易文句義疏》《唐志》二十卷。佚

《周易釋序義》《唐志》三卷。佚

周氏弘正《周易義疏》《隋志》十六卷。佚

張氏譏《周易義》或作「講疏」，《隋志》三十卷。佚

魯氏弘度《易林》《隋志》三卷。佚

卷十三　《易》十二

崔氏浩《周易注》《隋志》十卷。佚

闞氏駰《集王朗易傳》佚

劉氏昞《周易注》佚

盧氏景裕《周易注》佚

關氏朗《易傳》《宋志》一卷，陳振孫曰：「或云阮逸僞作，朱子亦以爲僞書。」存

李氏鉉《周易義例》佚

權氏會《周易注》佚

何氏妥《周易講疏》《隋志》十三卷，《北史》三卷。佚

王氏通《讚易》十卷佚

王氏又玄《周易注》《唐志》十卷。佚

王氏凱沖《周易注》《唐志》十卷。佚

侯氏果《易説》佚

虔氏薛《周易音注》佚

臨氏孝恭《孔子馬頭易卜書》一卷佚

何氏《六象論》一篇佚

謝氏《周易注》《七録》八卷。以下諸家均失名。佚

莊氏《易義》佚

傅氏《周易注》《隋志》十三卷，《啟蒙翼傳》作十四卷。佚

盧氏《周易注》《隋志》十卷。佚

范氏《周易音》《隋志》一卷。佚

顏氏《周易立成占》《隋志》三卷。佚

顔氏《周易孔子通覆決》《隋志》三卷。佚

鄭氏《易腦經》《隋志》二卷。佚

《晉易髓八卷》闕。今止存二卷

《周易雜論》《七録》十四卷。佚

《周易問》《隋志》二十卷，《唐志》十卷。佚

《擬周易義疏》《七録》十三卷。佚

《周易文句義》《隋志》二十卷，疑即梁蕃書。佚

《周易新圖》《七録》一卷。佚

《周易譜》《隋志》一卷。佚

《周易雜占》《隋志》十三卷，又十一卷。佚

《易要決》《隋志》二卷，《七録》三卷。佚

《周易新林》《隋志》一卷，又二卷。佚

《周易林》《隋志》十卷，《七録》三十三卷。佚

《易讚林》《隋志》二卷。佚

《易立成》《隋志》四卷。佚

《神農重卦經》《隋志》二卷。佚

《文王幡音》《隋志》一卷。佚

《易三備》《隋志》三卷，又一卷。佚

《易占》《隋志》三卷。佚

《易射覆》《隋志》二卷，又一卷。佚

《易林要決》《隋志》一卷。佚

《周易歷》《隋志》七卷。佚

《周易初學筮要法》《七録》一卷。佚

《易歷決疑》《隋志》二卷。佚

《周易卦林》《隋志》一卷。佚

《易新圖序》《隋志》一卷。佚

《易通統圖》《隋志》二卷，又一卷。佚

《易統卦驗玄圖》《隋志》一卷。佚

《易八卦斗内圖》《隋志》二卷，又二卷。佚

《周易八卦五行圖》《七録》一卷。佚

《周易斗中八卦絶命圖》《七録》一卷。佚

《周易斗中八卦推游年圖》《七録》一卷。佚

《周易髓腦》《隋志》二卷。佚

《周易分野星圖》《隋志》一卷。佚

卷十四　《易》十三

魏氏徵《周易義》六卷佚

孔氏穎達等《周易正義》《舊唐志》十四卷，《中興書目》同，《新唐志》作十六卷。存

《周易玄談》六卷佚

陸氏德明《周易文句義疏》《唐志》二十四卷，《本傳》二十卷。佚

《周易大義》《唐志》作《文外大義》，《隋志》二卷。佚

《周易釋文》《唐志》一卷。存

王氏玄度《周易注》《舊唐志》十卷。佚

任氏希古《周易注》《唐志》十卷。佚

薛氏仁貴《周易新注本義》《唐志》十四卷。佚

李氏淳風《周易玄義》《通志》三卷。佚

《周易薪冥軌》《通志》一卷。未見。《一齋書目》有之

袁氏天綱《易鏡玄要》《通志》一卷。佚

陰氏弘道《周易新論傳疏》「弘」或作「洪」，《唐志》十卷。佚

王氏勃《周易發揮》《唐志》五卷。佚

崔氏憬《周易探玄》佚

趙氏蕤《注關子明易傳》一卷存

張氏弧《周易王道小疏》《宋志》五卷，《紹興書目》十卷。佚

王氏隱《周易要削》《宋志》三卷。佚

李氏鼎祚《周易集解》《新唐書》作《集注周易》，《新唐志》十七卷，《中興書目》、《通考》十卷。存

郭氏京《易舉正》《宋志》三卷。存

《易髓》《宋志》三卷。佚

卷十五　《易》十四

東鄉氏助《周易物象釋疑》《唐志》一卷。未見。《一齋書目》有

崔氏良佐《易忘象》佚

元氏載《集注周易》《唐志》一百卷。佚

李氏吉甫《易象異義》一作《注一行易》。佚

劉氏禹錫《辨易九六論》一卷載《中山集》。存

畢氏中和《揲蓍法》佚

李氏翱《易詮》《宋志》三卷。佚

蔡氏廣成《周易啟源》《宋志》十卷。未見。《一齋書目》有

《周易外義》《宋志》三卷。佚

韋氏顗《易蘊解》佚

徐氏鄖《周易新義》三卷佚

裴氏通《易書》《新唐志》一百五十卷。佚

陸氏希聲《周易傳》《新唐志》二卷，《宋志》十三卷，《中興書目》六卷，《周易會通》作十卷。佚

《周易微旨》《通志》三卷。佚

高氏定《周易外傳》《唐志》二十二卷。佚

盧氏行超《易義》《唐志》五卷。佚

邢氏璹《周易正義補闕》《宋志》七卷，《崇文目》同。佚

《周易略例疏》《紹興書目》作「正義」，《宋志》三卷，《紹興書目》二卷。止一卷。存

張氏轅《周易啟玄》《宋志》一卷。佚

任氏奉古《周易發題》《通志》一卷。佚

蘇氏鶚《周易開玄關》《通考》一卷。佚

梁氏運《周易雜占筮訣文》《唐志》二卷。佚

史氏證《周易口訣義》《宋志》作「史文徽」，《宋志》六卷。佚

李氏含光《周易義畧》三篇未見

王氏遠知《易總》十五卷佚

成氏玄英《周易窮寂圖》《宋志》五卷。佚

《易流演》《宋志》五卷。佚

釋一行《易傳》十二卷佚

杜氏失名《新易林占》《唐志》三卷。佚

任氏正一《周易甘棠正義》《宋志》三十卷。佚

蒲氏乾貫《易軌》一卷劉恕《十國紀年》「乾貫」作「虔觀」。佚

《周易指迷》《紹興書目》作《周易軌革指迷訣》，《宋志》三卷，《紹興書目》二卷。佚

釋希覺《周易會釋記》《通志》二十卷。佚

《麻衣道者正易心法》《宋志》一卷。存

亡名氏《周易服藥法》《唐志》一卷。佚

《周易雜圖序》《唐志》一卷。佚

《周易内卦神筮法》《唐志》二卷。佚

卷十六　《易》十五

陳氏摶《易龍圖》《宋志》一卷。未見

王氏昭素《易論》《宋志》三十三卷。未見

劉氏遵《周易異議論》《通志》十卷。佚

胡氏旦《周易演聖通論》《宋志》十六卷。佚

李氏溉《卦氣圖》一篇存

龍氏昌期《周易注》《通志》十卷。佚

《周易絶筆書》《通志》四卷。佚

高氏志寧《周易化源圖》佚

劉氏牧《新注周易》《宋志》十一卷，《紹興書目》十卷。佚

《卦德通論》《紹興書目》作「統論」，《宋志》一卷。存

《周易先儒遺論九事》一卷存

《易數鈎隱圖》《宋志》一卷，《紹興書目》作三卷，今本同。存

宋氏咸《易訓》《宋志》三卷。佚

《易補注》《宋志》十卷。佚

《王劉易辨》一卷《紹興書目》二卷。佚

李氏見《易樞》十卷《蜀中著作記》五卷。佚

邵氏古《周易解》《通考》五卷。未見。《一齋書目》有

縱氏康乂《周易會通正義》《宋志》三十二卷。佚

林氏巽《易範》八篇佚

孫氏坦《周易析藴》十卷佚

代氏淵《周易旨要》《宋志》二十卷。佚

陸氏秉《周易意學》《宋志》十卷。佚

吴氏秘《周易通神》《宋志》一卷，《閩書》作五卷。佚

黄氏黎獻《續鈎隱圖》一卷佚

《畧例義》一卷佚

《室中記師隱訣》《宋志》一卷。佚

卷十七　《易》十六

李氏覯《易論集》一卷存

《删定易圖序論》《宋志》六卷，《通考》一卷。存

徐氏庸《周易意蘊凡例總論》《宋志》一卷。佚

卦變解《宋志》二卷。佚

李氏之才《變卦反對圖》八篇闕

《六十四卦相生圖》一篇存

范氏諤昌《大易源流圖》《宋志》一卷。佚

《易證墜簡》《宋志》一卷。佚

徐氏復、林氏瑀等《周易會元紀》佚

胡氏瑗《易傳》《宋志》作《易解》，《宋志》十卷，又《口義》十卷，《繫辭説卦》三卷。《口義》存。

阮氏逸《易筌》《宋志》六卷。佚

王氏洙《周易言象外傳》《宋志》十卷。佚

《古易》《宋志》十二卷。存

范氏仲淹《易義》一卷存。闕

張氏公裕《周易注解》佚

鄭氏昇《易學釋疑》佚

桂氏詢《周易畧例》《通志》一卷。佚

于氏房《易傳》佚

楊氏繪《易索藴》佚

陳氏希亮《鉤易圖辨》一卷《紹興書目》作《辨劉牧易》。佚

《制器尚象論》《通志》一卷。佚

周氏孟陽《易義》《通志》一卷。佚

龔氏鼎臣《易補注》《宋志》六卷。佚

陳氏襄《易講義》二卷存。闕

周氏希孟《易義》佚

黃氏晞《易義》《通志》十卷。佚

掌氏禹錫《周易集解》十卷佚

《周易流演遁甲圖》一卷佚

黃氏通《易義》《通志》一卷。佚

劉氏彝《周易注》佚

皇甫氏泌《易解》《宋志》十九卷，《通考》十四卷。未見

令狐氏揆《易疏精義》佚

石氏汝礪《乾生歸一圖》《宋志》十卷，《通考》二卷。佚

卷十八　《易》十七

石氏介《周易解》《宋志》作「口義」，建本作「解義」。《宋志》十卷，《紹興書目》卷同，題曰《易義》，《通考》作五卷。佚

歐陽氏修《易童子問》《宋志》三卷。存

張氏巨《易解》《續通考》十卷。佚

趙氏承慶《周易注》二十卷佚

鮑氏極《周易重注》《宋志》十卷。佚

孫氏載《易釋解》五卷《姑蘇志》作五十卷。佚

葉氏昌齡《周易圖義》《宋志》二卷，《中興書目》二卷。未見

王氏晳《周易衍注》四卷佚

《周易綱旨》二十篇佚

石氏牧之《易解》佚

李氏畋《易義》佚

羅氏適《易解》佚

王氏存《易解》佚

朱氏長文《易意》佚

莊氏綽《揲蓍新譜》一卷佚

陳氏臯《易論》《通志》十卷。佚

勾氏微《周易廣疏》《紹興書目》作「勾徽」，《通志》三十六卷。佚

薛氏温其《易義》佚

金氏君卿《易義》佚

冀氏震《周易義畧》《宋志》十卷。佚

陳氏良獻《周易發隱》《宋志》二十卷。佚

常氏豫《易源》《宋志》一卷。佚

張氏簡《周易義畧》《通志》九卷。佚

《易問難》二十卷佚

王氏錡《周易口訣》《通志》六卷。佚

何氏維翰《易義》佚

劉氏緯《易義》佚

陳氏文佐《易義》佚

袁氏建《易義》佚

盧氏穆《易義》佚

白氏勳《易義》佚

薄氏洙《易義》佚

汪氏沿《易義》佚

于氏弇《易義》佚

鄧氏至《易義》佚

彭氏宗茂《易解》佚

卷十九　《易》十八

周子惇頤《易通》一卷即《通書》。存

邵子雍《古周易》八卷《宋志》無，見《周易會通因革》。未見

鄭氏夬《周易傳》《通考》十三卷，《讀書志》、《玉海》俱作十二卷，《宋志》不列《易傳》，别著《時用書》二十卷、《明用書》九卷、《易傳辭》三卷、《易傳辭後語》一卷。佚

張子載《横渠易説》《宋志》十卷。存

王氏安石《易解》《宋志》十四卷，《通考》作二十卷。佚

顧氏棠《周易義類》《宋志》三卷。佚

沈氏季長《周易新義》《通志》二卷。佚

王氏逢《易傳》《通考》十卷。未見

司馬氏光《易説》《宋志》一卷，又三卷。佚

吕氏大防《周易古經》《通考》二卷，《書録解題》十卷。存

王氏巖叟《易傳》佚

鮮于氏侁《周易聖斷》《宋志》七卷。佚

孫氏覺《易傳》佚

鄒氏浩《易解》佚

蘇氏軾《易傳》《宋志》九卷，《通考》十一卷。存

蘇氏轍《易説》三篇存

卷二十　《易》十九

程子頤《易傳》《通考》十卷，《宋志》《傳》九卷、《繫辭解》一卷。存

龔氏原《易傳》《宋志》十卷。未見

《續解易義》《宋志》十七卷。未見

邵氏伯温《周易辨惑》《宋志》一卷。未見

陳氏瓘《了翁易説》《宋志》一卷。存

李氏貢《易義》《通志》二卷。佚

李氏平《西河圖傳》《宋志》一卷。未見

晁氏說之《録古周易》《宋志》八卷，《通考》作十二卷。存

《易規》一卷存

京氏《易式》佚

卷二十一　《易》二十

王氏湜《易學》《通考》一卷。存

喬氏執中《易説》《宋志》十卷。未見

李氏清臣《易論》三篇存

史氏通《易蓍》佚

黄氏賁《易傳》佚

王氏端禮《易解》佚

彭氏汝礪《易義》《宋志》十卷。佚

《伏羲俯仰畫卦圖》《通志》一卷。佚

房氏審權《周易義海》《通考》一百卷，今存《撮要》十卷。闕

米氏芾《易義》僅存真蹟書二條。闕

張氏汝明《易索》《宋志》十三卷。佚

潘氏鯁《易要義》三卷佚

黄氏裳《周易澶州講義》一篇存。載《演山集》

何氏執中《周易解》佚

蘇氏伯材《周易解義》三十卷佚

沈氏括《易解》《通考》二卷。未見

朱氏玠《易傳》佚

吕氏大臨《易章句》《宋志》一卷。佚

游氏酢《易説》《宋志》一卷。存

楊氏時《易説》闕。散見《大易粹言》

謝氏湜《易義》《宋志》十二卷。佚

王氏蘋《周易傳》一卷佚

郭氏忠孝《兼山易解》《宋志》二卷。闕。惟《大易粹言》所載存

《四學淵源論》《宋志》三卷。佚

譙氏定《易傳》佚

陳氏易《易解》佚

《先天圖説》佚

羅氏志沖《易解》佚

黄氏庶先《易圖》一卷佚

周氏秩《易説》十卷佚

徐氏鐸《易談》二十卷佚

林氏慮《易説》《宋志》九卷。未見。《一齋書目》有

趙氏克頎《周易開奥圖》佚

趙氏令湑《易發微》《宋志》十卷。佚

張氏弼《葆光易解》《宋志》作《易解義》，《宋志》十卷。佚

《卜子夏易傳解》佚

范氏浚《易論》一篇存

卷二十二　《易》二十一

陳氏禾《易傳》《宋志》十二卷，《本傳》九卷。未見

陳氏高《八卦數圖》《宋志》二卷。佚

凌氏唐佐《周易集解》《通考》作「凌公弼《易解義》」，《宋志》六卷，《通考》十卷。佚

林氏師説《易説》佚

杜氏紘《易説》佚

張氏根《吴園易解》《宋志》九卷，《通考》十卷。存

曾氏元忠《周易解》佚

尹氏天民《易論要纂》《宋志》一卷。佚

《易説拾遺》《宋志》二卷。佚

林氏震《易問》五卷佚

《易傳》十卷佚

饒氏子儀《周易解》佚

董氏逌《廣川易學》《通考》二十四卷。佚

牛氏師德《先天易鈐》《通考》二卷。佚

譚氏世勣《易傳》《宋志》十卷。未見

耿氏南仲《易解義》《宋志》十卷。存

陳氏正中《周易卦象賦》一卷見《紹興書目》。佚

黄氏宗旦《易卦象賦》二卷見《紹興書目》。佚

杜氏令賁《周易歌》一卷見《紹興書目》。佚

劉氏不疑《易論》二十四卷

丘氏鑄《周易卦斷》《通志》一卷

郭氏思永《周易明文》《通志》十卷

周氏鎮《周易精微》《通志》三卷

莊氏道名《周易畧例疏》《通志》一卷，《紹興書目》同

楚氏泰《周易折微通説》《通志》三十卷

《周易質疑卜傳》《通志》三十卷

許氏季山《易訣》《宋志》一卷

王氏曉《周易太清易經訣》《通志》一卷

王氏守一《周易探玄》《通志》九卷，《宋志》本十卷

黄氏景元《周易卦頌》《通志》一卷

阮氏兆《周易玉鑑頌》《紹興書目》「鑑」作「鏡」，《通志》一卷

邢氏朝宗《周易八仙經疏》《通志》一卷，《紹興書目》二卷

王氏鄯《易鏡》《宋志》三卷

《周易通神歌》《宋志》一卷

張氏胥《周易繚繞詞》《通志》一卷。

劉氏不疑以下，時代未詳，存佚亦莫可考

郝氏《周易述解》佚

卷二十三　《易》二十二

李氏綱《梁谿易傳内外篇》《通考》十九卷。佚

張氏浚《紫巖易傳》《宋志》十卷。存

李氏光《讀易老人解説》《宋志》十卷。未見

許氏翰《易傳》佚

沈氏該《周易小傳》《宋志》六卷。存

曾氏幾《周易釋象》《宋志》五卷。佚

王氏庭珪《易解》二十卷佚

何氏兑《龜津易傳》佚

王氏師心《易説》佚

朱氏震《漢上易集傳》《宋志》十一卷。存

《周易卦圖》《宋志》三卷。存

《周易叢説》《宋志》一卷。存

尹氏躬《易解》佚

黄氏祖舜《易説》佚

曹氏粹中《易解》佚

金氏安節《周易解》佚

程氏克俊《易通解》十卷佚

卷二十四　《易》二十三

胡氏銓《易傳拾遺》《宋志》十卷。佚

洪氏興祖《周易古今考異釋疑》《宋志》一卷。佚

《周易通義》二十卷見《鎮江府志》。佚

《古易攷義》十卷見《鎮江府志》。佚

《古今易總志》三卷見《鎮江府志》。佚

錢氏述《易斷》見尤氏《遂初堂目録》。佚

林氏儵《易説》《宋志》十二卷。佚

《變卦天道大備書》《宋志》八卷，又五卷。佚

《變卦纂集》《宋志》一卷。佚

李氏授之《易解通義》《宋志》三十卷，《玉海》作「易解」。佚

劉氏翔《易解》《宋志》六卷。佚

吴氏沆《易璇璣》《宋志》三卷。存

郭氏伸《易解》見《玉海》。佚

王氏義朝《易説》十卷佚

《易論》十二卷佚

張氏掄《易卦補遺》佚

丘氏礪《易議》佚

王氏大寶《周易證義》十卷佚

吴氏巘《周易詳解》四十卷未見

周氏聿《易説》佚

徐氏霖《易傳》佚

章氏服《易解》二卷佚

鄭氏克《揲蓍古法》《宋志》一卷。未見

劉氏藻《易解》五卷佚

闞氏注《易傳》一卷佚

郭氏雍《傳家易説》《宋志》十一卷。闕。今惟《大易粹言》所載存

《卦辭旨要》六卷見《中興書目》。未見

《蓍卦辨疑》二卷未見

都氏潔《易變體》一作「體裁」，《宋志》十六卷。未見。《一齋書目》有

《周易説義》十四卷佚

喻氏樗《易義》佚

李氏郁《易傳》佚

鄭氏剛中《周易窺餘》《宋志》十五卷。未見

《大易賦》一篇存

卷二十五　《易》二十四

鄭氏東卿《易卦疑難圖》《通考》二十五卷。未見

《易説》《宋志》三卷。未見

《先天圖注》一卷佚

馮氏當可《易論》三卷佚

晁氏公武《易詁訓傳》一名《易廣傳》，《宋志》十八卷。佚

夏氏休《周易講義》《宋志》九卷。佚

徐氏珦《易解》佚

鄭氏厚《存古易》佚

徐氏良能《易説》佚

陳氏天麟《易傳》佚

諸葛氏説《艮園易説》佚

陳氏知柔《易本旨》十六卷佚

《易大傳》三卷佚

《易圖》一卷佚

鄭氏畊老《易範》佚

王氏剛中《易説》佚

劉氏季裴《周易解頤》佚

錢氏俁《易説》三卷佚

彭氏與《周易義解》十册佚

《神授易圖》四册佚

《易證詩》一册佚

《易義文圖二軸》佚

宋氏大明《周易解》見《玉海》。佚

黄氏開《周易圖説》佚

魯氏訔《易説》二十卷佚

芮氏燁《易傳》一卷佚

柴氏翼《易索隱》佚

閭丘氏昕、胡氏寅《二五君臣論》一卷未見

胡氏宏《易外傳》一卷存。載《五峯集》

劉氏朔《易占》佚

《圖書注》佚

蔣氏夔《周易解》佚

韓氏大寧《周易集注》佚

徐氏畸《周易解微》三卷佚

徐氏人傑《易傳》佚

孫氏份《周易先天流衍圖》《宋志》十二卷。佚

樂氏洪《周易卦氣圖》一卷佚

劉氏熊《東溪易傳》佚

劉氏庭直《周易集傳》佚

施氏師點《易説》四卷佚

何氏逢原《周易解説》佚

卷二十六　《易》二十五

張氏行成《周易通變》四十卷存

劉氏烈《虚谷子解卦周易》《宋志》三卷。佚

李氏衡《周易義海撮要》《宋志》十二卷。存

劉氏文郁《周易宏綱》《宋志》八卷。佚

王氏日休《龍舒易解》《宋志》一卷。佚

《準繫易象》二十四卷《篆竹堂書目》有。未見

林氏維屏《榕臺易論》佚

郭氏彦逢《易辨説》十篇佚

趙氏彦真《易集解》五卷佚

黄氏顔榮《易説》佚

藺氏廷瑞《漁樵易解》十二卷佚

李氏椿《周易觀畫》《宋志》二卷。佚

薛氏季宣《古文周易》十二卷佚

郭氏{縝}《易春秋》二十卷{未見。《一齋書目》有}

羅氏{泌}《易説》{佚}

程氏{大昌}《易原》{《宋志》十卷。佚}

余氏{端禮}《周易啟蒙》{佚}

高氏{曇}《易説》二十卷{佚}

卷二十七　《易》二十六

楊氏{簡}《慈湖易解》十卷{存}

《己易》{《宋志》一卷。存}

《易學啟蔽》{未見}

王氏{炎}《讀易筆記》{《宋志》八卷，《通考》九卷。佚}

《易數稽疑》{佚}

林氏{栗}《周易經傳集解》{《宋志》三十六卷。存}

袁氏{樞}《易學索隱》{《宋志》一卷。佚}

《易傳解義》{佚}

《周易辨異》佚

《易童子問》佚

卷二十八　《易》二十七

張氏栻《易說》十一卷。未見

程氏迥《易章句》《宋志》十卷。佚

《周易外編》《宋志》一卷。存

《古易考》《宋志》一卷。未見

《古易占法》《宋志》一卷。存

趙氏彦肅《復齋易說》六卷存

項氏安世《周易玩辭》《宋志》十六卷。存

趙氏善譽《易說》《宋志》二卷。佚

李氏吕《周易義說》佚

石氏［憝］《周易解》佚

丘氏義《易說》佚

邵氏囦《讀易管見》佚

卷二十九　《易》二十八

楊氏萬里《誠齋易傳》《宋志》二十卷。存

曾氏穜《大易粹言》《宋志》十卷，或作七十卷。存

李氏燾《周易古經》八篇存

《易學》《宋志》五卷。佚

周氏燔《九江易傳》九卷佚

卷三十　《易》二十九

吴氏仁傑《古周易》《宋志》十二卷。未見

《周易圖説》《宋志》二卷。存

《集古易》《宋志》一卷。存

吕氏祖謙《古易》《宋志》一卷，《通考》十一卷。存

《東萊易説》二卷存

《古易音訓》《宋志》二卷。存
《讀易紀聞》一卷存

卷三十一　《易》三十

朱子熹《易傳》《宋志》十一卷。佚
《周易本義》《宋志》十二卷。存
《易學啟蒙》《宋志》三卷。存
《古易音訓》《宋志》二卷。未見
《蓍卦考誤》一卷存
《朱文公易説》二十三卷文公孫鑑輯。存
陳氏淳《周易講義》三篇存
林氏至《易裨傳》《宋志》一卷，《通考》二卷，《外篇》一卷。存
趙氏善佐《易疑問答》佚
潘氏柄《周易集義》六十四卷未見
何氏鎬《易集義》佚

許氏升《易解》「升」《閩大紀》作「弁」。佚
董氏銖《周易師訓》未見
詹氏體仁《周易象數總義》一卷佚
徐氏僑《讀易記》三卷佚
劉氏爚《易經説》佚
江氏默《周易訓解》六卷佚
孫氏調《易解》十卷佚
鄭氏文遹《易學啟蒙或問》佚
馮氏椅《厚齋易學》《宋志》五十卷。未見
蔡氏淵《周易經傳訓解》四卷止三卷。存
《易象意言》佚
《卦爻辭旨》佚
《大傳易説》佚
《象數餘論》佚
《古易叶韻》佚

葉氏味道《周易會通》佚

戴氏蒙《易説》佚

吴氏昶《易論》佚

林氏學蒙《易解》佚

陳氏文蔚《易傳》佚

卷三十二　《易》三十一

何氏萬《易辨》《通考》三卷。佚

《淵源録》《通考》三卷。佚

李氏舜臣《易本傳》《宋志》三十三卷。佚

倪氏思《易訓》《宋志》三十卷。佚

《易説》二卷佚

蔡氏戡《易解》佚

陳氏炳《易講義》五卷佚

馮氏誠之《易英》十卷佚

王氏時會《周易訓傳》佚

劉氏光祖《續東溪易傳》佚

史氏彌大《易學指要》佚

范氏飛卿《易辨》佚

丘氏巽之《易原》佚

陳氏造《易説》一卷載《江湖長翁集》。存

楊氏大法《易説》佚

商氏飛卿《周易講義》《宋志》一卷。未見

胡氏有開《周易解義》《宋志》四十卷。佚

楊氏炳《易説》佚

義氏太初《周易集注》五卷佚

葉氏適《周易述釋》一卷未見

林氏應辰《易説》佚

戴氏溪《周易總説》《宋志》二卷。佚

吕氏凝之《易書》四十卷佚

王氏宗傳《童溪易傳》三十卷存

陳氏舜申《易鑑》佚

鄒氏安道《易解發題》佚

薛氏紱《易則》十卷佚

趙氏汝談《周易説》《宋志》三卷。佚

易氏祓《周易總義》二十卷未見

《易學舉隅》四卷未見

鄭氏鑑《周易注》佚

丁氏鋏《易通釋》佚

朱氏質《易説舉要》佚

陳氏德一《易傳發微》未見。《一齋目》有之

袁氏聘儒《述釋葉氏易説》《宋志》一卷。佚

卷三十三　《易》三十二

葉氏秀發《易説》佚

葉氏皆《易解》佚
李氏起渭《易説》佚
蘇氏竦《易解》佚
李氏過《西溪易説》十二卷存
魏氏了翁《周易集義》《宋志》六十四卷。存
毛氏璞《易傳》十一卷未見
黄氏龜朋《周易解》佚
宋氏聞禮《易解》佚
徐氏雄《易解》佚
艾氏謙《易學理窟》一卷佚
王氏宗道《易説指圖》十卷佚
王氏太沖《易爻變義》佚
楊氏忱中《易原》九卷《聚樂堂目》作三卷。未見
吴氏淵《周易解》佚
蔡氏齊基《周易述解》九卷佚

李氏心傳《丙子學易編》十五卷闕。今存俞石澗節本什之一

牟氏子才《四尚易編》佚

王氏萬《易説》佚

陸氏持之《周易提綱》佚

羅氏之紀《易傳》三卷佚

潘氏夢旂《大易約解》《宋志》九卷。未見

趙氏以夫《易通》十卷《聚樂堂目》六卷。存

田氏疇《學易蹊徑》二十卷未見。《一齋書目》有

卷三十四　《易》三十三

高氏元之《易解》一卷佚

錢氏佃《易解》三十卷佚

胡氏謙《易説》佚

《易林》佚

司馬氏子已《先後天圖》佚

柳氏申錫《三易圖説》十卷佚
楊氏泰之《大易要言》二十卷佚
《易類》五卷佚
任氏直翁《易心學》佚
林氏叔清《古易》佚
虞氏剛簡《易説》佚
徐氏相《周易直説》佚
趙氏共父《古易補音》佚
鄭氏汝諧《易翼傳》《宋志》二卷。存
傅氏子雲《易傳》佚
湯氏建《周易筮傳》佚
林氏萬頃《易解》佚
張氏孝直《周易口義》佚
申氏孝友《易説》佚
劉氏彌邵《易稿》佚

趙氏善湘《周易說約》八卷佚
《周易或問》四卷佚
《周易續問》八卷佚
《周易指問》四卷佚
《學易補過》六卷佚
孟氏珙《警心易贊》佚

卷三十五　《易》三十四

林氏子雲《易說》十卷佚
羅氏大經《易解》十卷佚
林氏希逸《易講義》未見
陳氏沖飛《易原》十卷佚
卓氏得慶《易解》佚
謝氏升賢《易通》佚
蕭氏山《讀易管見》佚

尤氏彬《讀易》四卷佚
吴氏如愚《準齋易説》《宋志》一卷。佚
方氏濯《易注解義》佚
錢氏時《周易釋傳》二十卷未見
張氏志道《易傳》三十卷佚
王氏應麟《古易考》未見
《輯周易鄭注》一卷存
馮氏去非《易象通義》佚
歐陽氏守道《易故》佚
蔡氏模《易傳集解》佚
戴氏仔《易傳》佚
戴氏侗《周易家説》未見
方氏逢辰《易外傳》五卷未見
胡氏仲雲《周易見一》佚
林氏光世《水村易鏡》一卷存

陽氏枋《存齋易説》佚

陽氏昰《字溪易説》佚

時氏少章《周易大義》佚

《周易卦贊》佚

季氏可《大易體卦》五十卷佚

周氏方《學易説》一卷未見

黄氏震《讀易日抄》一卷存

楊氏文焕《五十家易解》《宋志》四十二卷。佚

鄭氏起《易注》佚

吕氏中《易圖》一卷佚

舒氏湝《易釋》二十卷佚

齊氏夢龍《周易附説卦變圖》佚

卷三十六　《易》三十五

趙氏汝楳《周易輯聞》六卷存

《易雅》一卷存

《筮宗》三卷存

税氏與權《校正周易古經》十二卷闕

《易學啟蒙小傳》一卷存

方氏實孫《淙山讀周易記》《宋志》八卷，《澹生堂目》十卷，《聚樂堂目》十六卷。存

卷三十七　《易》三十六

陳氏友文《大易集傳精義》六十四卷《綱領》三卷。存

董氏楷《周易傳義附録》十四卷存

徐氏端方《易發揮》佚

程氏新恩《易圖》佚

陳氏沂《讀易記》佚

黄氏以翼《易説》佚

饒氏魯《易説》佚

徐氏幾《易輯》佚

毛氏友誠《玩易手抄》佚

章氏元崇《周易釋傳》佚

楊氏明復《周易會粹》未見

胡氏維寧《易筌蹄》佚

方氏汝一《易論》二卷佚

王氏鎡《易象寶鑑》佚

薛氏舜俞《易抄》佚

詹氏天錫《大易内解》佚

李氏杞《謙齋周易詳解》二十卷未見

陳氏廷言《易義指歸》四卷未見

王氏愷《易心》三卷未見。《菉竹堂目》有

李氏象《易統論》佚

孫氏義伯《復古蓍法》佚

冀氏珍《周易闡微詩》《宋志》六卷。佚

張氏杲《周易罔象成名圖》《宋志》一卷。佚

李氏贊《周易説》《宋志》九卷。佚
鄭氏子厚《大易觀象》《宋志》三十二卷。佚
朱氏承祖《易摭卦總論》《宋志》十卷。佚
劉氏禹偁《易解》《宋志》十卷。佚
湯氏義《周易講義》《宋志》三卷。佚
鄒氏巽《易解》《宋志》六卷。佚
安氏泳《周易解義》《宋志》卷亡佚
陸氏太易《周易口訣》《宋志》七卷。佚
趙氏仲鋭《易義》《宋志》五卷。佚
劉氏贊《易統》佚
林氏起鰲《易述古言》《宋志》二卷。佚
劉氏半千《羲易正元》《宋志》一卷。佚
江氏泳《易解》佚
田氏君右《周易管見》佚
潘氏植《易説》佚

劉氏澤《易説》佚

馮氏大受《易説》佚

儲氏泳《易説》佚

吴氏綺《易説》佚

陳氏義宏《易解》佚

方氏泳之《易口義》一卷佚

譚氏大經《易説》佚

翁氏泳《周易思齋口義》佚

湯氏焕《周易講義》三卷佚

徐氏君平《易説》佚

鄭氏廷芬《易索隱》佚

郭氏長孺《易解》十卷佚

卷三十八　《易》三十七

吕氏大圭《易經集解》佚

《學易管見》七卷佚

孫氏嶸叟《讀易管見》佚

王氏幼孫《易通》一卷佚

方氏回《讀易析疑》「析」一作「釋」。佚

《易中正考》佚

《易吟一百首》存。載《桐江續稿》

黎氏立武《周易説約》一卷佚

高氏斯得《易膚説》佚

徐氏直方《易解》六卷未見

胡氏次焱《餘學齋易説》未見

何氏夢桂《易衍》二卷未見

方氏公權《古易口義》佚

孟氏文龍《易解大全》三十卷佚

曾氏子良《周易輯説》佚

嚴氏肅《樸山易説》十四卷佚

吴氏霞舉《易管見》六十卷佚

《筮易》七卷佚

史氏蒙卿《易究》十卷佚

邱氏富國《周易輯解》十卷佚

《學易説約》五篇佚

包氏天麟《易注》佚

鄭氏儀孫《易圖説》佚

魏氏新之《易學蠡測》佚

汪氏深《周易占例》佚

練氏耒《大易發微》佚

邱氏葵《易解義》佚

石氏一鰲《周易互言總論》十卷佚

饒氏宗魯《易傳庸言》佚

熊氏采《周易講義》佚

衛氏富益《易經集説》佚

陳氏普《易經解注》二册未見
《易講義》一卷存
陳氏焕《易傳宗》佚
謝氏枋得《易説》未見

卷三十九　《易》三十八

何氏基《易學啟蒙發揮》二卷未見
王氏柏《讀易記》《宋志》十卷。未見
《涵古易説》《宋志》一卷。未見
《大象衍義》《宋志》一卷。未見
朱氏元昇《三易備遺》十卷存
王氏埜翁《見易篇》佚
《周易分注》佚
熊氏禾《周易集疏》《一齋書目》作「講義」。未見

卷四十　《易》三十九

胡氏方平《易學啟蒙通釋》二卷存

《外易》四卷「易」一作「翼」。未見

《易餘閒記》一卷未見

俞氏琰《周易集説》四十卷存

《讀易舉要》四卷未見

《易圖纂要》二卷存

《易古占法》一卷未見

《易外別傳》一卷存

《易經考證》佚

《易傳考證》佚

《讀易須知》佚

《六十四卦圖》佚

《卦爻象占分類》佚

《易圖合璧連珠》佚

《大易會要》一百三十卷佚

陳氏深《清全齋讀易編》三卷未見

龔氏焕《易説》佚

劉氏鏊《易纂圖》一卷佚

陳氏宏《易童子問》一卷未見。《菉竹堂目》有

《易象發揮》佚

周氏敬孫《易象占》佚

黄氏超然《周易通義》二十卷佚

《周易或問》五卷佚

《周易釋蒙》五卷佚

《周易發例》三卷佚

朱氏知常《經進易解》佚

《齊博士易解》見尤氏《遂初堂目》。佚

董氏《易傳覺》見尤氏《遂初堂目》。佚

李氏《易辨證》見尤氏《遂初堂目》。佚

朱氏《三宫易》《宋志》一卷。佚

何氏《周易講疏》《宋志》十三卷。佚

陳氏《周易六十四卦賦》《宋志》一卷。佚

沈氏愚庵《易注》佚

尹氏彦頤《易解》彦頤，高麗人。佚

經義考目録卷二

卷四十一　《易》四十

青城山人《揲蓍法》《宋志》一卷。佚

方舟先生《易互體例》一卷存

白雲子《周易元統》十卷未見

不爲子《揲蓍法》一卷佚

靈隱子《周易河圖術》一卷佚

天門子《周易卦法》二卷佚

樂只道人《羲文易論微》《宋志》六卷。佚

金華先生《易辨疑》見尤氏《遂初堂目》，卷亡

《玉泉易解》見尤氏《遂初堂目》，卷亡

《太學新講義》三十七篇又《統例》一卷。佚

《劉鄭注周易》六卷佚

《周易十二論》《通考》一卷。佚

《周易外義》《通考》三卷。佚

《易正誤》《通考》一卷。佚

《周易傳》《宋志》四卷。佚

《周易口義》《宋志》六卷。佚

《周易樞》《宋志》十卷。佚

《周易解微》《宋志》三卷。佚

《周易卦類》《宋志》三卷，《通志》一卷。佚

《周易明疑録》《宋志》作《易正經明疑録》，《宋志》一卷。佚

《易説精義》三卷見《紹興書目》。佚

《周易節畧正義》一卷見《紹興書目》。佚

《易旨歸義》一卷見《紹興書目》。佚

《周易經類》一卷見《紹興書目》。佚

《周易括囊大義》十卷見《紹興書目》。佚
《易義類》三卷見《紹興書目》。佚
《周易釋疑》一卷見《通志・藝文畧》。佚
《周易隱訣》一卷見《通志・藝文畧》。佚
《易箝精義》二卷見《通志・藝文畧》。佚
《窮理盡性經》一卷見《通志・藝文畧》。佚
《周易義證總要》二卷見《通志・藝文畧》。佚
《周易類纂》一卷見《通志・藝文畧》。佚
《周易通真釋例》一卷見《通志・藝文畧》。佚
《周易三備雜機要》一卷見《通志・藝文畧》。佚
《周易問卜》十卷見《通志・藝文畧》。佚
《八卦小成圖》一卷見《通志・藝文畧》。佚
《周易稽頤圖》三卷見《通志・藝文畧》。佚
《周易八仙詩》一卷見《通志・藝文畧》。《宋志》三卷。佚
《周易鬼谷林》一卷見《通志・藝文畧》。佚

《周易六神頌》一卷見《通志・藝文畧》。佚

《周易六十四卦歌》一卷見《通志・藝文畧》。佚

《周易十門要訣》一卷見《通志・藝文畧》。佚

《周易玄鑑林》三卷見《通志・藝文畧》。佚

《周易卜經》一卷見《通志・藝文畧》。佚

《周易靈真述》一卷見《通志・藝文畧》。佚

《周易備要》一卷見《通志・藝文畧》。佚

《周易象罔玄珠》五卷見《通志・藝文畧》。佚

《八卦雜決》一卷見《通志・藝文畧》。佚

《周易卦纂神妙決》一卷見《通志・藝文畧》。佚

《周易鬼靈經》一卷見《通志・藝文畧》。佚

《周易三十八章》一卷見《通志・藝文畧》。佚

《周易竹本經》一卷見《通志・藝文畧》。佚

《周易雜筮占》四卷見《通志・藝文畧》。佚

《周易枯骨經》一卷見《通志・藝文畧》。佚

《周易斷卦夢江南》一卷見《通志·藝文畧》。佚

《周易斷卦例頭》一卷見《通志·藝文畧》。佚

《周易飛燕繞梁歌》一卷見《通志·藝文畧》。佚

《周易飛燕轉關林竅》一卷見《通志·藝文畧》。佚

《周易轆轤關雜占》一卷見《通志·藝文畧》。佚

《周易要決占法》一卷見《通志·藝文畧》。佚

《周易灰神壽命歷》一卷見《通志·藝文畧》。佚

《周易軌限算》一卷見《通志·藝文畧》。佚

《軌革易贊》一卷見《通志·藝文畧》。佚

《周易八帖》《宋志》四卷。佚

《地理八卦圖》《宋志》一卷。佚

《六十四卦火珠林》《宋志》一卷。未見

《齕骨休》《宋志》一卷。佚

《周易讚頌》《宋志》六卷。佚

《周易神鏡鬼谷林》《宋志》一卷。佚

《周易靈祕諸關歌》《宋志》一卷。佚
《周易髓要雜訣》《宋志》一卷。佚
《周易三畧經》《宋志》二卷。佚
《諸家易林》《宋志》一卷。佚
《易旁通手鑑》《宋志》八卷。佚
《周易通真》《宋志》三卷。佚
《周易口訣開題》《宋志》一卷。佚
《周易括世應頌》《宋志》一卷。佚
《周易三空訣》《宋志》一卷。佚
《周易三十六占》《宋志》六卷。佚
《周易爻詠》《宋志》八卷。佚
《周易鬼鎮林》《宋志》一卷。佚
《周易金鑑歌》《宋志》一卷。佚
《周易連珠論》《宋志》一卷。佚
《易轆轤圖頌》《宋志》一卷。佚

《易大象歌》《宋志》一卷。佚

《周易玄理歌》《宋志》一卷。佚

《周易察微經》《宋志》一卷。佚

《周易鬼御算》《宋志》一卷。佚

《易鑑》《宋志》三卷。佚

《易訣雜頌》《宋志》一卷。佚

《易林祕林》《宋志》一卷。佚

《易大象林》《宋志》一卷。佚

《易法》《宋志》一卷。佚

《周易竅書》《宋志》一卷。佚

《周易火竅》《宋志》一卷。佚

《周易旁通歷》《宋志》一卷。佚

《周易八龍山水論》《宋志》一卷。佚

《易玄圖》《宋志》一卷。佚

《周易圖》三卷未見

幹氏道沖《周易卜筮斷》《一齋目》「斷」作「法」。未見。《一齋目》有

趙氏秉文《周易蘩説》十卷佚

雷氏思《易解》佚

馮氏延登《學易記》佚

吕氏豫《易説》佚

單氏渢《三十家易解》佚

王氏天鐸《易學集説》佚

張氏特立《周易集説》佚

袁氏從義《周易釋署》佚

張氏《易解》十卷佚

卷四十二　《易》四十一

郝氏經《周易外傳》八十卷佚

劉氏肅《讀易備忘》佚

胡氏祇遹《易直解》佚

李氏簡《學易記》九卷存
薛氏玄《易解》佚
許氏衡《讀易私言》一卷存
吴氏澂《易纂言》十卷存
《易敘録》十二篇存
齊氏履謙《周易本説》六卷佚
潘氏迪《周易述解》佚
熊氏凱《易傳集疏》佚
龍氏仁夫《周易集傳》十八卷闕

卷四十三　《易》四十二

鄭氏滁孫《大易法象通贊》七卷存
《周易記玩》佚
《中天述考》一卷存
胡氏一桂《周易附録纂疏》十五卷存

《易學啟蒙翼傳》四卷存

程氏時登《周易啟蒙輯録》未見

胡氏炳文《周易本義通釋》十二卷存

程氏龍《易圖補》一卷佚

《筮法》一卷佚

繆氏主一《易經精藴》佚

丁氏易東《周易象義》十卷存

卷四十四　《易》四十三

趙氏采《周易折衷》二十三卷存

黄氏定子《易説》佚

汪氏標《周易經傳通釋》佚

程氏直方《啟蒙翼傳》佚

《四聖一心》佚

《學易堂隨筆》佚

何氏中《易類象》二卷佚

胡氏震《周易衍義》存

唐氏元《易傳義大意》十卷佚

劉氏淵《易學須知》佚

《讀易記》佚

李氏恕《周易旁注》四卷未見

《易音訓》二卷未見

范氏大性《大易輯畧》佚

倪氏淵《周易集説》二十卷佚

《易圖説》一卷佚

《易卦説》一篇存

《序例》一卷佚

熊氏棟《易説》佚

陳氏櫟《東阜老人百一易畧》一卷存

吴氏鄹《周易注》十卷菉竹堂、聚樂堂《目》俱注「張應珍」名。未見

彭氏絲《庖易》佚

王氏申子《大易輯説》十卷存

張氏清子《周易本義》附録《集注》十一卷佚

徐氏之祥《讀易蠡測》或作《玩易詳説》。佚

嚴氏養晦《先天圖義》一卷佚

吴氏迂《易學啟蒙》佚

倪氏公晦《周易管窺》佚

卷四十五　《易》四十四

傅氏立《易學纂言》十八卷未見

王氏結《易説》十卷佚

何氏榮祖《學易説》佚

鄧氏文原《讀易類編》佚

楊氏口龍《易説綱要》佚

王氏希旦《易通解》一作《學易摘編》。佚

張氏延《周易備忘》十卷佚
曹氏説《易説》佚
劉氏傳《易説》佚
葉氏瑞《周易釋疑》十卷佚
胡氏允《四道發明》佚
鮑氏雲龍《筮草研幾》一卷佚
余氏芑舒《讀易偶記》佚
程氏珙《易説》佚
劉氏莊孫《易志》十卷佚
楊氏剛中《易通微説》佚
李氏學遜《大易精解》佚
彭氏復初《易學源流》佚
盛氏象翁《易學直指本源》佚
程氏璹《易學啟蒙類編》佚
侯氏克中《大易通義》佚

謝氏仲直《易三圖》十卷佚

張氏理《易象圖説》六卷存

《保八易源奥義》一卷統名《易體用》。存

《周易原旨》六卷存

《周易尚占》三卷佚

紇石烈氏希元《周易集傳》未見。《菉竹堂目》有

《贍思奇偶陰陽消息圖》一卷佚

卷四十六　《易》四十五

袁氏桷《易説》佚

任氏士林《中易》佚

陳氏禧《周易畧例補釋》一卷佚

熊氏良輔《周易本義集成》十二卷存

蕭氏漢中《讀易攷原》三卷存

董氏真卿《周易會通》十四卷一曰《周易經傳集程朱解附録纂注》。存

《易傳因革》一卷存

吴氏師道《讀易雜記》二卷佚

潘氏弼《讀易管見》四卷佚

涂氏溍生《易主意》一卷佚

史氏公珽《蓬廬學易衍義》佚

《象數發揮》佚

許氏天篪《易象圖説》佚

陶氏元幹《易注》佚

吾丘氏衍《重正卦氣》未見

惠氏希孟《易象鈎玄》十卷佚

祝氏堯《大易演義》佚

魯氏真《周易注》佚

蔣氏宗簡《周易集義》佚

嚴氏用父《易説發揮》二卷佚

解氏蒙《易經精藴》佚

解氏季通《易義》佚

韓氏信同《易經旁注》佚

李氏公凱《周易句解》十卷存

衛氏謙《讀易管窺》三十卷佚

吴氏存《周易傳義折衷》佚

朱氏祖義《周易句解》十卷佚

盧氏觀《易集圖》未見

吴氏夢炎《補周易集義》佚

胡氏持《周易直解》佚

郭氏鎧《易説》佚

卷四十七　《易》四十六

黄氏鎮成《周易通義》十卷未見。《一齋目》有

陳氏應潤《周易爻變易蕴》四卷存

石氏伯元《周易演説》佚

趙氏良震《易經通旨》佚

錢氏義方《周易圖説》一卷存

黄氏澤《易學濫觴》佚

吕氏洙《易圖説》一卷佚

盛氏德瑞《易辨》五卷佚

葉氏登龍《周易記》佚

黄氏瑞節《易學啟蒙注》四卷存

朱氏隱老《易説》佚

卷四十八　《易》四十七

陳氏謙《周易解詁》二卷佚

《河圖説》二卷佚

曾氏貫《周易變通》佚

雷氏杭《周易注解》佚

鄭氏玉《周易大傳》附《注》佚

《程朱易契》佚

余氏闕《易説》五十卷佚

鄧氏錡《大易圖説》二十五卷存

許氏復《周易衍義》二十二卷未見

郭氏昺《東山易解》一卷未見

陳氏訥《河圖易象本義》一册未見

陳氏子肩《易説》一册未見

雷氏思齊《易圖變通》五卷存

《易筮變通》三卷存

夏氏《讀易十字樞》十則存

楊氏《玉井易説》二卷佚

常氏《易學圖》未見

范氏《竹溪易説》佚

黄氏《春臺易圖》佚

趙氏《讀易記》佚

無名氏《大易忘筌》一册載葉氏《菉竹堂目》。未見

《易學變通》十册載葉氏《菉竹堂目》。未見

《易疑擬題》一册載葉氏《菉竹堂目》。未見

卷四十九 《易》四十八

朱氏升《周易旁注前圖》二卷存

《周易旁注》十卷存

梁氏寅《周易參義》十二卷存

汪氏克寬《周易程朱傳義音考》佚

趙氏汸《大易文銓》八卷存

鮑氏恂《大易舉隅》三卷即《大易鉤玄》。存

郭氏檟《易説》佚

葉氏儀《周易集解》未見

周氏南老《易傳雜説》一作《集説》。佚

王氏廉《周易參疑》未見

趙氏撝謙《易學提綱》未見

胡氏璉《易學會通》未見

何氏英《易經發明》未見

林氏大同《易經奥義》二卷未見

歐陽氏貞《周易問辨》三十卷未見。《一齋書目》有

朱氏謐《易學啟蒙述解》二卷存

鄭氏觀《周易本義通釋增纂》佚

汪氏有訓《周易句解》未見

王氏潤孫《周易圖解》佚

張氏洪《周易傳義會通》十五卷未見

程氏汝器《周易集傳》十卷未見

鄭氏以仁《周易集解》十二卷闕

方氏孝孺《大易枝辭》佚

胡氏廣等《周易傳義大全》一十四卷又《義例》一卷存

楊氏士奇《周易直指》十卷未見

王氏達《易經選注》未見
趙氏友士《易義》一卷佚
高氏暐《讀易日録》未見
張氏文選《易經講義》未見
劉氏髦《石潭易傳撮要》一卷未見
林氏誌《周易集説》三卷未見
張氏敬《京氏易攷》未見
李氏賢《讀易記》一卷存
徐氏良《讀易指南》佚
劉氏定之《周易圖釋》十二卷一云「三卷」。未見
金氏潤《周易圖解》佚
王氏恕《玩易意見》二卷存
包氏瑜《周易衍義》佚
楊氏守陳《讀易私鈔》未見

卷五十　《易》四十九

劉氏誠《周易衍辭》未見

沈氏瑶《易經比類》一卷未見

吾氏啍《周易傳義會同》未見

張氏元禎《周易要語》未見

羅氏璟《周易程朱異同》未見

盧氏璣《河圖衍義》未見

姚氏綬《大易天人合旨》未見

金氏旅《易意》未見

桑氏悦《易抄》未見

羅氏倫《周易説旨》四卷存

張氏昇《易爻用九六説》一篇存

談氏綱《讀易愚慮》二卷存

《易攷圖義》一卷存

《卜筮節要》一卷存

《易義雜言》一卷存

《易指攷辨》一卷存

謝氏理《周易解》未見

洪氏貫《周易解疑》未見

葉氏應《易卦方位次序圖》一卷未見

吴氏璉《周易訂疑》未見

李氏承恩《易大義》佚

蔡氏清《周易蒙引》二十四卷存

王氏雲鳳《訂正復古易》十二篇未見

楊氏廉《先天後天圖學考正》未見

王氏敔《周易傳疏》未見

朱氏綬《易經精藴》二十四卷存

卷五十一　《易》五十

劉氏績《周易正訓》未見

胡氏易《易經淵源》佚

王氏緒《易學辯疑》未見

諸葛氏駿《易經集説》未見

何氏孟春《易疑初筮告蒙約》十二卷存

胡氏世寧《讀易私記》四卷未見

何氏亹《易經解》未見

陳氏鳳梧《集定古易》十二卷存

童氏品《周易翼義》未見

劉氏玉《執齋易圖説》一卷存

左氏輔《周易本義附説》未見

《周易圖説》一篇存

錢氏貴《易通》未見

許氏誥《圖書管見》一卷存

都氏穆《周易考異》未見

童氏器《易經講意》佚

周氏用《讀易日記》一卷存

鄭氏禧《周易本義音釋》佚

崔氏銑《讀易餘言》五卷存

《易大象説》一卷存

湛氏若水《修復古易經傳訓測》十卷存

顧氏應祥《讀易愚得》一卷未見

安氏磐《易牖》佚

穆氏孔暉《讀易録》未見

田氏汝耔《周易纂義》未見

張氏邦奇《易説》一卷存

鄭氏善夫《易論》存

卷五十二　《易》五十一

伊氏伯熊《易學講義》四卷未見

吕氏枏《周易説翼》三卷存

王氏崇慶《周易議卦》二卷存

唐氏龍《易經大旨》四卷存

韓氏邦奇《易學啟蒙意見》四卷一名《易學疏原》。存

《易占經緯》四卷存

《卦爻要圖》一卷存

《易林推用》未見

鍾氏芳《學易疑義》三卷存

夏氏良勝《周易變卦傳》未見

王氏大用《易經安玩録》未見

洪氏鼐《讀易索隱》未見

楊氏慎《易解》一卷未見

王氏道《周易億》四卷存

戚氏雄《易原》二卷未見

余氏本《易經集解》十二卷未見

《讀易備忘》未見

孫氏承恩《易卦通義》佚

貢氏珊《易經發鑰》未見

汪氏必東《易問大旨》佚

張氏辰《易經講義》未見

胡氏東《易經象訣》未見

梅氏鷟《古易攷原》三卷存

馬氏理《周易贊義》十七卷闕

金氏賁亨《學易記》五卷存

鄭氏佐《周易傳義》未見

卷五十三　《易》五十二

舒氏芬《易箋問》一卷存

季氏本《易學四同》八卷存

《圖文餘辯》一卷存

《蓍法别傳》一卷存

《古易辯》一卷存

史氏于光《周易解》十卷未見

劉氏䝤《易經卦變》未見

王氏漸逵《讀易記》三卷未見

林氏希元《易經存疑》十二卷存

陳氏琛《易經通典》六卷一名《淺説》。存

周氏臣《大易聖傳》□卷未見

方氏獻夫《周易約説》十二卷存

劉氏濂《易象解》六卷未見

杜氏整《古易》一卷未見

鄭氏伉《讀易管見》未見

《易義發明》未見

《卦贊》未見

余氏誠《易圖説》一卷存

甯氏欽《周易宗旨》八卷未見

潘氏葵《易思得録》未見

張氏廷芳《易經十翼章圖藴義》十卷未見

汪氏思敬《易學象數舉隅》四卷未見

《易傳通釋》□卷未見

袁氏顥《周易奥義》八卷未見

李氏鳴盛《周易本義直講》未見

程氏仲賢《周易參微録》未見

丁氏徵《周易注解》佚

方氏太古《易經發明》未見

張氏璞《易髓》佚

戴氏圭《易經大旨》未見

胡氏居仁《易通解》未見

黄氏芹《易圖識漏》一卷存

周氏積《讀易管見》未見

謝氏顯《易説》未見

沈氏爚《復古易》十二篇存

朱氏星《周易通解》未見

陶氏廷奎《周易筆意》十五卷未見

王氏拱東《周易玩辭》佚

蔣氏以誠《易説》未見

程氏鴻烈《周易會占》未見

姚氏麒《易經或問》十卷未見

楊氏幅《周易餘義》八卷未見

黄氏潛翁《讀易備忘》四卷未見

程氏轍《浠南易解》九卷未見

□氏準《易象龜鑑》二卷未見

周氏佐《補齋口授易説》三卷未見

卷五十四　《易》五十三

徐氏體乾《周易不我解》六卷闕

李氏舜臣《愚谷易解》二卷未見

《易卦辱言》一卷存

潘公恩《周易輯義》三卷未見

李氏義壯《周易或問》未見

葉氏良珮《周易義叢》十六卷存

豐氏坊《古易世學》十五卷存

《易辨》一卷存

蔡氏潤宗《易學正言》未見

陳氏深《周易然疑》佚

蔣氏經《易經講義》佚

鄒氏守愚《易釋義》未見

唐氏樞《易修墨守》一卷存

劉氏邦采《易藴》二篇未見

鄭氏守道《易解》未見

羅氏洪先《易解》一卷存

楊氏爵《周易辨録》四卷存

林氏性之《易經淺説》未見

薛氏甲《易象大旨》八卷存

黄氏光昇《讀易私記》未見

熊氏過《周易象旨決録》七卷存

胡氏經《易演義》十八卷存

黄氏中《易經記蒙》未見

董氏燧《周易問答》未見

蔡氏元幃《易經聚正》未見

王氏畿《大象義述》一卷存

吳氏悌《易說》十卷未見

洪氏垣《周易玩辭》未見

周氏滿《易象旨》五卷未見

米氏榮《易說》未見

呂氏光洵《易箋》未見

盧氏翰《古易中說》四十四卷存

何氏維柏《易學義》未見

馬氏森《周易說義》十二卷未見

昝氏如思《古易便覽》一卷未見

胡氏賓《易經全圖》一卷未見

陳氏言《易疑》四卷存

吳氏紳《易通》未見

王氏春復《周易疑畧》未見

游氏震得《周易傳義會通》未見

卷五十五　《易》五十四

方氏逢時《周易外傳》一卷未見

張氏鶚翼《易説辨譌》未見

陳氏士元《易象鉤解》四卷存

《易象彙解》二卷存

沈氏束《周易通解》未見

《易圖》未見

吴氏文光《周易會通》未見

陳氏嘉謨《周易就正畧義》五卷未見

王氏樵《周易私録》未見

李氏先芳《周易折衷録》五卷未見

梅氏繼勳《周易管闚》四卷未見

張氏四知《易經辯疑》未見

魯氏邦彦《圖書就正録》一卷存

李氏贊《九正易因》四卷存

徐氏師曾《今文周易演義》十二卷存

姜氏寶《周易傳義補疑》十二卷存

程氏廷策《讀易瑣言》未見

江氏一麟《易説》未見

顧氏曾唯《周易詳藴》十三卷存

孫氏應鰲《淮海易談》四卷存

李氏貴《讀易劄記》二卷未見

鄧氏元錫《易經繹》五卷存

顔氏鯨《易學義林》十卷存

劉氏穩《易義折衷》佚

陳氏錫《易原》一卷存

王氏之士《大易圖象參》未見

吴氏福《易説》十卷未見

王氏世懋《易解》一卷存

蔡氏國熙《易解》未見

李氏文纘《易解》未見

孫氏振宗《易學説約》未見

徐氏元氣《周易詳解》十卷存

萬氏廷言《易説》四卷存

《易原》四卷存

許氏孚遠《周易述》未見

鍾氏繼元《四易》未見

滕氏伯輪《羲經要旨》未見

薛氏東海《易經解酲》佚

張氏大雅《易卦緯論》未見

楊氏時喬《周易古今文全書》二十一卷存

伊氏在庭《周易筆記》未見

來氏知德《周易集注》十六卷存

《讀易寤言》存。《瞿塘日録》載之

卷五十六　《易》五十五

任氏惟賢《周易義訓》十卷存
張氏獻翼《讀易紀聞》六卷未見
《周易約説》三卷未見
《易雜説》二卷未見
《讀易臆説》二卷未見
《讀易韻考》七卷存
葉氏素《易經羡記》佚
許氏聞至《易經微言》未見
吴氏道升《易義臆解》未見
周氏循《周易童答》未見
沈氏亨《易學啟蒙疏》佚
《卦畫圖》佚
章氏文禄《周易啟蒙通釋正誤》未見

曾氏士傳《正易學啟蒙》一卷存

葉氏山《八白易傳》十六卷存

金氏瑶《六爻原意》一卷存

朱氏自強《易經破愚》四卷未見

王氏埜《周易衍義》佚

謝氏憲《周易竹書》未見

徐氏棉《周易通解》八卷未見

龐氏嵩《圖書解》未見

張氏綸《圖書考》一卷未見

《揲蓍考》一卷未見

《易談》一卷未見

周氏聰《周易講義》二十四卷未見

毛氏仲《易經辨疑》未見

龔氏持憲《易象影》一卷未見

陳氏中州《易意》未見

顧氏起經《易囈語》佚

袁氏仁《大易心法》未見

李氏逢期《易經隨筆》二卷存

甯氏威《易象》四編未見

任氏慶雲《易畧》二卷未見

《易圖集覽》一卷未見

鄧氏戟《易解》一卷未見

王氏夢麟《北山讀易記》十卷未見

洪氏受《易經從正録》未見

金氏隆《圖書定則》七卷未見

《圖書易指》一卷未見

阮氏琳《圖書紀愚》未見

屠氏本畯《卦玩》二卷或作《卦疏》。未見

方氏社昌《周易指要》三卷存

任氏經《易學歸趣》二卷未見

陳氏林《周易圖》一卷未見

張氏燧《易筏》六卷未見

鄭氏圭《易臆》三卷未見

王氏應遴《易賸》六卷未見

姜氏玉潔《圖學淺見》一卷未見

黄氏懋策《大易牀頭私録》未見

王氏鎡《易象寶鑑》見《續文獻通考》。佚

張氏文選《易經講義》見《續文獻通考》。佚

朱氏質《易説舉要》見《續文獻通考》。佚

胡氏説《易説》見《續文獻通考》。佚

鄭氏思《易説》見《續文獻通考》。佚

倪氏元《易説》見《續文獻通考》。佚

陳氏允士《易集注》見《續文獻通考》。佚

徐氏琦《周易發微》見《續文獻通考》。佚

李氏直方《易象數解》見《續文獻通考》。佚

李氏楗《易説》見《續文獻通考》。佚

郭氏澮《周易理數通考》二卷見祁氏《澹生堂目》。未見

張氏其湜《易卦類選四成》四卷見祁氏《澹生堂目》。未見

饒氏可久《易潤》十二卷見祁氏《澹生堂目》。未見

卷五十七　《易》五十六

沈氏懋孝《周易程朱傳義箋》未見

《周易四聖象詞》未見

《周易博義》未見

孫氏從龍《周易參疑》十卷存

沈氏一貫《易學》十二卷存

賀氏沚《圖卦臆言》未見

劉氏元卿《大易觀》二卷未見

馮氏時可《易説》五卷存

唐氏鶴徵《周易象義》四卷存

黄氏洪憲《周易集説》三卷未見

黄氏正憲《易象管窺》十五卷存

郭氏子章《蠙衣生易解》十五卷一作《郭氏易解》。存

吴氏中立《易詮古本》三卷存

鄒氏德涵《聚所先生易教》一卷未見

李氏天植《易經疏義》未見

殷氏子義《易經會義》未見

《讀易别記》未見

《易説》未見

潘氏鳴時《讀易偶見》未見

周氏坦《易圖説》一卷存

戴氏廷槐《易學舉隅》六卷未見

仇氏二常《周氏本義翼》四卷未見

姜氏震陽《易傳闡庸》一百二卷未見

朱氏篁《居易齋讀易雜言》一卷未見

《鏗鏗齋易郵》七卷存

李氏應辰《易經庭訓》佚

汪氏玠《易旨》佚

卷五十八　《易》五十七

朱氏載堉《先天圖正誤》一卷未見

朱氏謀㙔《易象通》八卷存

陳氏第《伏羲圖贊》二卷存

鄧氏伯羔《古易詮》二十九卷存

《今易詮》二十四卷存

傅氏文兆《羲經十一翼》五卷存

林氏兆恩《易外别傳》一卷存

王氏宇《周易占林》四卷存

彭氏好古《易鑰》五卷存

方氏時化《易疑》一卷存

《易引》九卷存

《周易頌》二卷存

《學易述談》四卷存

樊氏焯《周易外傳》佚

方氏學漸《易蠡》十卷未見

張氏元蒙《讀易纂》五卷未見

程氏元初《周易韻叶》二卷未見

楊氏士顯《周易存言》八卷未見

王氏鑄《易解》佚

程氏嗣光《易經發微》六卷未見

章氏潢《周易象義》十卷存

劉氏子立《易經新義》未見

張氏從徵《易粃補註》未見

卷五十九　《易》五十八

姚氏舜牧《易經疑問》十二卷存
顔氏素《易研》六卷存
范氏守己《周易會通》十三卷未見
唐氏伯元《易注》未見
曾氏朝節《易測》十卷存
鄒氏元標《易㲉通》一卷存
沈氏瑞臨《易義》十卷未見
徐氏三重《庸齋易義》一卷存
蘇氏濬《周易冥冥篇》四卷存
《易經兒説》四卷存
《韋編微言》一卷未見
王氏豫《周易翼》未見
沈氏孚聞《周易日鈔》十一卷存

屠氏隆《讀易便解》四卷存

楊氏啟新《易林疑説》二卷存

李氏登《易知齋易説》一卷未見

鍾氏化民《讀易抄》十四卷存

孟氏化鯉《讀易寤言》未見

李氏廷機《易經纂注》四卷存

《易答問》四卷存

鄒氏德溥《易會》八卷存

錢氏一本《像象管見》七卷存

《啟新齋易象鈔》、《續鈔》共六卷存

《四聖一心録》四卷存

姜氏應麟《周易容光》未見

《易會》未見

徐氏常吉《易解》未見

饒氏伸《周易彙解》未見

潘氏士藻《洗心齋讀易述》十七卷存
岳氏元聲《潛初子易説》三卷存
徐氏即登《易説》九卷未見
顧氏允成《易圖説億言》四卷存
許氏子偉《廣易通》二卷未見
鄒氏德泳《湛源子三讀易》一卷未見
《易林説疑》二卷未見
羅氏大紘《周易古本》一卷未見
袁氏黄《周易補傳》四卷未見
《河圖洛書解》一卷未見
萬氏純忠《周易箋疏》未見

卷六十　《易》五十九

焦氏竑《易筌》六卷存
高氏攀龍《大易易簡説》三卷存

《周易孔義》一卷存

郝氏敬《周易正解》二十卷存

《易領》四卷存

《問易補》七卷存

《學易枝言》二卷存

張氏納陛《學易飲河》八卷存

方氏大鎮《易意》四卷未見

陳氏幼學《周易管窺》佚

王氏述古《易筌》未見

吴氏炯《周易繹旨》八卷或作《易旨質疑》。存

笪氏繼良《鵞湖讀易編》十二卷未見

萬氏尚烈《易贊測》一卷存

《易大象測》一卷存

徐氏曰仁《周易翼注》未見

吴氏默《易説》六卷存

姚氏文蔚《周易旁注會通》十四卷存

李氏本固《古易彙編意辭集》十七卷存

楊氏廷筠《易顯》六卷存

《易總》一卷未見

劉氏一焜《周易畧義》一卷未見

湯氏賓尹《易經翼注》四卷存

孫氏慎行《周易明洛義纂述》六卷存

《不語易義》二卷存

曹氏學佺《周易通論》六卷未見

《周易可説》七卷存

史氏記事《讀易夢覺》九卷未見

張氏汝霖《周易因指》八卷存

張氏維樞《澹然齋易測》十二卷未見

喻氏安性《易參》五卷未見

黄氏國鼎《易經初解》未見

崔氏師訓《大成易旨》二卷存

卷六十一　《易》六十

劉氏宗周《周易古文鈔》三卷存

《讀易圖記》一卷存

《易衍》未見

薛氏三省《易蠡》二卷存

程氏汝繼《周易宗義》十二卷存

王氏三善《周易象注》九卷存

魏氏濬《周易古象通》八卷存

樊氏良樞《易疑》一卷存

《易象》二卷存

《易贊》二卷未見

高氏捷《易學象辭二集》十二卷存

陸氏振奇《易芥》十卷存

宿氏夢鯉《易纂》未見

楊氏瞿崍《易林疑説》十卷存

王氏納諫《周易翼注》三卷存

陸氏夢龍《易畧》三卷存

文氏翔鳳《邵窩易詁》一卷存

卓氏爾康《易學全書》五十卷存

林氏齊聖《易編》未見

繆氏昌期《周易會通》十二卷存

羅氏喻義《讀易内篇、問篇、外篇》共七卷存

程氏玉潤《周易演旨》六十五卷存

俞氏士瑛《周易眇説》佚

姜氏山斗《大易闡庸》三十卷未見

馮氏洪業《易羨》六卷未見

錢氏士升《易揆》十二卷存

錢氏繼登《易簣》三卷存

吴氏極《易學》五卷存

方氏孔炤《周易時論》十五卷存

徐氏世淳《易就》六卷存

汪氏邦柱《周易會通》十二卷存

葉氏憲祖《大易玉匙》六卷存

卷六十二　《易》六十一

方氏鯤《易盪》二卷存

鮑氏觀白《易説》二卷存。附載《山草堂集》

張氏伯樞《易象大旨》三卷存

吴氏桂森《象像述》五卷存

鄭氏維嶽《易經意言》六卷存

吴氏繼仕《周易象變述旨》二卷未見

《易辭述旨》二卷未見

《易占》一卷未見

《易數》三卷未見

華氏時亨《周易箋注》未見

唐氏大章《易經合疏》未見

黄氏渾《周易如是編》二卷未見

陸氏基仁《易元》未見

喻氏有功《周易懸鏡》七卷存

馮氏存貞《大明中天易》未見

徐氏㷍《易旁通》一卷未見

孫氏纘宗《易説》未見

潘氏士龍《演易圖説》一卷存

洪氏守美《易説醒》四卷存

張氏汝謙《讀易記》未見

余氏叔純《周易讀》五卷存

吴氏從周《易經明訓》未見

陸氏起龍《周易易簡編》四卷存

吴氏曰慎《周易本義翼》未見

梅氏士昌《周易麟解》十二卷未見

徐氏奇《周易卦義》二卷存

洪氏化昭《日北居周易獨坐談》五卷存

馬氏元調《易説》六卷未見

沈氏瑞鍾《周易廣筌》二卷存

林氏有桂《易經觀理説》四卷存

陳氏履祥《孔易彀》一卷存

王氏立極《易經解惑》未見

《學易隨筆》未見

許氏順義《易經三注粹抄》四卷存

張氏嘉猷《易經要旨》未見

畢氏午明《周易家訓》三卷存

王氏祚昌《周易敝書》五卷存

樊氏直卿《易林》未見

王氏艮《易贅》一卷存

劉氏應元《學易宗孔》二卷闕

毛氏澄《讀易便解》四卷存

周氏晏《易徵》未見

樊氏志張《四易》未見

李氏呈英《昭代易宗》未見

吴氏伯先《易經詳解》佚

容氏若春《今易圖學心法釋義》十卷佚

卷六十三　《易》六十二

張氏次仲《周易玩辭困學記》十二卷原本無卷數，今析之。存

顧氏樞《西疇易藁》三卷存

陳氏仁錫《羲經易簡録》八卷存

黄氏道周《易象正》十四卷存

《三易洞璣》十六卷存

倪氏元璐《兒易内儀》六卷《外儀》十五卷存

龍氏文光《乾乾篇》三卷存

文氏安之《易傭》十四卷存

林氏胤昌《周易耨義》六卷存

張氏鏡心《易經增注》十二卷存

周氏瑞豹《易解》六卷未見

陳氏廷謨《羲畫管窺》未見

李氏奇玉《雪園易義》四卷存

朱氏之俊《周易纂》六卷存

董氏守諭《讀易鈔》未見

《卦變考畧》未見

《易韻補遺》未見

姚氏世勲《易剩義》未見

何氏楷《古周易訂詁》十六卷存

侯氏峒曾《易解》三卷存

卷六十四　《易》六十三

董氏期生《周易末義》二卷存

顏氏茂猷《天皇河圖》二卷未見

吴氏鍾巒《周易卦説》未見

陳氏際泰《易經大意》七卷存

《羣經輔易説》一卷存

《周易翼簡捷解》十六卷存

俞氏墨華《易渡》未見

徐氏纘高《易學》三卷佚

秦氏鏞《易序圖説》二卷存

王氏正中《周易注》未見

方氏以智《易餘》二卷未見

朱氏朝瑛《讀易畧記》一卷存

來氏集之《讀易隅通》二卷存

《易圖親見》一卷存

《卦義一得》二卷存

錢氏棻《讀易緒言》二卷存
張氏家玉《大易纂義》未見
刁氏包《易酌》未見

卷六十五　《易》六十四

蔡氏鼎《易蔡》六卷存
汪氏于沚《周易剩義》十二卷未見
易氏道暹《易傳》佚
唐氏元竑《易通》二卷存
趙氏鳳翔《易學指掌》四卷未見
鄒氏期相《周易筆旨》未見
喬氏中和《焦氏易林補》四卷一名《大易通變》。存
顧氏胤《經正堂易闡》四卷存
龐氏承顒《文兹堂易解》六卷存
舒氏士謖《易經去疑》十二卷存

程氏觀生《易内三圖注》三卷佚

嚴氏福孫《考正古易》十三篇存

《周易通義》九卷存

《易象圖説》五卷存

倪氏晉卿《周易大全纂附》十二卷存

張氏振淵《周易説統》二十五卷存

顧氏懋樊《桂林點易丹》十六卷存

徐氏世溥《易繫》未見

錢氏澂之《田間易學》四卷存

王氏寅《周易自得編》十一卷存

《周易自得編圖説》一卷存

黄氏宗羲《易學象數論》六卷存

黄氏宗炎《周易象辭》十九卷存

《周易尋門餘論》二卷存

《圖學辨惑》一卷存

顧氏炎武《易音》二卷存
葛氏承杰《周易要言》未見
陳氏梁《易説》五卷存
董氏説《易發》八卷存
《河圖卦版》一卷存
邱氏維屏《易勦説》佚
陳氏弘緒《周易備考》未見
錢氏士馹《古文易》二卷未見
俞氏汝言《京房易圖》一卷存
徐氏繼恩《逸亭易論》一卷存

卷六十六　《易》六十五

應氏撝謙《周易集解》十七卷存
王氏弘撰《周易圖説述》三卷存
《筮述》八卷存

趙氏振芳《易原》二卷存
徐氏在漢《易或》十卷存
徐氏甘來《周易口義》四卷存
周氏弘起《大易三義》四卷存
郁氏文初《郁溪易紀》二十一卷存
潘氏元懋《周易廣義》六卷存
戴氏伯繩《九種易》未見
何氏默仙《古易解》未見
金氏鏡《易經四測》未見
呂氏濬《易類辨疑》未見
施氏鉉《易學指南》未見
徐氏世湜《易參》一卷未見
張氏問達《易經辨疑》六卷存
屈氏□□《易外》七十一卷存
徐氏善《四易》十二卷存

董氏養性《周易訂疑》未見

葉氏闇《易原》六卷存

鍾氏晉《大易炬説》存

賈氏必選《松蔭堂學易》六卷存

卷六十七　《易》六十六

孫氏應龍《周易塵談》十二卷存

劉氏思敬《易参》七卷存

孫氏宗彝《易宗集注》十三卷存

張氏習孔《周易辨志》□卷存

錢氏受祺《等易義敷言》十六卷存

王氏含光《易學三述》一卷存

浦氏龍淵《周易通》十卷存

《周易辨》二十八卷存

梁氏夫漢《周易清本》六卷闕

張氏沐《周易疏畧》四卷存

桑氏日昇《易經圖解》二卷存

彭氏文煒《易學集成》四册存

朱氏日濬《訓蒙易門》七卷存

錢氏龍珍《臆易》四卷未見

于氏琳《易經參同》未見

《廣變》未見

《象告》未見

金氏式玉《三易通》未見

沈氏廷勱《身易實義》五卷存

周氏漁《加年堂講易》十一卷存

卷六十八　《易》六十七

陳氏廷敬《尊聞堂易説》七卷存

黄氏與堅《易學闡》一十卷存

毛氏奇齡《仲氏易》三十卷存
《推易始末》四卷存
《易小帖》五卷存
《易韻》四卷存
喬氏萊《易俟》六卷存
納蘭氏成德《大易集義粹言》合訂八十卷存
湯氏秀琦《讀易近解》三卷存
李氏鏡《周易參義》三卷存
楊氏南《説經》一卷存
《洛書成卦圖》一卷存
李氏公柱《讀易述餘》四卷存
朱氏襄《易章》十二卷存
姜氏垚《易原》三卷存
施氏《周易辨疑》未見
耿氏《述古易》未見

樊氏《易塵》未見

洪氏《周易翼義》未見

郭氏《易學集解》二卷存

亡名氏《周易真文》二卷載《澹生堂目》。未見

《易林説疑》二卷載《澹生堂目》。未見

《易説》二卷鄭端簡公家藏鈔本。存

《易十三傳》十三卷嘉靖間人。存

《周易宗孔篇》未見

《易義》六卷存

卷六十九　《易》六十八

劉氏瓛《周易乾坤義》《隋志》一卷。佚

《周易四德例》《七録》一卷。佚

李氏玉之《周易乾坤義》《七録》一卷。佚

許氏辯《乾坤氣法》《隋志》一卷。佚

釋法通《周易乾坤義》《七録》一卷。佚

亡名氏《周易乾坤三象》《七録》一卷。佚

《乾坤二卦集傳》二卷見《澹生堂書目》。未見

史氏通《乾坤别解》三卷佚

錢氏貴《乾坤纂遺》未見

劉氏遷《乾坤微言》一卷存

王氏逢《乾德指説》一卷佚

范氏仲淹《四德説》一篇存

朱子熹《元亨利貞説》一篇存

管氏志道《周易六龍解》一卷存

《六龍剖疑》一卷存

王氏畧《師卦解》一卷未見

柯氏述《否泰一十八卦論》佚

傅氏耆《同人卦説》一篇佚

文氏天祥《賁卦義》一篇存

王氏逢《復書》七卷佚

蔡氏沆《復卦大要》一篇存

真氏德秀《復卦説》一卷

王氏家屏《七日來復解》一篇存

王氏喬桂《七日來復解》一篇存

李氏沂《復見天心解》一篇存

陳氏希亮《家人噬嗑二卦圖》二篇佚

范氏祖禹《家人卦解義》一篇存

□氏德亮《家人經傳衍義》佚

朱子熹《損益象説》一卷存

釋契嵩《巽説》一篇載《鐔津集》。存

《漢易中孚義》佚

胡氏鼎金《三陳九卦説》一卷未見

王氏安石《九卦論》一篇存

包氏希魯《易九卦衍義》一卷佚

張氏希文《十三卦考》一卷佚

范氏述曾《易文言注》佚

沈氏朿《文言説内外》未見

沈氏進《文言會粹》二卷存

謝氏萬《周易繫辭注》《隋志》二卷。佚

韓氏康伯《繫辭注》《隋志》三卷。存

桓氏玄《繫辭注》《隋志》二卷。佚

袁氏悦之《繫辭注》佚

荀氏柔之《周易繫辭注》《隋志》二卷。佚

卞氏伯玉《周易繫辭注》《七録》二卷。佚

徐氏爰《周易集注繫辭》《七録》二卷。佚

顧氏歡《注二繫》佚

劉氏瓛《周易繫辭義疏》佚

明氏僧紹《繫辭注》佚

沈氏驎士《周易兩繫訓注》佚

梁武帝《周易繫辭義疏》《隋志》一卷。佚

蕭氏子政《周易繫辭義疏》《隋志》三卷、《唐志》二卷。佚

宋氏褰《周易繫辭注》《隋志》二卷。佚

杜氏弼《繫辭義疏》佚

荀氏諺《繫辭注》《唐志》二卷。佚

胡氏瑗《繫辭解》二卷存

司馬氏光《繫辭説》《宋志》二卷。未見

鄒氏浩《繫辭纂義》《宋志》二卷。未見

蔣氏之奇《繫辭解》《宋志》二卷。佚

韓氏元吉《繫辭傳》佚

劉氏槩《易繫辭》《宋志》十卷。佚

鄧氏傳之《繫辭説》一卷佚

吕氏祖謙《周易繫辭精義》《宋志》二卷。存

黄氏幹《繫辭傳解》一卷存

柴氏中行《易繫集傳》佚

王氏之佐《繫辭解》佚

柴氏元祐《易繫辭説》佚

舒氏㵟《繫辭釋》三卷佚

何氏基《繫辭發揮》二卷未見

亡名氏《繫辭要旨》《宋志》一卷、胡氏《翼傳》三卷。佚

《太學直講繫辭》十二卷佚

劉氏因《易繫辭説》佚

齊氏履謙《繫辭旨畧》二卷未見

倪氏復《易繫辭解》未見

陳氏仁錫《繫辭十篇書》十卷未見

張氏習孔《繫辭字訓》一卷存

李氏燾《易大傳雜記》《宋志》一卷。未見

卷七十　《易》六十九

王氏景《大衍玄基》佚

顔氏《周易大衍通統》「顔」或作「顧」，《七録》一卷。佚

《唐孝明皇帝周易大衍論》《唐志》三卷。佚

顧氏蒙《大衍圖》三卷佚

釋一行《大衍論》《唐志》二十卷，《舊史・本傳》三卷。佚

《大衍玄圖》《唐志》一卷。佚

《義決》《唐志》一卷。佚

李氏覺《大衍義》《通志》一卷。佚

孔氏旼《大衍説》一篇未見

耿氏格《大衍天心照》《宋志》一卷。佚

吴氏適《大衍圖》一卷佚

胡氏銓《大衍論》一篇載《澹庵集》。存

張氏行成《周易述衍》十八卷存

蔡氏元定《大衍詳説》未見

羅氏泌《歸愚子大衍説》一卷載《路史》。存

史氏彌大《衍極圖説》佚

章氏如愚《大衍説》一篇存

楊氏忠輔《大衍本原》佚

丁氏易東《大衍索隱》三卷存

鄭氏滁孫《述衍》一卷存

盧氏《校正耶律文獻公大衍揲蓍説》一卷佚

陳氏《大衍易數》一卷未見

亡名氏《大衍五行數》一卷見《紹興書目》。佚

《易數大畧》佚

程氏《大衍説》一卷存

蘇氏軾《四營十八變解》一篇存

卷七十一 《易》七十

周子敦頤《太極圖説》《宋志》一卷。存

晁氏説之《周易太極傳外傳因説》《通考》八卷。佚

牛氏思純《太極寶局》《宋志》一卷。佚

彭氏與《太極歌》一册佚

朱子熹《太極説》一篇存

盛氏璲《太極圖解》一卷佚

蔡氏淵《太極圖解》二卷闕

《太極通旨》佚

戴氏亨《太極圖説》一卷佚

余氏童《太極圖説》八卷佚

王氏萬《太極圖説》一卷佚

朱氏中《太極演説》一卷佚

謝氏升賢《太極説》一卷佚

田氏君右《太極説》一卷佚

孫氏羲《太極圖説》一卷佚

程氏若庸《太極圖説》一卷佚

徐氏霖《太極圖説》一卷佚

饒氏魯《太極三圖》一卷未見

何氏基《太極圖發揮》一卷未見

王氏柏《太極衍義》一卷未見

程氏時登《太極圖説》佚

王氏幼孫《太極圖説》一卷佚

劉氏黻《太極説》一篇載《蒙川集》。存

胡氏希是《太極圖説》一卷未見

李氏道純《太極圖解》一卷載《道藏》中。存

郝氏經《太極傳》一卷存

《太極演》二十卷佚

劉氏因《太極圖後記》一篇存

齊氏德勝《太極辨》佚

程氏存《太極圖説》一卷佚

劉氏霖《太極圖解》一卷佚

吕氏洙《太極圖説》一卷佚

朱氏本《太極圖解》佚

陳氏樵《太極圖解》一卷佚
張氏宇初《太極圖釋》一篇存
朱氏謐《太極圖解》一卷未見
周氏是修《廣演太極圖》一卷佚
曹氏端《太極圖說述解》一卷存
張氏元禎《太極圖說要》一卷未見
戴氏琥《太極圖說》一卷未見
葉氏應《太極圖說》一卷佚
蔡氏清《太極圖解》一卷存
左氏輔《太極後圖說》一篇載廖道南《楚紀》。存
楊氏廉《太極圖纂要》一卷未見
周氏山《太極圖解》一卷佚
王氏承裕《太極動靜圖說》一卷未見
許氏誥《太極圖論》一卷存
王氏廷相《太極辨》一篇存

何氏維柏《太極圖解》一卷未見
沈氏賓國《太極圖衍》一卷未見
談氏縉《太極圖説》一卷未見
俞氏昆《太極圖解》一卷未見
龐氏嵩《太極解》一卷未見
鄭氏守道《太極圖説》未見
舒氏芬《太極繹義》二卷存
唐氏樞《太極枝詞》一卷存
程氏霆《太極圖説》未見
陸氏埛《太極存疑》一篇存
周氏原誠《太極圖論》佚
孔氏學周《太極辨疑》八卷未見
劉氏模《太極解》一卷未見
彭氏良臣《太極答問》一卷未見
沈氏亨《太極圖解》佚

陸氏山《太極解》一卷未見

黄氏宗炎《太極圖説辨》一卷存

詹氏景鳳《太極圖説》二卷存

王氏嗣槐《太極圖説論》十六卷

經義考目録卷三

卷七十二　《書》一

《三皇五帝之書》佚。《虞書》存，僞《三墳書》存

卷七十三　《書》二

《百篇尚書》闕

《百篇之序》一卷存

卷七十四　《書》三

《今文尚書》《漢志·經》二十九卷。存

《古文尚書》《漢志·古經》四十六卷。存

卷七十五　《書》四

《周書》《漢志》七十一篇，隋、唐《志》十卷。闕

卷七十六　《書》五

伏氏勝《尚書大傳》《漢志》：《傳》四十一篇。《隋志》三卷。佚
《尚書暢訓》《舊唐志》三卷，《新唐志》一卷。佚
歐陽生《尚書章句》《漢志》三十一卷。佚
《尚書説義》《漢志》二篇。佚
《大小夏侯氏章句》《漢志》二十九卷。佚
《大小夏侯解故》《漢志》二十九篇。佚
孔氏安國《尚書傳》《隋志》十三卷。存
《尚書音》《七録》一卷。佚
歐陽氏地餘等《尚書議奏》《漢志》四十二篇。佚
牟氏卿《尚書章句》佚

秦氏恭《尚書説》佚

卷七十七　《書》六

桓君榮《大小太常章句》佚

牟氏長《尚書章句》佚

周氏防《尚書雜記》三十二篇佚

杜氏林《漆書古文尚書》一卷佚

賈氏逵《尚書古文同異》三卷佚

衛氏宏《尚書訓旨》佚

劉氏陶《中文尚書》佚

馬氏融《尚書注》《隋志》十一卷。佚

張氏奐《尚書記難》佚

張氏楷《尚書注》佚

鄭氏玄《尚書注》《隋志》九卷。佚

《尚書大傳注》《隋志》三卷。佚

《尚書音》《七録》一卷。佚

《書贊》佚

盧氏植《尚書章句》佚

荀氏爽《尚書正經》佚

亡名氏《書傳畧説》佚

王氏肅《尚書駁議》《唐志》作「釋駁」，《隋志》五卷。佚

《古文尚書注》《隋志》十一卷，新、舊《唐志》十卷。佚

王氏粲《尚書釋問》《七録》四卷。佚

程氏秉《尚書駮》佚

范氏順、劉氏毅《尚書義》《七録》二卷。《隋志》注：范順問，吴太尉劉毅答。佚

李氏克《尚書注》佚

范氏寧《尚書注》《經典・序録》作「集解」。《七録》十卷，《隋志》止《古文尚書・舜典注》一卷。佚

伊氏説《尚書義疏》《唐志》作「釋義」，《七録》四卷。佚

孔氏晁《尚書義問》《七録》三卷。《隋志》注：鄭玄、王肅及晉五經博士孔晁撰。佚

《周書注》十卷存

徐氏邈《古文尚書音》《隋志》一卷。佚

《尚書逸篇注》《新唐志》三卷。佚

謝氏沈《尚書》《隋志》十五卷，《唐志》十三卷。佚

李氏顒《集解尚書》《隋志》十一卷，《經典·序録》、《唐志》作「集注」，十卷。佚

《尚書新釋》《隋志》二卷。佚

《尚書要畧》《新唐志》二卷。佚

李氏軌《古文尚書音》《七録》一卷。佚

吕氏文優《尚書義注》《隋志》三卷。佚

姜氏道盛《集釋尚書》《經典·序録》作「集解」。《隋志》十一卷，《經典·序録》十卷。佚

王氏儉《尚書音義》《唐志》四卷。佚

顧氏歡《尚書百問》《隋志》一卷。佚

姚氏方興《舜典孔傳》一篇存

卷七十八　《書》七

梁武帝《尚書大義》《隋志》二十卷。佚

劉氏叔嗣《尚書注》《七録》二十一卷。佚

《尚書新集序》《七録》一卷。佚

《尚書亡篇序》《隋志》一卷，梁劉叔嗣注。佚

孔氏子袪《尚書義》二十卷佚

《集注尚書》三十卷佚

任氏孝恭《古文尚書大義》《唐志》二十卷。佚

蔡氏大寶《尚書義疏》《隋志》三十卷。佚

巢氏猗《尚書義》《隋志》三卷，新、舊《唐志》作「義疏」，十卷。佚

《尚書百釋》《隋志》三卷。佚

費氏甝《尚書義疏》《隋志》十卷。佚

張氏譏《尚書義》十五卷佚

《尚書廣疏》《崇文總目》十八卷。佚

劉氏焯《尚書義疏》《唐志》二十卷。佚

劉氏炫《尚書述義》《隋志》二十卷。佚

《尚書百篇義》《通志》一卷。佚

《尚書孔傳目》《通志》一卷。佚

《尚書畧義》《通志》三卷。佚

王氏孝籍《尚書注》佚

顧氏彪《尚書疏》《隋志》二十卷。佚

《尚書文外義》《隋志》一卷。佚

《今文尚書音》《隋志》一卷。佚

《古文尚書音義》《唐志》五卷。佚

《尚書大傳音》《隋志》二卷。佚

虞氏《尚書釋問》《隋志》一卷。佚

王氏《尚書傳問》《七録》二卷。佚

亡名氏《尚書閏義》《隋志》一卷。佚

《尚書義疏》《隋志》七卷。佚

《尚書逸篇》《隋志》二卷。佚

《唐孝明皇帝今文尚書》《新唐志》十三卷。存

《文宗皇帝尚書君臣事迹圖》佚

孔氏穎達等《尚書正義》《唐志》二十卷。存

陸氏德明《尚書釋文》《宋志》一卷。存

王氏玄度《注尚書》《新唐志》十三卷。佚

王氏元感《尚書糾繆》《新唐志》十卷。佚

成氏伯璵《尚書斷章》《授經圖》十三卷。佚

馮氏繼先《尚書廣疏》《宋志》十八卷。佚

《尚書小疏》《宋志》十三卷。佚

卷七十九　《書》八

《宋真宗皇帝尚書圖詩》一卷佚

郭氏忠恕《古今尚書》佚

胡氏旦《尚書演聖通論》七卷佚

王氏曙《周書音訓》十二卷佚

楊氏繪《書九意》《通考》一卷。佚

胡氏瑗《尚書全解》《宋志》二十八卷。佚

張氏景《書説》未見

袁氏默《尚書解》佚

范氏雍《尚書四代圖》一卷佚

謝氏景平《書傳説》佚

樂氏敦逸《尚書畧義》《通志》一卷。佚

黄氏君俞《尚書闕言》《通志》三卷。佚

尹氏恭初《尚書新修義疏》《宋志》二十六卷。佚

吴氏孜《尚書大義》《宋志》三卷。佚

顧氏臨等《尚書集解》《通考》十四卷。未見

文氏彦博《尚書解》一卷存

范氏鎮《正書》佚

孔氏武仲《書説》《宋志》十三卷。未見

孫氏覺《書義十述》《通志》一卷。佚

《尚書解》《通考》十三卷。佚

范氏純仁《尚書解》一卷存

蘇氏軾《書傳》《宋志》十三卷，《萬卷堂目》二十卷。存

程子頤《書説》《宋志》一卷。存

王氏安石子雱《新經尚書義》《通考》十三卷，《宋志》卷同，書其父安石名。佚

曾氏肇《尚書講義》《宋志》八卷。佚

吕氏大臨《書傳》十三卷佚

于氏世封《書傳》佚

張氏庭堅《書義》佚

楊氏時《書義辨疑》《通考》一卷。未見

《尚書講義》一卷載《龜山集》。存

葉氏夢得《書傳》《宋志》十卷。未見。《一齋書目》有之

黄氏預《書解》佚

曾氏旼等《尚書講義》《宋志》三十卷。佚

卞氏大亨《尚書類數》《宋志》二十卷。佚

蔡氏卞《尚書解》佚

胡氏伸《尚書解義》佚

薛氏肇朗《尚書解》佚

雷氏度《書口義》佚

上官氏公裕《尚書解説》未見

亡名氏《尚書要記名數》《通志》一卷。佚。《紹興四庫續到闕書目》有之

《尚書義宗》《通志》三卷。佚。《紹興四庫續到闕書目》有之

《尚書治要圖》《宋志》五卷，《通志》一卷。佚

《尚書會解》《通志》十三卷，《紹興書目》三卷。佚

《書傳》一卷佚

《尚書新篇》一卷見《紹興續到闕書目》。佚

《尚書新編目》五卷見《紹興續到闕書目》。佚

《尚書解題》見《紹興續到闕書目》，《宋志》一卷。佚

《尚書血脈》一卷見《紹興續到闕書目》。佚

《古文尚書字》一卷見《紹興續到闕書目》。佚

卷八十　《書》九

王氏居正《尚書辨學》十三卷未見

程氏瑀《尚書説》佚

上官氏愔《尚書小傳》佚

張氏綱《尚書講義》《宋志》三十卷。佚

林氏之奇《尚書集解》《宋志》五十八卷。存

范氏浚《書論》一篇存

吴氏棫《書裨傳》《宋志》十二卷，《授經圖》十三卷。未見。《一齋書目》有之

胡氏銓《書解》《宋志》四卷。未見

鄭氏樵《書辨訛》或作《書辨論》，《通考》七卷。存

朱氏弁《書解》十卷佚

陳氏鵬飛《書解》《宋志》三十卷。佚

趙氏敦臨《尚書解》佚

洪氏興祖《尚書口義發題》《宋志》一卷。佚

晁氏公武《尚書詁訓傳》《宋志》四十六卷。佚

徐氏椿年《尚書本義》佚

史氏浩《尚書講義》《宋志》二十二卷。未見。《一齋書目》有

李氏舜臣《尚書小傳》《宋志》四卷。佚

陳氏長方《尚書傳》佚

劉氏安世《尚書解》二十卷佚

張氏九成《尚書詳説》《宋志》五十卷。未見。《一齋書目》有之

《書傳統論》六卷存

程氏大昌《書譜》《宋志》二十卷。佚

鄭氏伯熊《書説》一卷存

汪氏革《尚書解義》四十一卷佚

鄭氏東卿《尚書圖》一卷存

陳氏知柔《尚書古學并圖》二卷佚

李氏經《尚書解》見《朱子語類》。佚

孫氏懲《書解》見《朱子語類》。佚

卷八十一　《書》十

王氏十朋《尚書解》未見。《一齋書目》有

何氏逢原《書解》佚

樊氏光遠《尚書解》三卷佚

王氏大寶《書解》佚

張氏淑堅《尚書解》佚

陳氏舜申《渾灝發旨》《宋志》一卷。佚

唐氏仲友《書解》三十卷佚

王氏炎《尚書小傳》《宋志》十八卷。未見

張氏栻《書説》佚

夏氏僎《尚書解》《宋志》十六卷。存

羅氏惟一《尚書集説》佚

李氏燾《尚書大傳雜記》佚

《尚書百篇圖》《宋志》一卷。佚

呂氏祖謙《書説》《宋志》三十五卷，《通考》十卷，《趙氏讀書附志》六卷。存

時氏瀾《增修東萊書説》三十卷存

陳氏傅良《書抄》未見

黄氏度《書説》《宋志》七卷。存

馬氏之純《尚書説》佚

薛氏季宣《書古文訓》十六卷存

謝氏諤《書解》二十卷未見

《艮齋、定齋二先生書説》三十卷薛季宣、謝諤。未見

蕭氏或《集永嘉先生尚書精意》九卷陳騤。佚

陳氏騤《尚書考》二卷佚

宋氏若水《書小傳》十卷佚

卷八十二 《書》十一

朱子熹《尚書古經》《通考》五卷。未見

《書説》《宋志》七卷。存

蔡氏沈《書傳》《宋志》六卷。存

黄氏榦《尚書説》十卷佚

潘氏柄《尚書解》佚

輔氏廣《尚書注》佚

董氏銖《尚書注》佚

李氏相祖《書説》三十卷佚

吴氏昶《書説》四十卷佚

陳氏文蔚《尚書類編》十三卷佚

戴氏蒙《書説》佚

馮氏椅《尚書輯説》未見

孫氏調《龍坡書解》五十卷佚

林氏夔孫《尚書本義》佚

《尚書發題》佚

徐氏僑《尚書括旨》十卷存

許氏奕《尚書講義》十卷佚

鄒氏補之《書説》佚

卷八十三　《書》十二

袁氏燮《潔齋家塾書鈔》《宋志》十卷。未見。《菉竹堂目》有

袁氏覺《讀書記》《宋志》二十三卷。佚

黄氏倫《尚書精義》《宋志》六十卷。佚

趙氏汝談《南塘書説》《宋志》三卷。未見

王氏日休《書解》佚

戴氏溪《書説》佚

宋氏藴《尚書講義》五十卷佚

余氏檑《尚書説》五卷佚

馮氏誠之《書傳》十卷佚

王氏時會《尚書訓傳》佚

姜氏得平《尚書遺意》一卷佚

張氏沂《書説》佚

丁氏鋑《書辨疑》佚

董氏琮《尚書集義》佚

史氏孟傳《書畧》十卷佚

柴氏中行《書集傳》佚

應氏鏞《尚書約義》《宋志》二十五卷。未見

陳氏振孫《尚書説》佚

陳氏經《尚書詳解》《宋志》五十卷。存

錢氏時《尚書演義》八卷未見。《菉竹堂目》載有是書

胡氏誼《尚書釋疑》十卷佚

時氏少章《尚書大義》佚

鄭氏思忱《尚書釋》佚

戴氏仔《書傳》佚

戴氏侗《尚書家説》佚

滕氏鉛《尚書大意》佚

真氏德秀《書説精義》三卷未見

魏氏了翁《尚書要義》《宋志》二十卷，《序說》一卷。存

陳氏大猷《東齋書傳會通》十一卷佚

《尚書集傳或問》二卷存

張氏孝直《尚書口義》佚

劉氏欽《書經衍義》佚

董氏夢程《尚書訓釋》佚

王氏宗道《書說》六卷佚

柴氏元祐《尚書解》佚

洪氏咨夔《尚書注》佚

舒氏津《尚書解》佚

章氏元崇《尚書演義》佚

王氏萬《書說》佚

劉氏甄《青霞尚書集解》《宋志》二十卷。佚

孫氏泌《尚書解》《宋志》五十二卷。佚

潘氏衡《書說》未見

康氏聖任《尚書解》未見

張氏震《尚書小傳》未見

姜氏如晦《尚書小傳》未見

史氏仲午《書説》未見

史氏漸《書説》未見

劉氏臭《横舟尚書講業》佚

楊氏明復《尚書暢旨》佚

康氏伯成《書傳》《宋志》一卷。佚

楊氏炎正《書辨》一卷佚

徐氏㝥《尚書申義》五十八卷佚

熊氏子真《山齋書解》十三卷佚

吴氏時可《樵坡書説》六卷佚

姚氏三錫《書鈔》佚

程氏穆《尚書約義》佚

卷八十四　《書》十三

成氏申之《四百家尚書集解》《宋志》五十八卷。佚

李氏杞《謙齋書解》未見

陳氏梅叟《書説》未見

張氏葆舒《書蔡傳訂誤》佚

李氏守鏞《尚書家説》佚

馬氏廷鸞《尚書蔡傳會編》佚

方氏逢辰《尚書釋傳》四卷未見

黄氏震《讀書日鈔》一卷存

劉氏元剛《尚書演義》佚

繆氏主一《書説》佚

周氏敬孫《尚書補遺》佚

陳氏焕《書傳通》未見

陳氏普《尚書補微》佚

《書傳補遺》佚

《書講義》一卷存

胡氏士行《初學尚書詳解》十三卷存

趙氏若燭《書經箋註惸通》《姓譜》作「趙嗣誠」。佚

何氏逢原《尚書通旨》佚

丘氏葵《書解》佚

王氏柏《書疑》《宋志》九卷，又《讀書記》十卷。存

《書經章句》佚

《尚書附傳》《宋志》四十卷。佚

金氏履祥《尚書注》十二卷存

《尚書表注》二卷存

熊氏禾《尚書集疏》佚

黄氏景昌《尚書蔡氏傳正誤》佚

《梅教授書集解》《通考》三册。佚

趙氏《尚書百篇講解》佚

亡名氏《尚書名數索至》未見。菉竹堂、萬卷堂、澹生堂三《書目》均有

卷八十五 《書》十四

王氏若虚《尚書義粹》三卷未見。天一閣、萬卷堂《目》均載之

吕氏造《尚書要畧》佚

趙氏孟頫《書今古文集注》未見

吴氏澄《書經纂言》四卷存

齊氏履謙《書傳詳説》佚

胡氏一桂《書説》佚

程氏直方《蔡傳辨疑》一卷未見

陳氏櫟《書解折衷》佚

《尚書集傳纂疏》六卷存

劉氏莊孫《書傳上下篇》二十卷佚

胡氏炳文《書集解》未見

董氏鼎《尚書輯録纂注》六卷存

何氏中《書傳補遺》十卷佚

余氏芑舒《讀蔡傳疑》一卷佚

《書傳解》佚

嚴氏𢾷《書説》佚

張氏仲實《尚書講義》□卷佚

程氏龍《書傳釋疑》佚

卷八十六　《書》十五

許氏謙《讀書叢説》六卷存

俞氏元燮《尚書集傳》十卷未見

《或問》二卷未見

吴氏萊《尚書標説》六卷未見

元氏明善《尚書節文》佚

王氏充耘《讀書管見》二卷存

《書義主意》六卷存

《書義矜式》六卷存

李氏天麓《書經疏》佚

陳氏悦道《書義斷法》六卷存

王氏天與《尚書纂傳》四十六卷存

王氏希旦《尚書通解》佚

李氏恕《書旁注》佚

韓氏信同《書經講義》一曰「集解」。未見

吕氏椿《尚書直解》佚

黄氏鎮成《尚書通考》十卷存

陳氏師凱《書蔡傳旁通》六卷存

倪氏士毅《尚書作義要訣》四卷存

吴氏師道《書雜説》六卷未見

李氏公凱《纂集柯山尚書句解》三卷存

吴氏迂《書編大旨》未見

吾邱氏衍《尚書要畧》未見

周氏聞孫《尚書一覽》未見

余氏日強《尚書補注》佚

朱氏祖義《尚書句解》十三卷存

馬氏道貫《尚書疏義》六卷未見

丘氏迪《尚書辨疑》佚

王氏文澤《尚書制度圖纂》三卷佚

韓氏性《尚書辨疑》一卷佚

鄒氏季友《尚書蔡傳音釋》六卷存

邵氏光祖《尚書集義》六卷未見

方氏傳《書蔡氏傳考》佚

陳氏研《尚書解》佚

鄭氏翔《尚書注》佚

方氏公權《尚書審是》佚

黄氏艾《尚書講義》佚

鄭氏彦明《尚書説》佚

方氏通《尚書義解》佚

黄氏力行《書傳》佚

趙氏杞《尚書辨疑》未見。《葉氏菉竹堂》載之，止云一册，無卷數

季氏仁壽《春谷讀書記》佚

卷八十七 《書》十六

劉氏三吾等《書傳會選》六卷存

梁氏寅《書纂義》十卷未見

朱氏升《尚書旁注》六卷存

《書傳補正輯註》一卷未見

陳氏謨《書經會通》未見

朱氏右《書集傳發揮》十卷未見

冉氏庸《尚書精萃》佚

徐氏蘭《書經體要》一卷未見

陳氏雅言《尚書卓躍》六卷未見

鄭氏濟《書經講解》未見

林氏遜《尚書經義》未見

黄氏紹烈《書經主意》未見

郭氏元亮《尚書該義》十二卷佚

詹氏鳳翔《書經釋義旁通撮要》未見

劉氏朴《書義精要》佚

胡氏廣等《書傳大全》十卷存

王氏達《書經心法》佚

張氏洪《尚書補傳》十二卷未見

王氏原《書傳補遺》未見

彭氏勗《書傳通釋》六卷存

徐氏善述《尚書直指》六卷存

陳氏濟《書傳補注》一卷未見

《書傳通證》未見

何氏文淵《書義庭訓》未見

卷八十八　《書》十七

章氏陬《書經提要》四卷載西亭王孫《萬卷堂目》。未見

張氏瀾《書經集説》未見

黄氏諫《書傳集義》未見

夏氏寅《尚書劄記》未見

費氏希冉《尚書本旨》七卷未見

劉氏敎《尚書句解》未見

楊氏守陳《書私抄》一卷存

張氏業《書經節傳》未見

黄氏瑜《書經旁通》十卷未見

劉氏縉《書經講義》未見

黄氏仲昭《讀尚書》一篇存

姚氏誠《書經義》佚

羅氏倫《書義旁通》佚

鮑氏麟《壁經要畧》佚

吴氏寬《書經正蒙》未見

林氏俊《尚書精藴》未見

吕氏獻《書經定説》未見

李氏承恩《書經拾蔡》二卷未見

錢氏福《尚書叢説》未見

尹氏洪《尚書章句訓解》十卷載《萬卷堂目》。未見

黄氏瀾《尚書資講》未見

王氏大用《書經旨畧》一卷未見

趙氏鶴《書經會注》未見

張氏邦奇《書説》一卷存

穆氏孔暉《尚書困學》未見

周氏灝《尚書口義》二卷未見

包氏沐《尚書解義》佚

應氏璋《尚書要畧》未見

揭氏其大《尚書世義》未見

蕭氏孟景《尚書説》佚

馬氏明衡《尚書疑義》一卷存

吕氏柟《尚書説疑》五卷存

韓氏邦奇《書説》一卷未見

汪氏玉《尚書存疑録》二卷未見

王氏崇慶《書經説畧》一卷存

王氏道《書億》四卷未見

梅氏鷟《讀書譜》四卷存

《尚書考翼》一卷存

馬氏理《尚書疏義》未見

霍氏韜《書解》未見

舒氏芬《書論》一卷存

王氏漸逵《讀書記》未見

卷八十九　《書》十八

鄭公曉《尚書考》二卷闕

林氏雲同《尚書正宗》未見

葉氏良珮《讀書記》未見

豐氏坊《古書世學》六卷存

黄氏光昇《讀書愚管》未見

黄氏㦸《書經便註》十三卷《萬卷堂目》十卷。未見

沈氏朝宣《書經發隱》未見

錢氏應揚《尚書説意》未見

王氏問《書經日抄》未見

蔣氏騰蛟《書傳折衷》六卷未見

胡氏賓《書經全圖》一卷載山陰祁氏《澹生堂目》。未見

馬氏森《書傳敷言》十卷存

陳氏言《書疑》未見

莫氏如忠《尚書訓詁大旨》未見

陸氏穩《書經便蒙詳節》未見

譚氏綸《書經詳節》未見

吴氏文光《尚書審是》十卷未見

張氏居正《書經直解》八卷存

王氏樵《尚書日記》十六卷存

《書帷別記》四卷存

俞氏時及《蔡傳説意》未見

李氏儒烈《尚書啟蒙》未見

湯氏日新《尚書録》未見

吕氏穆《書經講義》未見

曹氏大章《書經疎見》未見

陳氏錫《尚書經傳別解》一卷存

吴氏福《書傳》十卷未見

陸氏相儒《尚書正説》未見

陳氏言《尚書講義》六卷未見

申氏時行《書經講義會編》十二卷存

歸氏有光《尚書叙録》存

卷九十　《書》十九

程氏弘賓《書經虹臺講義》十二卷存

袁氏仁《尚書砭蔡篇》一卷未見

杜氏偉《尚書説意》未見

俞氏鯤《百家尚書彙解》未見

林氏鴻儒《書經日録》未見

屠氏本畯《尚書别録》六卷存

韓氏綱《書經廣説》未見

鄧氏元錫《尚書繹》二卷存

劉氏文卿《尚書便蒙纂註》未見

章氏潢《尚書圖説》三卷存

陳氏第《尚書疏衍》四卷存

羅氏敦仁《尚書是正》二十卷存

陳氏履祥《尚書極》一卷未見

余氏懋學《尚書折衷》未見

張氏位《尚書講署》未見

鍾氏庚陽《尚書傳心録》七卷存

沈氏位《尚書筆記》未見

龔氏勉《書義卓見》未見

汪氏在前《讀書拙見》未見

陸氏光宅《尚書主説》未見

張氏元忭《讀尚書考》未見

王氏祖嫡《書疏叢鈔》一卷存

方氏揚《尚書集解》未見

瞿氏九思《書經以俟録》六卷存

蔡氏立身《删補書經註》未見

姚氏舜牧《書經疑問》十二卷存

孫氏繼皐《尚書意解》未見

馮氏夢禎《尚書大意》未見

沈氏自邠《尚書衷引》未見

楊氏起元《書録》未見

陳氏泰來《尚書注考》一卷未見

鍾氏化民《尚書臆見》未見

鄒氏龍光《書經約言》未見

劉氏應秋《尚書旨》十卷存

湯氏顯祖《玉茗堂尚書兒訓》未見

潘氏士藻《尚書心鏡》未見

徐氏即登《書説》十卷未見

郭氏正域《東宮進講尚書義》一卷存

姜氏鏡《書經見解》未見

何氏喬遠《書經釋》一卷未見

沈氏瓚《尚書大義》未見
袁氏宗道《尚書纂注》四卷存

卷九十一　《書》二十

董氏其昌《書經原旨》未見
吴氏炯《書經質疑》一卷存
王氏肯堂《尚書要旨》三十一卷存
郝氏敬《尚書辨解》十卷存
范氏應賓《壁業》未見
鍾氏鳴陛《書經素言》未見
盧氏廷選《尚書雅言》六卷存
曹氏學佺《書傳會衷》十卷存
賀氏燦然《書畧》未見
胡氏瓚《尚書過庭雅言》未見
史氏記事《尚書疑問》五卷未見

洪氏翼聖《尚書祕旨》未見

謝氏廷讚《書經翼注》七卷存

王氏建中《尚書新説》未見

趙氏維寰《尚書蠡》四卷存

孫氏奇逢《書經近指》未見

黄氏景星《尚書解》未見

來氏宗道《尚書祕省》未見

樊氏良樞《書繹》一卷存

陳氏臣忠《書經集意》二卷載祁氏《澹生堂目》。未見

陸氏鍵《尚書傳翼》十卷存

秦氏繼宗《書經彙解》四十六卷未見

張氏爾嘉《尚書貫言》二卷存

朱氏道行《尚書集思通》十二卷存

史氏惟堡《尚書晚訂》十二卷存

錢氏大復《尚書旨授》未見

項氏儒《書經大全纂》未見

鄭氏若曾《尚書集義》六卷未見

吳氏從周《書疑》四卷未見

徐氏允禄《勉思齋尚書解》未見

黄氏佗《尚書精義》六卷佚

吴氏桂森《書説》未見

汪氏應魁《尚書句讀》六卷存

楊氏肇芳《尚書副墨》六卷存

洪氏禹功《尚書揀珠》未見

張氏睿卿《書箋》未見

潘氏士遴《尚書葦籥》五十卷存

徐氏大儀《書經補註》六卷存

卷九十二 《書》二十一

徐氏可期《書經貫言》未見

傅氏元初《尚書撮義》四卷存

袁氏儼《尚書百家彙解》六卷存

孫氏承澤《尚書集解》二十卷存

史氏煒《尚書纂要》未見

朱氏朝瑛《讀書畧記》二卷未見

江氏旭奇《尚書傳翼》二卷存

顧氏懋樊《桂林書響》十卷存

鄒氏期楨《尚書揆一》未見

鄒氏期相《尚書筆指》未見

孫氏弘祖《尚書詮註》未見

陸氏又機《尚書集解》未見

陳氏弘緒《尚書廣録》未見

陸氏萬達《尚書講畧》未見

龐氏招俊《書經正旨》六卷存

唐氏達《尚書臆解》未見

沈氏淓《尚書印》六卷存

姚氏之鳳《尚書定解》未見

金氏鏡《尚書評注》未見

莊氏日思《尚書説準》未見

朱氏鶴齡《尚書裨傳》十卷存

《攷異》一卷存

楊氏文彩《書繹》十二卷未見

黄氏宗羲《書經筆授》二卷存

錢氏肅潤《尚書體要》六卷存

沈氏嗣選《尚書傳》四卷存

閻氏若璩《尚書古文疏證》十卷存

姚氏際恒《古文尚書通論别僞例》十卷存

錢氏煌《壁書辨疑》六卷存

毛氏奇齡《古文尚書冤詞》八卷存

卷九十三　《書》二十二

《明世宗皇帝書經三要》三卷未見

文氏彦博《尚書二典義》一卷存

程子頤《堯典舜典解》《宋志》一卷。存

陸氏佃《二典義》《通考》一卷。未見

范氏浚《堯典論》一篇存

羅氏欽順《堯典説》一篇存

汪氏琬《九族考》一篇存

晁氏説之《堯典星日歲考》一卷載《嵩山集》。存

陳氏櫟《堯典中星考》一篇存

貝氏瓊《中星考》一篇存

程氏廷策《中星圖説》一卷未見

吴氏觀萬《閏月定四時成歲講義》佚

來氏汝賢《虞書解》未見

袁氏黄《虞書大旨》未見

茅氏瑞徵《虞書箋》二卷存

羅氏泌《六宗論》一篇載《路史餘論》。存

沈氏顔《象刑解》一篇載《唐文粹》。存

程氏大昌《象刑説》一篇存

朱子熹《舜典象刑説》一篇存

戴氏亨《人心道心説》一篇佚

倪氏思《昆命元龜説》一卷佚

王氏惲《百獸率舞説》一篇存

《漢禹貢圖》一卷佚

裴氏秀《禹貢地域圖》十八篇佚

顧氏愷之《夏禹治水圖》一卷佚

無名氏《禹貢圖》二卷見唐裴孝源《貞觀公私畫史》。佚

孔氏武仲《禹貢論》一篇存

毛氏晃《禹貢指南》二卷未見

程氏大昌《禹貢論》《宋志》五卷，《萬卷堂目》二卷。存

《禹貢論圖》《宋志》五卷，《萬卷堂目》二卷。未見

《禹貢後論》《宋志》一卷。未見

王氏炎《禹貢辨》一卷未見

卷九十四　《書》二十三

陳氏埴《禹貢辨》一卷未見

李氏方子《禹貢解》未見

余氏嘉《禹貢考》佚

黄氏千能《禹貢圖説》佚

孟氏先《禹貢治水圖》《宋志》一卷。佚

傅氏寅《禹貢集解》二卷存。闕

易氏祓《禹貢疆理記》一卷佚

戴氏蒙《禹貢辨》一卷佚

鄒氏近仁《禹貢集説》未見

王氏柏《禹貢圖》一卷載《萬卷堂目》。未見

陳氏剛《禹貢手鈔》一卷佚

林氏洪《禹貢節要》一卷佚

張氏性善《禹貢沿革圖》佚

王氏禕《禹貢山川名急就章》一篇存

朱氏右《禹貢凡例》一卷存

郭氏餘《禹貢傳注詳節》一卷佚

葛氏大紀《禹貢要畧》一卷未見

鄭氏瑶《禹治水譜》一卷未見

夏氏寅《禹貢詳節》一卷未見

張氏吉《禹貢疑誤辨》一篇存

劉氏龍、徐氏縉等《禹貢注解》未見

韓氏邦奇《禹貢詳畧》二卷存

桂氏蕚《禹跡九州圖》四幅未見

鄭公曉《禹貢圖説》一卷存

劉氏天民《禹貢溯洄》一卷未見

曾氏于乾《禹貢簡傳》一卷佚

張氏朝瑞《禹貢本末》一卷未見

徐氏常吉《禹貢注》三卷未見

《禹貢辨》一卷一云《禹貢解》一卷。未見

全氏天叙《禹貢畧》一卷未見

何氏槐《禹貢解》一卷存

焦氏竑《禹貢解》一卷存

戚氏里貴《禹貢瑤琨》一卷未見

褚氏效善《禹貢詳節》一卷載《澹生堂書目》。未見

陸氏大礽《禹貢華末》一卷載《澹生堂書目》。未見

姜氏逢元《禹貢詳節》一卷存

茅氏瑞徵《禹貢匯疏》十二卷存

何氏模《禹貢圖注》一卷未見

鄭氏鄤《禹貢注》一卷存

艾氏南英《禹貢圖注》一卷存

王氏綱振《禹貢逆志》一卷存

張氏能恭《禹貢訂傳》一卷存

黄氏翼登《禹貢注删》一卷存

蔣氏之驎《禹貢注》一卷未見

高氏秉蘘《禹貢通考》四卷未見

孫氏承澤《禹貢九州山水考》三卷存

夏氏允彝《禹貢古今合注》五卷存

張氏睿卿《禹貢便讀》一卷存

朱氏鶴齡《禹貢長箋》十卷存

陸氏敷樹《禹貢注》一卷存

邵氏璜《禹貢通解》一卷存

嚴氏觀《禹貢輯要》一卷未見

趙氏沺《禹貢新書》一卷未見

胡氏渭生《禹貢錐指》二十卷存

羅氏泌《三江詳證》一篇存

朱氏鶴齡《禹貢三江辨》一篇存

朱子熹《九江彭蠡辨》一篇存

羅氏泌《九江詳證》一篇存

薛氏應旂《甘誓論》一篇存

《同谷子五子之歌詩》五首存

卷九十五　《書》二十四

楊氏簡《書五誥解》一册《文淵閣目》有之，不載慈湖名。未見

范氏浚《湯誓仲虺之誥論》一篇存

《伊訓論》一篇存

《太甲三篇論》一篇存

《咸有一德論》一篇存

張氏九成《咸有一德論》一篇未見

顔氏復、范氏祖禹《説命講義》三卷佚

范氏浚《説命三篇論》一篇存

金氏履祥《西伯戡黎辨》一篇存

歐陽氏修《泰誓論》二篇存

王氏十朋《泰誓論》一篇存

程子頤《改正武成》一卷存

胡氏洵直《攷正武成》一卷存

朱子熹《攷正武成次序月日譜》一卷存

牟氏楷《定武成錯簡》一卷佚

張氏日炳《武成考》一卷未見

歸氏有光《攷定武成》一卷存

許氏商《五行傳記》《漢志》一篇。佚

劉氏向《洪範五行傳記》《漢志》十一卷，隋、唐《志》有。闕

王氏《洪範讜義》九篇一作《皇極讜義》，今從《中説·問易篇》。佚

亡名氏《洪範占》《隋志》二卷。佚

《洪範日月變》《隋志》一卷。佚

《洪範五行星歷》《七録》四卷。佚

穆氏元休《洪範外傳》《新唐志》十卷。佚

崔氏良佐《尚書演範》《新唐志》卷亡。佚

《宋仁宗皇帝洪範政鑒》十二卷佚

《洛書五事圖》一卷佚

胡氏瑗《洪範·義》《通考》作《洪範解》，《宋志》一卷。未見

徐氏復《洪範論》一卷佚

張氏景《洪範解》《通考》一卷。未見

劉氏羲叟《洪範災異論》佚

蘇氏洵《洪範圖論》《宋志》一卷。未見

劉氏彝《洪範解》《宋志》六卷。佚

廖氏偁《洪範論》一篇存

孫氏諤《洪範會傳》《通考》一卷。未見

曾氏鞏《洪範論》一卷存

卷九十六　《書》二十五

王氏安石《洪範傳》《宋志》一卷。存

余氏燾《改正洪範》一卷存

孔氏武仲《洪範五福論》一篇存

蘇氏轍《洪範五事説》一篇存

晁氏補之《洪範五行説》一篇存

晁氏説之《洪範小傳》一篇存

曾氏致《洪範傳》《通考》一卷。佚

盧氏碩《洪範圖章》一篇存

《四先生洪範解要》六卷劉氏彝、曾氏鞏、蘇氏轍、吕氏吉甫。佚

范氏浚《洪範論》一篇存

陳氏伯達《翼範》《宋志》一卷。未見

孟氏先《尚書洪範五行記》《宋志》一卷。佚

吴氏仁傑《尚書洪範辨圖》《宋志》一卷。未見

鄭氏耕老《洪範訓釋》佚

蔡氏元定《洪範解》一卷未見

鄭氏思孟《洪範解義》佚

陳氏埴《洪範解》一卷未見

林氏維屏《洪範論》一卷未見

趙氏善湘《洪範統紀》一卷《宋史》列傳作《統論》。未見。《葉氏菉竹堂目》有之

蔡氏元鼎《洪範會元》佚

馮氏去非《洪範補傳》一卷未見。《葉氏菉竹堂目》有之

鄒氏元佐《洪範福極奥旨》五卷佚

陳氏剛《洪範手抄》一卷佚

劉氏漢傳《洪範奥旨》佚

胡氏希是《洪範考訂》佚

趙氏孟頫《洪範圖》一卷未見

胡氏一中《定正洪範集説》一卷存

謝氏章《洪範衍義》佚

陳氏樵《洪範傳》一卷未見

田氏澤《洪範洛書辨》一卷未見。《葉氏菉竹堂目》有之

陳氏希聖《洪範述》未見

卷九十七　《書》二十六

《明太祖皇帝御注洪範》一卷未見

《宣宗皇帝序洪範》一篇存

《世宗皇帝洪範序畧》一篇存

王氏禕《洛書非洪範辨》一篇存

葉氏世奇《範通》二卷未見

傅氏淳《洪範敷言》未見

俞氏深《範疇解》佚

徐氏驥《洪範解訂正》一卷未見

盧氏璣《洪範集解》未見

熊氏宗立《洪範九疇數解》八卷未見。天一閣、萬卷堂《目》均載是書

丁氏璣《洪範正誤》一卷未見

楊氏廉《洪範纂要》一卷存

吴氏世忠《洪範攷疑》一卷存

鄭氏善夫《洪範論》一卷存

顧氏鼎臣《洪範講章》一卷存

劉氏天民《洪範辨疑》一卷未見

潘氏葵《洪範本傳》未見

盧氏鴻《君道洪範》八卷未見

吕氏賢《洪範解》一卷未見

曾氏俊《洪範圖輯》未見

葉氏良珮《洪範圖解》一卷未見

徐氏獻忠《洪範或問》一卷未見

游氏日章《洪範釋義》未見

歸氏有光《洪範傳》一卷存

瞿氏九思《洪範衍義》五卷存

鍾氏化民《敷言大旨》一卷未見

錢氏一本《範衍》十卷存

徐氏常吉《洪範則洛書辨》一卷未見

羅氏喻義《洪範直解》一卷存

《讀範内篇》一卷存

羅氏輔《洪範彙義》未見

鄒氏元佐《洪範福極奥旨》五卷未見

包氏萬有《範數贊詞》四卷未見

黄氏道周《洪範明義》四卷存

鄒氏期禎《洪範經世要語》未見

孫氏承澤《洪範經傳集義》一卷存

夏氏唐老《九疇圖》佚

亡名氏《福極對義圖》二卷未見

《洪範集説》一册未見

《圖書作範宗旨》一册載范氏《天一閣目》。未見

貢氏師泰《題旅獒圖》一篇存

李氏郡《旅獒圖》一卷未見

樓氏鑰《金縢圖説》一篇存

顔氏直之《金縢圖》一卷佚

王氏廉《金縢辨》一篇存

張氏孚敬《金縢辨疑》一卷未見

汪氏叡《周公居東二年辨》一篇存

范氏浚《大誥、康誥、酒誥、梓材、召誥、洛誥、多士、多方論》一篇存

宋氏璟《無逸圖》一卷佚

王氏洙、蔡氏襄《無逸圖》佚

吴氏安詩等《無逸講義》一卷《宋志》二卷，《通考》三卷，俱合《説命講義》言之。佚

司馬氏光等《無逸講義》《宋志》一卷。未見

胡氏寅《無逸傳》一卷未見

張氏栻《無逸解》一卷未見

程氏鳴鳳《無逸説》佚

趙氏秉文《無逸直解》一卷佚
程氏大昌《三宅三俊説》一篇存
滕氏仲禮《周官呂刑講義》二卷佚
胡氏銓《君陳辨》一篇存
方氏回《顧命朝會考》一篇存
汪氏琬《顧命説》一篇存
王氏炎《康王之誥論》一篇存
方氏孝孺《畢命論》一篇存
范氏浚《君牙、冏命、呂刑論》一篇存
王氏應麟《周書王會解》一卷存
董氏斯張《周書克殷度邑解》二卷存
陶氏弘景《注尚書序》一卷見劉大彬《茅山志》。佚

卷九十八　《詩》一

《古詩》今存三百五篇

卷九十九　《詩》二

卜子商《詩序》《唐志》二卷。存

卷一百　《詩》三

端木子賜《詩傳僞本》一卷存

漢楚王交《詩傳》佚

《詩經魯齊韓三家》《漢志》二十八卷。佚

申公培《魯故》《漢志》二十五卷。佚

《詩説僞本》一卷存

《魯説》《漢志》二十八卷。佚

轅氏固《齊詩傳》佚

后氏蒼《齊故》《漢志》二十卷。佚

《齊詩傳》《漢志》三十九卷。佚

《孫氏齊故》《漢志》二十七卷。佚

《齊詩傳》《漢志》二十八卷。佚

《齊雜記》《漢志》十八卷。佚

韓氏嬰《韓故》《漢志》三十六卷，《新唐書志》：《韓詩卜商序韓嬰注》二十二卷。佚

《詩内傳》《漢志》四卷。佚

《詩外傳》《漢志》六卷，隋、唐《志》十卷。存

《韓詩説》《漢志》四十一卷。佚

毛氏亨《詩故訓傳》《漢志》三十三卷，《釋文·序録》二十卷。佚

毛氏萇《詩傳》《漢志》二十九卷，《唐志》十卷。存

吕氏叔玉《詩説》佚

伏氏黯《齊詩章句解説》九篇佚

薛氏漢《韓詩章句》《隋志》二十二卷。佚

韋氏賢《魯詩章句》佚

卷一百一 《詩》四

景氏鸞《齊詩解》佚

伏氏恭《齊詩章句》佚

杜氏撫《詩題約義通》佚

賈氏逵《毛詩雜義難》《七録》十卷。佚

趙氏曄《詩細》《七録》作《詩譜》，《七録》二卷。佚

《歷神泉》《後漢書》作「神淵」，《七録》一卷。佚

張氏匡《韓詩章句》佚

馬氏融《毛詩注》《七録》十卷。佚

鄭氏玄《毛詩箋》《隋志》二十卷。存

《毛詩譜》《新唐志》三卷。存

《毛詩音》佚

荀氏爽《詩傳》佚

侯氏包《韓詩翼要》《隋志》十卷。佚

杜氏瓊《韓詩章句》佚

王氏肅《毛詩注》《隋志》二十卷。佚

《毛詩義駁》《隋志》八卷。佚

《毛詩奏事》《隋志》一卷。佚

《毛詩問難》《七録》二卷。佚

《毛詩音》佚

劉氏楨《毛詩義問》《隋志》十卷。佚

王氏基《毛詩駁》《隋志》一卷，《七録》五卷。佚

劉氏璠《毛詩義》《七録》四卷。佚

《毛詩箋傳是非》《七録》二卷。佚

徐氏整《毛詩譜》《隋志》三卷。佚

太叔氏裘《毛詩譜注》《隋志》二卷。佚

韋氏昭等《毛詩答雜問》《七録》四卷。佚

陸氏璣《毛詩草木鳥獸蟲魚疏》《隋志》二卷。存

卷一百二　《詩》五

孫氏毓《毛詩異同評》《隋志》十卷。佚

陳氏統《難孫氏毛詩評》《隋志》四卷。佚

《毛詩表隱》《七録》二卷。佚

楊氏乂《毛詩辨異》《隋志》三卷。佚

《毛詩異義》《隋志》二卷。佚

《毛詩雜義》《七録》五卷。佚

干氏寶《毛詩音》《七録》作「音隱」，《七録》一卷。佚

李氏軌《毛詩音》佚

謝氏沈《毛詩釋義》《七録》十卷。佚

《毛詩義疏》《七録》十卷。佚

《毛詩注》《七録》二十卷。佚

阮氏侃《毛詩音》佚

徐氏邈《毛詩音》《七録》十六卷，又二卷。佚

袁氏喬《詩注》佚

郭氏璞《毛詩拾遺》《隋志》一卷。佚

《毛詩畧》《七録》四卷。佚

殷氏仲堪《毛詩雜義》《七録》四卷。佚

蔡氏謨《毛詩疑字》佚

江氏熙《毛詩注》《七録》二十卷。佚

江氏惇《毛詩音》佚

虞氏喜《毛詩畧》佚

蔡氏《毛詩音》佚

孔氏《毛詩音》佚

徐氏廣《毛詩背隱義》《七録》二卷。佚

雷氏次宗《毛詩義》《七録》一卷。佚

徐氏爰《毛詩音》佚

孫氏暢之《毛詩引辨》《七録》一卷。佚

何氏偃《毛詩釋》《七録》一卷。佚

劉氏孝孫《毛詩正論》《宋志》十卷。佚

業氏遵《業詩》《隋志》二十卷。佚

梁武帝《毛詩大義》《隋志》十一卷。佚

劉氏瓛《毛詩篇次義》《七録》一卷。佚

何氏胤《毛詩總集》《七録》六卷。佚

《毛詩隱義》《七録》十卷。佚

謝氏曇濟《毛詩檢漏義》《七録》二卷。佚

崔氏靈恩《集注毛詩》《隋志》二十四卷,《本傳》二十二卷。佚

顧氏越《毛詩義疏》佚

舒氏援《毛詩義疏》《隋志》二十卷。佚

沈氏重《毛詩義疏》《隋志》二十八卷。佚

張氏譏《毛詩義》二十卷佚

闞氏康之《毛詩義》佚

卷一百三　《詩》六

元氏延明《毛詩誼府》《隋志》三卷。佚

劉氏芳《毛詩箋音證》《隋志》十卷。佚

張氏思伯《毛詩章句》佚

魯氏世達《毛詩章句義疏》《隋志》四十卷。佚

《毛詩注并音》《隋志》八卷。佚

全氏緩《毛詩義疏》佚

劉氏軌思《毛詩義疏》佚

劉氏醜《毛詩義疏》佚

劉氏焯《毛詩義疏》佚

劉氏炫《毛詩述義》《隋志》四十卷。佚

《毛詩譜注》《隋志》二卷。佚

王氏伯興《毛詩駮》《舊唐志》五卷。佚

謝氏《毛詩譜鈔》《隋志》一卷。佚

張氏《毛詩義疏》《七録》五卷。佚

亡名氏《毛詩義注》《七録》四卷。佚

《毛詩雜義注》《七録》三卷。佚

《毛詩義疏》《隋志》二十卷，又二十九卷，又十卷，又十一卷，又二十八卷。佚

《毛詩釋疑》《隋志》一卷。佚

《毛詩圖》《七録》三卷。佚

《毛詩孔子經圖》《七録》十二卷。佚

《毛詩古聖賢圖》《七録》二卷。佚

《毛詩諸家音》《唐志》十五卷。佚

《毛詩草蟲經》佚

《韓詩圖》十四卷見張彦遠《名畫記》。佚

孔氏穎達等《毛詩正義》《唐志》四十卷。存

陸氏德明《毛詩釋文》一卷存

許氏叔牙《毛詩纂義》《新唐志》十卷。佚

王氏玄度《毛詩注》《新唐志》二十卷。佚

施氏士丐《詩説》佚

成氏伯璵《毛詩斷章》《唐志》二卷。佚

《毛詩指説》《唐志》一卷。存

楊氏嗣復等《毛詩草木蟲魚圖》《唐志》二十卷。佚

張氏訢《毛詩別録》《宋志》一卷。佚

令狐氏《毛詩音義》佚

亡名氏《毛詩提綱》《宋志》一卷。佚

卷一百四　《詩》七

《宋徽宗皇帝詩解》九卷佚

胡氏旦《毛詩演聖論》《宋志》二十卷。佚

宋氏咸《毛詩正紀》《宋志》三卷。佚

《毛詩外義》《宋志》二卷。佚

劉氏宇《詩折衷》《宋志》二十卷。佚

蘇氏子材《毛詩大義》《通志》三卷。佚

歐陽氏修《毛詩本義》《宋志》十六卷。存

《詩譜補闕》《通志》三卷。存

梅氏堯臣《毛詩小傳》二十卷佚

茅氏知至《周詩義》《宋志》二十卷。佚

周氏堯卿《詩説》三十卷佚

魯氏有開《詩集》《宋志》十卷。佚

李氏常《詩傳》《宋志》十卷。佚

黄氏君俞《毛詩闕言》《通志》二十三卷。佚

周氏軾《毛詩箋傳辨誤》《紹興書目》「軾」作「式」,《宋志》八卷,《紹興書目》二十卷。佚

丘氏鑄《周詩集解》《宋志》二十卷。佚

王氏安石《新經毛詩義》《宋志》二十卷。佚

《舒王詩義外傳》《宋志》十二卷。佚

沈氏季長《詩講義》十卷佚

范氏百禄《詩傳補注》二十卷佚

李氏清臣《詩論》二篇存

張氏方平《詩正變論》一篇存

朱氏長文《詩説》佚

鮮于氏侁《詩傳》《宋志》六十卷。未見

孔氏武仲《詩説》《宋志》二十卷。佚

范氏祖禹《詩解》《宋志》一卷。未見

王氏巖叟《詩傳》佚

蘇氏轍《詩解集傳》《宋志》二十卷。存

彭氏汝礪《詩義》《宋志》二十卷。佚

程子頤《伊川詩説》《通考》二卷。存

張子載《詩説》《宋志》一卷。存

喬氏執中《毛詩講義》《宋志》十卷。佚

郭氏友直《毛詩統論》二十卷佚

張氏耒《詩説》一卷存

沈氏銖《詩傳》《宋志》二十卷。佚

毛氏漸《詩集》《宋志》十卷。佚

趙氏令湑《毛詩講義》《宋志》二十卷。佚

李氏撰《毛詩訓解》二十卷佚

吴氏駿《詩解》二十卷佚

趙氏仲鋭《詩義》《宋志》三卷。佚

劉氏泉《毛詩判篇》《宋志》一卷，《紹興書目》二卷。佚

吴氏良輔《詩重文説》《宋志》七卷。佚

洪氏林範《毛詩義方》《通志》二十卷。佚

吴氏純《三十家毛詩會解》《宋志》一百卷。佚

卷一百五　《詩》八

周氏紫芝《毛詩講義》佚

陸氏佃《詩物性門類》《通考》八卷。存

楊氏時《詩辨疑》《宋志》一卷。存

蔡氏卞《毛詩名物解》《宋志》二十卷。存

董氏逌《廣川詩故》《宋志》四十卷。佚

王氏居正《毛詩辨學》二十卷佚

廖氏剛《詩經講義》二卷載《高峯集》。存

曹氏粹中《放齋詩説》《宋志》三十卷。未見

羅氏從彦《詩解》佚

邱氏税《詩解義》佚

陳氏鵬飛《詩解》《通考》二十卷。未見

李氏樗《毛詩詳解》《宋志》三十六卷。存

吴氏棫《毛詩叶韻補音》《宋志》十卷。存

經義考目録卷四

卷一百六　《詩》九

鄭氏樵《詩傳》《宋志》二十卷。未見
《詩辨妄》《宋志》六卷。未見
周氏孚《非鄭樵詩辨妄》一卷存
王氏質《詩總聞》《宋志》二十卷。存
晁氏公武《毛詩詁訓傳》《宋志》二十卷。佚
程氏大昌《詩議》一卷存
鄭氏諤《毛詩解義》《宋志》三十卷。佚
范氏處義《詩學》《宋志》一卷。佚
《解頤新語》《宋志》十四卷。佚

《詩補傳》《宋志》三十卷。鈔本不著名，《聚樂堂目》作「范處義撰」，與《宋志》同。存

趙氏敦臨《詩説》佚

李氏燾《詩譜》《宋志》三卷。佚

余氏端禮《毛詩説畧》佚

羅氏維藩《詩解》二卷佚

王氏大寶《詩解》佚

張氏淑堅《詩解》佚

黄氏邦彦《毛詩講義》《宋志》三卷。佚

林氏岊《毛詩講義》《宋志》五卷。佚

胡氏維寧《詩集善》佚

謝氏諤《詩解》二十卷佚

潘氏好古《詩説》佚

吴氏曾《毛詩辨疑》佚

陳氏知柔《詩聲譜》二卷佚

黄氏度《詩説》《宋志》三十卷。未見

馬氏和之《毛詩圖》闕

卷一百七　《詩》十

楊氏簡《詩解》佚

薛氏季宣《反古詩説》一作《詩性情説》。佚

陳氏傅良《毛詩解詁》二十卷佚

吕氏祖謙《家塾讀詩記》《宋志》三十二卷。存

項氏安世《毛詩前説》《宋志》一卷。佚

《詩解》《宋志》二十卷。佚

唐氏仲友《詩解》佚

卷一百八　《詩》十一

朱子熹《毛詩集傳》《宋志》二十卷。存

朱氏鑑《文公詩傳遺説》六卷存

輔氏廣《詩童子問》二十卷存

許氏奕《毛詩説》《宋志》三卷。佚

陳氏駿《毛詩筆義》佚

孫氏調《詩口義》五十卷佚

劉氏爚《東宫詩解》佚

徐氏僑《讀詩記》佚

馮氏誠之《詩解》二十卷佚

黄氏櫄《詩解》二十卷、《總論》一卷存

林氏拱辰《詩傳》佚

舒氏璘《詩學發微》佚

高氏頤《詩集傳解》三十卷佚

陳氏經《詩經講義》佚

楊氏泰之《詩名物編》十卷佚

《詩類》三卷佚

時氏少章《詩大義》佚

《贅説》佚

張氏孝直《毛詩口義》佚

陳氏謙《詩解詁》佚

戴氏溪《續讀詩紀》《宋志》三卷。未見

高氏元之《詩説》《宋志》一卷。佚

柴氏中行《詩講義》佚

李氏心傳《誦詩訓》五卷佚

趙氏汝談《詩注》佚

錢氏時《學詩管見》佚

王氏宗道《讀詩臆説》十卷佚

楊氏明復《詩學發微》佚

張氏貴謨《詩説》《宋志》三十卷。佚

黄氏應春《詩説》佚

陳氏寅《詩傳》《宋志》十卷。佚

史氏守道《詩畧》十卷佚

譚氏世選《毛詩傳》二十卷佚

劉氏應登《詩經訓注》佚

趙氏若燭《毛詩粗通》佚

韓氏謹《詩義解》佚

湯氏建《詩衍義》佚

吕氏椿《詩直解》佚

韓氏惇《詩義解》佚

劉氏垕《毛詩解》佚

董氏夢程《詩訓釋》佚

謝氏升孫《詩義斷法》佚

王氏萬《詩説》佚

焦氏巽之《詩總》佚

卷一百九　《詩》十二

魏氏了翁《毛詩要義》《宋志》二十卷。未見

錢氏文子《白石詩傳》《宋志》三十卷。存

《詩訓詁》《宋志》三卷。存

段氏昌武《叢桂毛詩集解》三十卷闕

《讀詩總説》一卷存

《詩義指南》一卷存

嚴氏粲《詩輯》三十六卷存

劉氏克《詩説》十二卷闕

王氏應麟《詩地理考》《宋志》五卷。存

《詩考》《宋志》五卷，今六卷。存

《毛詩草木鳥獸蟲魚廣疏》六卷未見

卷一百十　《詩》十三

洪氏咨夔《詩注》佚

熊氏剛大《詩經注解》佚

高氏斯得《詩膚説》佚

顧氏文英《詩傳演説》佚

董氏鼎《詩傳》佚

李氏象《詩講義》佚

鄭氏犀《詩古音辨》「犀」或作「庠」，《宋志》一卷。佚

劉氏元剛《詩演義》佚

章氏叔平《讀詩私記》佚

蔡氏夢説《詩箋》八卷佚

俞氏德鄰《佩韋齋輯聞詩説》一卷存

姚氏隆《詩解》佚

黄氏震《讀詩一得》一卷存

謝氏枋得《詩傳注疏》佚

王氏柏《詩可言集》《宋志》二十卷。未見

《詩辨説》二卷或作《詩疑》。存

戴氏亨《朱子詩傳辨正》佚

江氏愷《詩經講義》佚

陳氏深《清全齋讀詩編》未見

陳氏普《詩講義》一卷存

陳氏煥《詩傳微》佚

丘氏葵《詩正義》或作「口義」。佚

俞氏琰《絃歌毛詩譜》一卷未見

何氏逢原《毛詩通旨》佚

趙氏悳《詩辨說》七卷闕

熊氏禾《毛詩集疏》佚

吴氏《詩本義補遺》《宋志》二卷。佚

亡名氏《毛詩小疏》《宋志》二十卷。佚

《毛詩餘辨》《通志》四卷。佚

《毛詩别集正義》《通志》一卷。佚

《毛詩釋題》《崇文目》「釋」作「解」，《宋志》二十卷。佚

《毛詩正數》《宋志》二十卷。佚

《毛詩釋篇目疏》《宋志》十卷。佚

《詩疏要義》《宋志》一卷。佚

《毛詩玄談》《宋志》一卷。佚

《毛詩章疏》《宋志》三卷，《紹興書目》二卷。佚

《毛詩通義》《宋志》二十卷。佚

《毛鄭詩學》《宋志》十卷。佚

《纂圖互注毛詩》二十卷存

《詩義斷法》一卷見《菉竹堂書目》。佚

卷一百十一 《詩》十四

李氏簡《詩學備忘》二十四卷佚

雷氏光霆《詩義指南》十七卷佚

胡氏一桂《詩傳纂疏附録》八卷未見

劉氏莊孫《詩傳音指補》二十卷佚

程氏直方《學詩筆記》未見

胡氏炳文《詩集解》未見

程氏龍《詩傳釋疑》佚

安氏熙《詩傳精要》佚

陳氏櫟《詩經句解》未見

吴氏迂《詩傳衆説》佚

李氏恕《毛詩音訓》四卷未見

《毛詩詁訓》四卷未見

《毛詩旁注》未見

朱氏近禮《詩傳疏釋》佚

蔣氏宗簡《詩答》佚

周氏聞孫《學詩舟楫》佚

劉氏瑾《詩傳通釋》二十卷存

梁氏益《詩傳旁通》十五卷存

《詩緒餘》未見

許氏謙《詩集傳名物鈔》八卷存

羅氏復《詩集傳音釋》二十卷存

朱氏公遷《詩傳疏義》二十卷存

李氏公凱《毛詩句解》二十卷存
曹氏居貞《詩義發揮》未見
焦氏悦《詩講疑》佚
顔氏達《詩經講説》未見
夏氏泰亨《詩經音考》佚
吴氏師道《詩雜説》二卷未見
盧氏觀《詩集説》未見
楊氏璲《詩傳名物類考》未見
俞氏遠《詩學管見》未見
蘇氏天爵《讀詩疑問》一卷存
吴氏簡《詩義》佚
楊氏舟《詩經發揮》佚
韓氏性《詩音釋》一卷佚
貢氏師泰《詩補注》二十卷佚
林氏泉生《詩義矜式》十二卷存

秦氏玉《詩經纂例》佚

余氏希聲《詩説》四卷佚

周氏鼎《詩經辨正》佚

方氏道《敔詩記》佚

朱氏倬《詩疑問》七卷存

卷一百十二　《詩》十五

梁氏寅《詩演義》八卷未見

《詩考》四卷未見

陳氏謨《詩經演疏》未見

朱氏升《詩旁注》八卷存

汪氏克寬《詩集傳音義會通》二十卷未見

曾氏堅《詩疑大鳴録》一卷未見

范氏祖幹《讀詩記》未見

何氏淑《詩義權輿》未見

朱氏善《詩解頤》四卷存

王氏褘《詩草木鳥獸名急就章》一篇存

高氏頤《詩集傳解》二十卷未見

張氏洪《詩正義》十五卷未見

何氏英《詩經詳釋》一作「增釋」。未見

楊氏禹錫《詩義》二卷佚

瞿氏佑《詩經正葩》佚

鄭氏旭《詩經總旨》一卷佚

彭氏奇《詩經主意》未見

胡氏廣等《詩集傳大全》二十卷存

魯氏穆《葩經或問》未見

劉氏翔《詩口義》未見

范氏理《詩經集解》三十卷楊守陳《志墓》云三卷。未見

王氏逢《詩經講説》二十卷佚

李氏賢《讀詩記》一卷未見

孫氏鼎《詩義集説》四卷未見

陳氏濟《詩傳通證》佚

楊氏守陳《詩私抄》四卷存

易氏貴《詩經直指》十五卷佚

黄氏仲昭《讀毛詩》一篇存

李氏承恩《詩大義》未見

程氏楷《詩經講説》二十卷未見

劉氏銓《詩經發鑰》佚

王氏彦文《詩傳旁通》未見

丁氏徵《詩解》佚

鄭氏滿《詩經講義》未見

陳氏鳳梧《毛詩集解》未見

許氏誥《詩考》未見

陸氏深《儼山詩微》二卷存《儼山集》中。闕

張氏邦奇《詩説》一卷存

湛氏若水《詩釐正》二十卷存

卷一百十三　《詩》十六

韓氏邦奇《毛詩末喻》未見
胡氏纘宗《胡氏詩識》三卷存
王氏崇慶《詩經衍義》一卷存
丁氏奉《詩經臆言》未見
楊氏慎《四詩表傳》一卷未見
王氏道《詩億》三卷未見
馬氏理《詩經册義》未見
李氏淮《詩經童訓辨疑》未見
霍氏韜《詩經注解》未見
舒氏芬《詩稗説》三十篇未見
高氏尚賢《詩經摘玉》佚
王氏漸逵《讀詩記》未見

季氏本《詩説解頤》八卷、又《總論》二卷存

黄氏佐《詩傳通解》二十五卷存

趙氏𪗋《詩經會意》佚

潘公恩《詩經輯説》七卷存

豐氏坊《魯詩世學》三十六卷一作「十二卷」。存

陳氏褎《毛詩緒説》未見

陸氏垹《詩傳存疑》一卷存

黄氏光昇《演詩蠡測》未見

張氏忠《詩辨疑》未見

吕氏光洵《詩箋》未見

薛氏應旂《方山詩説》八卷存

薛氏騰蛟《毛詩附説》十卷未見

陳氏言《詩疑》未見

《詩序傳》未見

袁氏煒《毛詩定見》未見

卷一百十四　《詩》十七

郭氏金臺《毛詩辨》佚

李氏澤民《詩集傳》佚

易氏貴《詩經直指》十五卷佚

朱氏得之《印古詩説》一卷存

李氏經綸《詩教考》未見

《詩經面墻解》未見

袁氏仁《毛詩或問》二卷存

葉氏朝榮《詩經存固》八卷一作「十卷」。未見

屠氏本畯《毛詩鄭箋》二十卷未見

林氏世陞《毛詩人物志》三十四卷未見

鄧氏元錫《詩繹》三卷存

章氏潢《詩原始》未見

李氏鼎《編詩經古注》十卷未見

王氏大覺《詩解》未見

林氏甫任《詩經翼傳》未見

黄氏三陽《詩講義》未見

陳氏第《毛詩古音攷》四卷存

朱氏謀㙔《詩故》十卷存

朱氏統鍇《詩解頤録》未見

凌氏濛初《聖門傳詩嫡冢》十六卷存

《詩逆》四卷存

徐氏奮鵬《詩經毛本二傳删補》未見

程氏朝光《詩講義》八卷未見

鄒氏泉《詩經折衷》未見

薛氏志學《毛詩傳旨一貫》未見

吴氏瑞登《詩經引躍》未見

陳氏推《毛詩正宗》未見

楊氏文奎《詩經定》未見

陶氏其情《詩經注疏大全纂》十二卷存

趙氏一元《詩經理解》十四卷存

程氏元初《詩經叶韻》四卷未見
《詩經音釋》一卷未見
堵氏維常《詩箋》未見
黄氏一正《詩經埤傳》八卷未見
徐氏熙《詩説闕疑》十五卷未見
陸氏曾曅《詩經内傳》三十二卷未見
《外傳》二十卷未見
江氏彦明《詩經箋疏》未見
馮氏復京《六家詩名物疏》五十五卷存
吴氏雨《毛詩鳥獸草木疏》二十卷存
唐氏汝諤《毛詩微言》二十卷存
王氏志長《毛詩删翼》二十卷未見

卷一百十五　《詩》十八

瞿氏九思《詩經以俟録》□卷存

姚氏舜牧《詩經疑問》十二卷存

林氏兆珂《毛詩多識篇》七卷存

汪氏應蛟《學詩畧》一卷存

謝氏台卿《詩經課子衍義》未見

徐氏常吉《毛詩翼説》存

徐氏即登《詩説》五卷未見

吴氏炯《詩經質疑》一卷存

郝氏敬《毛詩原解》三十六卷存

《序説》八卷存

方氏大鎮《詩意》未見

張氏彩《詩原》三十卷存

徐氏必達《南州詩説》六卷存

劉氏憲寵《詩經會説》八卷存

曹氏學佺《詩經質疑》六卷一名「合論」。存

沈氏萬鈳《詩經類考》三十卷存

顧氏起元《爾雅堂詩説》四卷存

蔡氏毅中《詩經補傳》四卷未見

瞿氏汝説《詩經世業》未見

沈氏守正《詩經説通》十四卷存

樊氏良樞《詩商五卷》存

徐氏光啓《毛詩六帖》存

趙氏琮《葩經約説》十卷未見

莊氏廷臣《詩經逢源》八卷存

卓氏爾康《詩學全書》四十卷未見

鄒氏忠胤《詩傳闡》二十四卷存

陸氏化熙《詩通》四卷存

胡氏胤嘉《讀詩録》二卷存

朱氏道行《詩經集思通》十二卷存

卷一百十六　《詩》十九

黄氏道周《詩晷正》未見

錢氏天錫《詩牖》五卷未見

何氏楷《毛詩世本古義》二十八卷存

張氏次仲《待軒詩記》六卷存

張氏睿卿《詩疏》一卷存

唐氏達《毛詩古音考辨》一卷存

金氏鏡《詩傳演》未見

卷一百十七　《詩》二十

劉氏慶孫《詩經朱註考》未見

張氏溥《詩經註疏大全合纂》存

申氏佳胤《詩經鐸》未見

《詩鏡》未見

孫氏承澤《詩經朱傳翼》三十卷存

高氏承埏《五十家詩義裁中》十二卷存

朱氏朝瑛《讀詩畧記》二卷存

黄氏淳耀《詩剳》二卷佚

萬氏時華《詩經偶箋》未見

馬氏元調《詩説》十卷未見

張氏星懋《詩采》八卷存

高氏鼎熺《詩經存旨》八卷存

鄭氏若曾《重輯詩譜》三卷未見

韋氏調鼎《詩經攷定》二十四卷存

趙氏起元《詩權》八卷存

喬氏中和《葩經旁意》一卷存

丘氏九奎《詩經弋獲解》六卷未見

胡氏紹曾《詩經胡傳》十二卷存

顧氏秉禮《毛詩翼傳》未見

范氏王孫《詩志》二十六卷存

顧氏夢麟《詩經説約》二十八卷存

陳氏弘緒《詩經羣義》未見

錢氏澂之《田間詩學》五卷存

陸氏圻《詩論》五卷存

顧氏炎武《詩本音》三卷存

卷一百十八　《詩》二十一

朱氏汝礪《詩劄》十卷存

蔣氏之驎《詩經類疏》六卷未見

《斷章别義》三卷未見

毛氏晉《毛詩草木蟲魚疏廣要》四卷存

錢氏龍珍《毛詩正義》八卷未見

董氏説《詩律表》一卷存

顔氏鼎受《誦詩弋獲》四卷存

朱氏鶴齡《毛詩通義》十二卷存

陳氏啓源《毛詩稽古編》三十卷存

黄氏宗裔《毛詩瑣言》一卷存

毛氏奇齡《毛詩寫官記》四卷存

《白鷺洲主客説詩》一卷存

《詩札》二卷存

《詩傳詩説駁義》五卷存

胡氏渭《詩箋辨疑》二卷存

惠氏周惕《詩説》三卷存

王氏夢白、陳氏曾《詩經廣大全》二十卷存

謝氏《詩經淺義》未見

安氏《詩義纂》未見

卷一百十九　《詩》二十二

梁簡文帝《毛詩十五國風義》《七録》二十卷。佚

吴氏申《十五國風咨解》《宋志》一卷。佚

董氏穀《國風辨》一篇存

林氏國華《十五國風論》一卷未見

顧氏玘徵《十五國風疏》一卷存

顔氏鼎受《國風演連珠》一卷存

毛氏奇齡《國風省篇》一卷存

黄氏祖舜《詩國風小雅説》佚

許氏懋《風雅比興義》十五卷佚

趙氏宧光《風雅合注》三卷未見

亡名氏《比興窮源》《宋志》一卷。佚

顔氏鼎受《六義辨》一卷存

游氏酢《詩二南義》一卷未見

張氏綱《周南講義》一卷存

亡名氏《詩關雎義解》佚

崔氏銑《關雎解》一篇存

周氏紫芝《騶虞解》一篇存

劉氏褒《北風圖》一卷佚

衛氏協《北風圖》一卷佚

陸氏探微《毛詩新臺圖》一卷佚

衛氏協《黍離圖》一卷佚

茅氏坤《鄭風説》一篇存

李氏公麟《緇衣圖》一卷佚

茅氏坤《秦風説》一篇存

亡名氏《小戎圖》《通志》二卷。佚

李氏因篤《蒹葭説》一篇佚

胡氏銓《素冠説》一篇存

司馬氏昭《豳風七月圖》一卷佚

趙氏孟頫《豳風圖》一卷佚

林氏子奂《豳風圖》一卷未見

茅氏坤《豳風説》一篇存

方氏回《鹿鳴》二十二篇《樂歌考》一篇存

《彤弓考》一篇存

唐無名氏《吉日圖》一卷佚

汪氏廣洋《賓之初筵講義》一篇佚

熊氏過《讀凫鷖假樂篇》一篇存

鮮于氏戭《詩頌解》《宋志》三卷。佚

周氏續之《毛詩序義》佚

雷氏次宗《毛詩序義》《隋志》二卷。佚

孫氏暢之《毛詩序義》《七録》七卷。佚

阮氏珍之《毛詩序注》《七録》一卷。佚

顧氏歡《毛詩集解序義》《隋志》一卷。佚

梁武帝《毛詩發題序義》《隋志》一卷。佚

陶氏弘景《毛詩序注》《七録》一卷。佚

劉氏瓛《毛詩序義疏》《隋志》一卷,《唐志》同,《七録》三卷。佚

劉氏獻之《毛詩序義注》一卷佚

劉氏炫《毛詩集小序注》《隋志》一卷。佚

韓子愈《詩之序義》一篇存

晁氏説之《詩之序論》一卷存

亡名氏《詩統解序》《通志》一卷。佚

李氏樗《詩序解》一卷存

范氏處義《毛詩明序篇》一篇存

朱子熹《詩序辨説》《宋志》一卷。存

黄氏櫄《詩序解》一卷存

段氏昌武《詩序解》一卷存

王氏商範《毛詩序義索隱》《宋志》二卷。存

包氏希魯《詩小序解》一卷未見

陶氏安《詩小序論》一卷佚

周氏是修《詩小序集成》三卷佚

吕氏枏《毛詩序説》六卷存

李氏舜臣《詩序考》一卷佚

陳氏頤正《詩序折衷》未見

邵氏弁《詩序解頤》一卷未見

郝氏敬《毛詩序説》八卷存

史氏記事《毛詩序考》十卷未見

鍾氏淵映《詩序證》一卷佚

卷一百二十　《周禮》一

《周官經》《漢志》六篇。存，闕一篇。

《周官傳》《漢志》四篇。佚

卷一百二十一　《周禮》二

杜氏子春《周官注》佚

鄭氏興《周官解詁》佚

鄭氏衆《周官解詁》佚

賈氏逵《周官解故》佚

衛氏宏《周官解詁》佚

張氏衡《周官訓詁》佚

馬氏融《周官禮注》《隋志》十二卷。佚

鄭氏玄《周官禮注》《隋志》十二卷。存

《周禮音》一卷佚

王氏肅《周官禮注》《隋志》十二卷。佚

《周禮音》一卷佚

司馬氏伷《周官寧朔新書》《唐志》八卷，王懋約注。佚

傅氏玄《周官論評》《唐志》十二卷。佚

陳氏邵《周官禮異同評》《隋志》十二卷。佚

徐氏邈《周禮音》一卷佚

李氏軌《周禮音》一卷佚

虞氏喜《周官駮難》《七録》三卷。佚

干氏寶《周官禮注》《隋志》十二卷，《釋文·序録》十三卷。佚

《答周官駮難》《唐志》五卷，《隋志》《周官禮駮難》四卷，孫略撰。《唐志》入干寶名，注云：孫略問。佚

伊氏說《周官禮注》《隋志》十二卷,《唐志》十卷。佚
宋氏《周官音義》佚
劉氏昌宗《周禮音》《隋志》三卷。佚
孫氏略《周官禮駁難》《隋志》四卷,《唐志》五卷。佚
崔氏靈恩《集注周官禮》《隋志》二十卷。佚
沈氏重《周官禮義疏》《隋志》四十卷。佚
王氏曉《周禮音》一卷佚
戚氏衮《周禮音》佚
聶氏《周官注》佚
亡名氏《周官禮義疏》《隋志》十九卷。佚
《周官禮義疏》《隋志》十卷。佚
《周官禮義疏》《隋志》九卷。佚
《周官分職》《隋志》四卷。佚
《周官禮圖》《隋志》十四卷。佚
賈氏公彦《周禮疏》新、舊《唐志》五十卷,今併爲十二卷。存

陸氏德明《周禮釋文》二卷存

王氏玄度《周禮義決》《唐志》三卷。佚

卷一百二十二　《周禮》三

王氏洙《周禮禮器圖》佚

李氏覯《周禮致太平論》十卷存

楊氏杰《周禮講義》佚

劉氏彝《周禮中義》《宋志》十卷，《通考》八卷。佚

劉氏恕《周禮記》佚

周氏諝《周禮解》佚

王氏安石《新經周禮義》《宋志》二十二卷。未見

龔氏原《周禮圖》《宋志》十卷。未見

陳氏祥道《周禮纂圖》佚

王氏昭禹《周禮詳解》《宋志》四十卷。存

章氏綷《周官議》十六篇佚

徐氏庚《周禮講義》佚

黄氏裳《周禮講義》六卷存

聞人氏宏《周官通解》佚

林氏之奇《周禮講義》《訂義》作「全解」，《玉海》三十九卷。未見

楊氏時《周禮辨疑》《宋志》一卷。存

黄氏顥《周禮解義》佚

董氏濬《周官辨疑》佚

王氏居正《周禮辨學》五卷佚

程氏瑀《周禮義》佚

孫氏奇《周禮備檢》佚

徐氏焕《周官辨略》《宋志》十八卷。佚

卷一百二十三 《周禮》四

胡氏銓《周禮傳》或作《周官解》，《宋志》十二卷。佚

吴氏沆《周禮本制圖論》佚

《六官析微論》佚

周氏必大《周官講義》佚

尤氏袤《周禮辨義》佚

王氏十朋《周禮詳説》佚

鄭氏鍔《周禮解義》《宋志》二十二卷。未見

薛氏季宣《周禮辨疑》未見

陳氏傅良《周禮説》《宋志》一卷，《讀書附志》三卷。未見

易氏祓《周禮總義》《宋志》三十六卷，《讀書附志》三十卷。未見

《周官制度精華》《玉海》二十卷。未見

胡氏維寧《周官類編》佚

黄氏碩《周官講義》佚

俞氏庭椿《周官復古編》《宋志》三卷。存

許氏奕《周禮講義》六卷佚

薛氏衡《周禮序官考》未見

李氏叔寶《周禮精意》未見

戴氏仔《周禮傳》佚

俞氏嘉《周禮釋》佚

高氏崇《周官解》十二卷佚

馬氏之純《周禮隨釋類編》佚

史氏守道《周禮略》十卷佚

趙氏汝談《周禮注》佚

樂氏思忠《周禮攷疑》《讀書附志》七卷。未見

喬氏行簡《周禮總説》佚

余氏復《禮經類説》佚

葉氏秀發《周禮説》佚

徐氏筠《周禮微言》《宋志》十卷。未見

曹氏叔遠《周官講義》佚

林氏椅《周禮綱目》《宋志》八卷。佚

《周禮摭説》《宋志》一卷。佚

陳氏兢《周禮解》佚

陳氏汪《周官小集》佚

孫氏之宏《周禮説》佚

楊氏恪《周禮辨疑》佚

陳氏汲《周禮辨疑》佚

陳氏謙《周禮説》佚

徐氏畸《周禮發微》三卷佚

卷一百二十四　《周禮》五

鄭氏伯謙《太平經國之書統集》《宋志》七卷，今本十一卷。存

魏氏了翁《周禮要義》三十卷未見

包氏恢《六官疑辨》佚

王氏與之《周禮訂義》《宋志》八十卷。存

卷一百二十五　《周禮》六

江氏致堯《周禮解》未見

王氏奕《周禮答問》佚

税氏與權《周禮折衷》《通考》二卷，《宋志》作魏了翁。存

黄氏鐘《周禮集解》佚

朱氏申《周禮句解》十二卷存

金氏叔明《周禮疑答》佚

葉氏時《禮經會元》四卷存

黄氏震《讀周禮日抄》一卷存

陳氏普《周禮講義》三篇存

丘氏葵《周禮全書》六卷一曰《周禮補亡》。存

胡氏一桂《古周禮補正》一百卷佚

王氏《周禮詳説》未見

亡名氏《周禮類例義斷》《宋志》二卷。未見

《周禮圖説》佚

《禮庫》未見

《周禮集説》十二卷亡《地官》二卷。闕

楊氏雲翼《周禮辨》一篇未見

吴氏澂《周禮考注》十五卷存

《周禮經傳》十卷存

湯氏彌昌《周禮講義》佚

何氏夢中等《周禮義》一卷佚

王氏申子《周禮正義》佚

臧氏夢解《周官考》三卷未見

毛氏應龍《周禮集傳》二十四卷存

《周官或問》五卷未見

吴氏當《周禮纂言》未見

鄭氏宗顔《周禮講義》二卷未見

俞氏言《周官禮圖》十四卷見《菉竹堂目》。未見

亡名氏《周禮通今續論》一卷未見

《周禮詳集》佚

《周禮附音重言重意互註》十二卷存

卷一百二十六　《周禮》七

梁氏寅《周禮考注》未見

汪氏克寬《周禮類要》未見

宋氏濂《周禮集注》或作「集説」。未見。

王氏禕《周官官名急就章》一篇存

方氏孝孺《周禮考次目録》一卷存

丁氏禮《周禮補注》未見

何氏喬新《周禮集注》七卷存

《周禮明解》十二卷未見

黄氏潤玉《周禮題辭》未見

王氏啓《周禮疏義》未見

桑氏悦《周禮義釋》未見

陳氏鳳梧《周禮合訓》六卷存

吴氏昂《周禮音釋》未見

魏氏校《周禮沿革傳》六卷存

《官職會通》二卷存

卷一百二十七　《周禮》八

韓氏邦奇、魏氏校《周禮義疏》未見

楊氏慎《周官音詁》一卷存

余氏本《周禮考誤》未見

馬氏理《周禮注解》未見

舒氏芬《周禮定本》十三卷存

季氏本《讀禮疑圖》六卷存

陳氏深《周禮訓雋》十卷存

《周禮訓注》十八卷存

唐氏樞《周禮因論》一卷存

羅氏洪先《周禮疑》一卷存

王氏樵《周官私録》未見

王氏圻《續定周禮全經集注》十四卷存

何氏廷矩《禮意大全》三卷未見

《存羊録》十卷未見

李氏如玉《周禮會注》十五卷存

柯氏尚遷《周禮全經釋原》十四卷內《源流叙論》一卷、《通論》一卷。存

金氏瑶《周禮述注》六卷存

王氏應電《周禮傳》十卷存

《周禮圖説》二卷存

《學周禮法》一卷存

《非周禮辨》一卷存

卷一百二十八 《周禮》九

馮氏時可《周禮别説》一卷存

施氏天麟《周禮通義》二卷存

徐氏即登《周禮説》十四卷存

郝氏敬《周禮完解》十二卷存

馬氏應龍《考定古本周禮》六卷未見

周氏京《周禮句解》未見

陳氏林《周禮文物大全圖》未見

郭氏良翰《周禮古本訂注》六卷存

孫氏攀《古周禮釋評》六卷存

應氏廷育《周禮輯説》未見

袁氏表《周禮直解》未見

王氏志長《周禮注疏删翼》三十卷存

孫氏元化《周禮類編》四卷未見

張氏睿卿《周禮約注》二卷未見

陳氏仁錫《周禮句解》六卷存

張氏采《周禮合解》十八卷存

孫氏承澤《周禮舉要》二卷存

郎氏兆玉《注釋古周禮》六卷存

沈氏羽明《周禮彙編》六卷存

錢氏軹《周禮説》一卷存

《周禮答疑》三卷存

吴氏任臣《周禮大口〔一〕》六卷未見

吴氏治《周禮彙斷》五卷存

萬氏斯大《周官辨非》二卷存

卷一百二十九　《周禮》十

黄氏度《周禮五官説》《宋志》五卷。存

曹氏津《周禮五官集傳》五卷存

史氏浩《周禮天地二官講義》《宋志》十四卷。闕

魏氏校《周禮天官沿革傳》六卷存

周氏必大《周禮庖人講義》一篇存

曹氏叔遠《周禮地官講義》佚

王氏廷相《周禮九□》一篇存

江氏與山《周禮秋官講義》《宋志》一卷。佚

尹氏躬《冬官解》佚

王氏應電《冬官補》一卷存

《冬官考工記》一篇存

杜氏牧《考工記註》二卷存

陳氏祥道《考工解》未見

林氏亦之《考工記解》一卷未見

王氏炎《考工記解》一卷未見

葉氏皆《考工記辨疑》一卷佚

林氏希逸《鬳齋考工記解》三卷存

趙氏溥《蘭江考工記解》未見

鄭氏宗顏《考工記注》一卷佚

陳氏深《考工記句詁》一卷存

徐氏應曾《考工記標義》二卷未見

林氏兆珂《考工記述注》二卷《圖》一卷。存

焦氏竑《考工記解》二卷存

張氏鼎思《考工記補圖》二卷未見

陳氏與郊《考工記輯注》二卷存

周氏夢暘《考工記評》一卷未見

徐氏昭慶《考工記通》二卷存

陳氏仁錫《考工記句解》一卷存

張氏睿卿《考工記備考》一卷存

吴氏治《考工記集説》一卷存

錢氏騏《冬官補亡》三卷存

朱氏襄《考工記後定》一卷存

亡名氏《周官郊祀圖》《七録》二卷。佚

夏氏休《周禮井田譜》《宋志》二十卷。未見

魏氏了翁《周禮井田圖説》佚

程氏霆《周禮井田議》未見

項氏安世《周禮丘乘圖説》《宋志》一卷。未見

鄭氏景炎《周禮開方圖説》《宋志》一卷。未見

吴氏龍徵《周官荒政十二解》一篇存

卷一百三十　《儀禮》一

《禮古經》《漢志》五十六卷，《經》七十篇，《記》一百三十一篇，《明堂陰陽》三十三篇，《王史氏》二十一篇。闕

《儀禮》《漢書》十七篇。存

《儀禮逸經》十八篇未見

卷一百三十一　《儀禮》二

鄭氏玄《儀禮注》《隋志》十七卷。存

《儀禮音》《七録》二卷，《釋文・序録》一卷。佚

王氏肅《儀禮注》《隋志》十七卷。佚

《儀禮音》一卷佚

李氏軌《儀禮音》《七録》一卷。佚

袁氏準《儀禮注》《唐志》一卷。佚

孔氏倫《儀禮注》《唐志》一卷。佚

陳氏銓《儀禮注》《唐志》一卷。佚

蔡氏超《儀禮注》新、舊《唐志》俱作「蔡超宗」，《唐志》二卷。佚

田氏僑之《儀禮注》《唐志》書字〔二〕，《唐志》二卷。佚

劉氏昌宗《儀禮音》《七録》一卷。佚

沈氏重《儀禮義疏》三十五卷佚

張氏沖《儀禮傳》八十卷佚

亡名氏《儀禮義疏》《隋志》六卷。佚

《儀禮義疏見》《隋志》二卷。佚

黄氏慶《儀禮章疏》佚

李氏孟悊《儀禮章疏》佚

賈氏公彦《儀禮疏》《唐志》五十卷，《玉海》云：「舊史四十卷，今本亦作五十卷。」存

孔氏穎達《儀禮正義》五十卷見《授經圖》。佚

陸氏德明《儀禮釋文》一卷存

王氏方慶《禮經正義》《新唐志》十卷。佚

卷一百三十二　《儀禮》三

陳氏祥道《注解儀禮》《宋志》三十二卷。佚

陸氏佃《儀禮義》《宋志》十七卷。佚

張氏淳《校定古禮》《通考》十七卷。佚

《釋文》《通考》一卷。佚

《識誤》《通考》三卷，《宋志》作一卷。佚

李氏如圭《集釋古禮》十七卷未見

《釋宫》一卷未見

《綱目》一卷未見

周氏燔《儀禮詳解》《宋志》十七卷。未見

朱子熹《儀禮經傳通解》《宋志》二十三卷。存

《儀禮釋宫》一篇存

黄氏榦《續儀禮經傳通解》《宋志》二十九卷。存

黄氏士毅《類注儀禮》佚

葉氏味道《儀禮解》佚

劉氏爚《儀禮雲莊經解》二十卷佚

楊氏復《儀禮圖》十七卷焦氏《經籍志》作三十四卷，非。存

《儀禮旁通圖》一卷存

《儀禮經傳通解續》十四卷存

魏氏了翁《儀禮要義》《宋志》五十卷。未見。《聚樂堂藝文目》有之

馬氏廷鸞《儀禮本經疏會》九卷佚

方氏回《儀禮考》未見

高氏斯得《儀禮合抄》佚

陳氏普《儀禮説》一卷存

亡名氏《儀禮類例》《宋志》十卷。佚

卷一百三十三 《儀禮》四

敖氏繼公《儀禮集説》十七卷存

吴氏澂《儀禮逸經》八篇焦氏《經籍志》作六卷，非。存

周氏昌《禮經纂要》佚

顧氏諒《儀禮注》未見

《儀禮傳》十篇存

卷一百三十四　《儀禮》五

汪氏克寬《經禮補逸》九卷焦氏《經籍志》作十卷。存

黄氏潤玉《儀禮戴記附注》五卷未見

何氏喬新《儀禮叙録》十七卷未見

程氏敏政《儀禮注》未見

丁氏璣《儀禮注》佚

湛氏若水《儀禮補逸經傳測》一卷未見

胡氏纘宗《儀禮鄭注附逸禮》二十五卷未見

李氏舜臣《禮經讀》佚

何氏澄《刊正儀禮纂疏》未見

阮氏琳《儀禮經解》未見

王氏樵《校録古禮》未見

李氏黼《儀禮集解》□卷存

王氏志長《儀禮注疏羽翼》十七卷存

郝氏敬《儀禮節解》十七卷存

劉氏宗周《儀禮經傳考次》未見

陳氏林《儀禮會通圖》二卷未見

胡氏賓《禮經圖》一卷未見

譚氏貞良《儀禮名物考》八卷佚

趙氏魏史《儀禮本義》十七卷存

錢氏㬪《儀禮説》一卷存

張氏睿卿《儀禮考》一卷存

萬氏斯大《儀禮商》二卷存

亡名氏《儀禮解詁》四卷未見。山陰《祁氏書目》有之

《儀禮節要》三卷佚

卷一百三十五　《儀禮》六

馮氏翼翁《士禮考正》佚

何氏休《冠儀約制》一篇存

王氏堪《冠禮儀》一篇存

楊氏簡《冠記》一篇佚

《昏記》一篇佚

錢氏時《冠昏禮》佚

陳氏普《士冠禮説》一篇載《石堂集》。存

陳氏選《冠儀》一卷未見

鄭氏若曾《士冠禮解》一卷未見

羅氏願《昏問》一篇存

陰氏秉衡《昏禮節要》未見

王氏承裕《昏禮用中》未見

王氏廷相《昏禮圖》一卷存

毛氏奇齡《昏禮辨正》一卷存
劉氏敞《士相見義》一卷存
陳氏師道《士相見禮》一卷未見
舒氏芬《士相見禮儀》一卷存
鄭氏樵《鄉飲禮》《宋志》三卷，又《圖》三卷。佚
高氏閌《鄉飲酒儀》佚
王氏炎《鄉飲酒儀》一卷未見
王氏時會《鄉飲酒禮辨疑》一卷佚
史氏定之《鄉飲酒儀》《宋志》一卷。佚
鄭氏起《鄉飲酒書》佚
何氏棟如《鄉飲圖考》一卷未見
許氏孚遠《鄉飲酒禮會通》未見
朱氏載堉《鄉飲酒樂譜》六卷存
馮氏應京《鄉飲圖説》一卷未見
駱氏問禮《鄉飲序次圖説》一卷未見

張氏敔《飲射輯略》一卷未見
聞人氏詮《飲射圖解》一卷存
朱子熹《鄉射疑誤》一篇存
王氏廷相《鄉射禮圖注》一卷存
葉氏良佩《燕射古禮》一卷未見
徐氏樾《燕射禮儀》一卷未見
彭氏良臣《射禮纂》一卷未見
陳氏鳳梧《射禮集要》一卷存
謝氏少南《射禮纂要》一卷未見
楊氏道賓《射禮儀節》一卷未見
朱氏縉《射禮集解》□卷存
林氏文奎《射禮圖注易覽》一卷未見
吴氏霞《射禮輯説》未見
姚氏坤《射禮直指》一卷未見
劉氏敞《公食大夫義》一卷存

方氏回《覲禮辨》一篇存

卷一百三十六　《儀禮》七

戴氏德《喪服變除》《舊唐志》一卷，《通志》略同。佚

馬氏融《喪服經傳注》《隋志》一卷。佚

鄭氏玄《喪服譜注》《隋志》一卷。佚

《喪服經傳注》《隋志》一卷。佚

劉氏表《後定喪服》《隋志》作《喪禮》，《隋志》一卷。佚

蔣氏琬《喪服要記》《隋志》一卷。佚

王氏肅《喪服要記》《隋志》一卷。佚

《喪服經傳注》《隋志》一卷。佚

射氏慈《喪服變除圖》《七録》五卷。佚

《喪服天子諸侯圖》《舊唐志》二卷。佚

杜氏預《喪服要集》《隋志》二卷。佚

袁氏準《喪服經傳注》《隋志》一卷。佚

衛氏瓘《喪服儀》《隋志》一卷。佚

劉氏逵《喪服要記》《七録》二卷。佚

崔氏游《喪服圖》《舊唐志》一卷。佚

賀氏循《喪服要紀》《七録》六卷，《隋志》、《舊唐志》十卷。佚

《喪服譜》《隋志》一卷。佚

孔氏倫《集注喪服經傳》《隋志》一卷。佚

蔡氏謨《喪服譜》《隋志》一卷，《舊唐志》同。佚

環氏濟《喪服要略》《隋志》一卷。佚

孔氏衍《凶禮》《隋志》一卷。佚

葛氏洪《喪服變除》《隋志》一卷。佚

陳氏銓《喪服經傳注》《隋志》一卷。佚

劉氏德明《喪服要問》《七録》六卷。佚

裴氏松之《集注喪服經傳》《隋志》一卷。佚

庾氏蔚之《喪服要記》《七録》三十一卷。佚

《喪服世要》《七録》一卷。佚

費氏沈《喪服集議》《七録》十卷。佚

雷氏次宗《略注喪服經傳》《隋志》一卷。佚

周氏續之《喪服注》佚

蔡氏超宗《集注喪服經傳》《隋志》二卷。佚

劉氏道拔《喪服經傳注》《七録》一卷。佚

張氏耀《喪服要問》《七録》二卷。佚

崔氏凱《喪服難問》《七録》六卷。佚

王氏儉《喪服古今集記》《隋志》一卷，《舊唐志》同。佚

《喪服圖》《隋志》一卷。佚

田氏僧紹《集解喪服經傳》《隋志》二卷。佚

司馬氏瓛《喪服經傳義疏》《七録》五卷。佚

王氏逸《喪服世行要記》《舊唐書》「逸」作「逡之」，《隋志》十卷。佚

樓氏幼瑜《喪服經傳義疏》《七録》二卷。佚

劉氏瓛《喪服經傳義疏》《七録》一卷。佚

沈氏麟士《喪服經傳義疏》《七録》一卷。佚

袁氏祈《喪服答要難》《隋志》一卷，《舊唐志》同。佚

賀氏游《喪服圖》《隋志》一卷。佚

崔氏逸《喪服圖》《隋志》一卷。佚

裴氏子野《喪服傳》《隋志》一卷。佚

賀氏瑒《喪服義疏》《隋志》二卷。佚

何氏循《喪服治禮儀注》《七録》作《士喪儀注》，《唐志》九卷。佚

何氏佟之《喪服經傳義疏》《隋志》一卷。佚

皇氏侃《喪服文句義疏》《隋志》十卷。佚

《喪服答問目》《隋志》十三卷。佚

孔氏智《喪服釋疑》《七録》二十卷。佚

謝氏嶠《喪服義》《隋志》十卷。佚

袁氏憲《喪禮五服》《隋志》七卷。佚

王氏隆伯《喪禮鈔》《隋志》三卷。佚

張氏沖《喪服義》三卷佚

沈氏文阿《喪服經傳義疏》《舊唐志》四卷。佚

《喪服發題》《舊唐志》二卷。佚

謝氏徽《喪服要記注》《舊唐志》五卷，注賀循書。佚

卷一百三十七　《儀禮》八

孟氏詵《喪服正要》《唐志》二卷。佚

殷氏价《喪服極議》《通志》一卷。佚

龐氏景昭《喪服制》《通志》一卷。佚

張氏薦《五服圖》佚

裴氏茝《五服儀》《唐志》二卷。佚

仲氏子陵《五服圖》《通志》十卷。佚

伊氏《喪服雜記》《七録》二十卷。佚

徐氏《喪服制要》《隋志》一卷。佚

王氏《喪服記》《隋志》十卷。佚

嚴氏《喪服五要》《隋志》一卷。佚

卜氏《駮喪服經傳》《隋志》一卷。佚

樊氏《喪服疑問》《隋志》一卷。佚

戴氏《喪服五家要記圖譜》《七録》五卷。佚

亡名氏《喪服義鈔》《隋志》三卷。佚

《喪服經傳隱義》《七録》一卷。佚

《喪服要略》《隋志》二卷。佚

《喪服祥禫雜議》《七録》二十九卷。佚

《喪服雜議故事》《七録》二十一卷。佚

《喪服君臣圖儀》《七録》一卷。佚

《五服圖》《隋志》一卷。佚

《五服圖儀》《隋志》一卷。佚

《五服略例》《隋志》一卷。佚

《喪服要問》《隋志》一卷。佚

《喪服假寧制》《隋志》三卷。佚

《論喪服決》《隋志》一卷。佚

《士喪禮儀注》《唐志》十四卷。佚

《五服志》《宋志》三卷。佚

《喪服加減》《宋志》一卷。佚

《五服儀》一卷載《紹興續到四庫闕書目》。佚

《五服法纂》一卷載《紹興續到四庫闕書目》。佚

梁氏觀國《喪禮》五卷佚

韓氏挺《服制》《宋志》一卷。佚

李氏隨《吉凶五服儀》《宋志》一卷。佚

劉氏筠《五服年月數》《宋志》一卷。佚

吕氏大臨《編禮》三卷未見

沈氏括《喪服後傳》佚

鄭氏文遹《喪服長編》佚

楊氏簡《喪禮家記》一卷佚

馮氏椅《喪禮》佚

葉氏起《喪禮會經》未見

車氏垓《内外服制通釋》九卷存

葉氏起《喪禮會記》佚
戴氏石玉《治親書》三卷佚
張氏翌《喪服總類》佚
龔氏端禮《五服圖解》未見
周氏南老《喪禮舉要》未見
徐氏駿《五服集證》一卷存
姜氏璉《喪禮書》未見
蔡氏芳《喪禮酌宜》未見
王氏廷相《喪禮論》一卷存
劉氏績《喪服傳解》未見
王氏廷相《喪禮備纂》二卷存
毛氏先舒《喪禮雜記》一卷存
汪氏琬《喪服或問》一卷存
徐氏乾學《讀禮通考》一百二十卷存
毛氏奇齡《喪禮吾説篇》十卷存
甯氏成《爲人後者三十六難》未見

薛氏蕙《爲人後解》存

趙氏彦肅《饋食禮圖》未見

〔校記〕

〔一〕缺字應爲「義」，據《清史列傳·本傳》。

〔二〕《新志》著録儁之之字僧紹。

經義考目録卷五

卷一百三十八　《禮記》一

后氏蒼《曲臺記》《漢志》九篇。佚

慶氏普《禮記》佚

曹氏充《禮章句辨難》佚

曹氏襃《禮通義》十二篇佚

《演經雜論》百二十篇佚

戴氏德《禮記》隋、唐《志》十三卷，《隋志》《夏小正》別爲卷，《唐志》無《小正》之別。闕

盧氏辨《大戴禮注》存

馬氏定國《大戴禮辨》一卷佚

吳氏澂《大戴禮序録》一篇存

卷一百三十九 《禮記》二

戴氏聖《禮記》《隋志》二十卷。存

《禮記羣儒疑義》《七録》十二卷。佚

橋氏仁《禮記章句》四十九篇佚

高氏誘《禮記注》佚

鄭氏玄《禮記注》《隋志》二十卷。存

《禮記音》《七録》一卷。佚

盧氏植《禮記注》《隋志》十卷；唐新、舊《志》，《釋文·序録》二十卷。佚

蔡氏《禮辨名記》佚

卷一百四十 《禮記》三

王氏肅《禮記注》《隋志》三十卷，新、舊《唐志》同。佚

《禮記音》《七録》一卷。佚

孫氏炎《禮記注》《隋志》三十卷，唐新、舊《志》同。佚

鄭氏小同《禮義》新、舊《唐志》作《禮記義記》，《七録》四卷。佚

杜氏寬《删集禮記》佚

射氏慈《禮記音義隱》《隋志》一卷，《七録》同，《唐志》二卷。佚

謝氏楨《禮記音》《七録》一卷。佚

司馬氏伷《禮記寧朔新書》《七録》二十卷，唐新、舊《志》同，《隋志》作八卷。佚

孫氏毓《禮記音》《七録》一卷。佚

繆氏炳《禮記音》《七録》一卷。佚

蔡氏謨《禮記音》《七録》二卷。佚

曹氏躭《禮記音》《七録》二卷，《唐志》同。佚

尹氏毅《禮記音》《七録》二卷，《唐志》同，《釋文·序録》一卷。佚

范氏宣《禮記音》《七録》二卷。佚

徐氏邈《禮記音》《七録》三卷，《唐志》同。佚

劉氏昌宗《禮記音》《七録》五卷。佚

徐氏爰《禮記音》《隋志》二卷，《唐志》同，《釋文·序録》三卷。佚

雷氏肅之《禮記義疏》《七録》三卷。佚

庾氏蔚之《禮記略解》《隋志》十卷，《唐志》同。佚

業氏遵《禮記注》《唐志》「業」作「葉」，《七録》十二卷，唐新、舊《志》同。佚

何氏佟之《禮記義》《唐志》十卷。佚

樓氏幼瑜《禮記捃拾》三十卷佚

《禮記摭遺別説》《七録》一卷。佚

梁武帝《禮記大義》《隋志》十卷，《唐志》同。佚

簡文帝《禮大義》二十卷佚

賀氏瑒《禮記新義疏》《隋志》二十卷。佚

皇氏侃《禮記義疏》《隋志》九十九卷，《唐志》五十卷。佚

《禮記講疏》《隋志》四十八卷，《唐志》百卷。佚

沈氏重《禮記義疏》《隋志》四十卷，《唐志》同。佚

《禮記音》佚

戚氏衮《禮記義》四十卷佚

褚氏暉《禮記文外大義》《隋志》二卷。佚

劉氏芳《禮記義證》《隋志》十卷，《唐志》同。佚

劉氏儁《禮記評》《隋志》十一卷,《唐志》十卷。佚

熊氏安生《禮記義疏》《唐志》四十卷。佚

緱氏《禮記要鈔》《隋志》十卷。佚

何氏《禮記義》《隋志》十卷。佚

無名氏《禮記音義隱》《隋志》七卷。佚

《禮記隱》《唐志》二十六卷。佚

《禮記義疏》《隋志》三十八卷。佚

《禮記疏》《隋志》十一卷。佚

《禮大義》《隋志》十卷。佚

《禮大義章》《隋志》七卷。佚

《禮記類聚》《唐志》十卷。佚

孔氏穎達《禮記正義》《唐志》七十卷。存

魏氏徵《類禮》《唐書》作《次禮記》,《唐志》二十卷。佚

陸氏德明《禮記釋文》四卷存

王氏玄度《注禮記》《唐志》二十卷。佚

王氏元感《禮記繩愆》《唐志》三十卷。佚

王氏方慶《禮經正義》《唐志》十卷。佚

元氏行沖《類禮義疏》《唐志》五十五卷。佚

成氏伯璵《禮記外傳》《唐志》四卷。佚

楊氏逢殷《禮記音訓指説》《宋志》二十卷。未見

亡名氏《禮記字例異同》《唐志》一卷。未見

卷一百四十一　《禮記》四

邢氏昺《禮選》二十卷佚

李氏清臣《禮論》三篇存

張子載《禮記説》三卷未見

章氏望之《禮論》一篇佚

劉氏彝《禮記中義》四十卷佚

李氏格非《禮記精義》《宋志》十六卷。未見

王氏安石《禮記發明》一卷未見

《禮記要義》二卷未見

周氏諝《禮記解》未見

陳氏祥道《禮記講義》二十四卷未見

陳氏暘《禮記解義》《宋志》十卷。佚

方氏慤《禮記解》《通考》二十卷。未見

馬氏晞孟《禮記解》《通考》七十卷。未見。《一齋書目》有

吕氏大臨《芸閣禮記解》《通考》十卷，《中興書目》一卷。未見

《禮記傳》《宋志》十六卷。未見

何氏述《禮記傳》二十卷佚

楊氏訓《禮記解》二十卷佚

慕容氏彦達《禮記解》佚

陸氏佃《禮記解》《宋志》四十卷。佚

《述禮新説》《宋志》四卷。佚

《禮象》《宋志》十五卷。存，未見全本

葉氏夢得《禮記解》未見

李氏夔《禮記義》十卷佚

亡名氏《禮記小疏》《宋志》二十卷。佚

《禮記名義》《通志》十卷。佚

《禮記名數要記》《通志》三卷。佚

《禮記外傳名數》《通志》二卷。佚

《禮記評要》《通志》十五卷。佚

《禮樞》一卷見《紹興續到闕書目》。佚

《禮鑰》見《朱子語類》。佚

卷一百四十二　《禮記》五

胡氏銓《禮記傳》《宋志》十八卷。佚

陳氏長方《禮記傳》佚

劉氏懋《禮記集説》佚

夏氏休《破禮記》《宋志》二十卷。未見

黄氏祖舜《禮記説》佚

吴氏仁傑《禮記解》佚

蔣氏繼周《禮記大義》七卷佚

游氏桂《禮記經學》十二卷佚

樊氏光遠《禮記講義》二卷佚

吕氏祖謙《禮記詳節》佚

王氏炎《禮記解》佚

楊氏炳《禮記解》佚

莊氏夏《禮記解》佚

黄氏樵仲《禮記解》佚

曾氏光祖《禮記精義》十五卷佚

郭氏叔雲《禮經疑》闕

顔氏棫《禮記解》佚

輔氏廣《禮記解》未見

劉氏爚《禮記解》佚

許氏升《禮記文解》佚

趙氏汝談《禮記注》佚

李氏心傳《禮辨》二十三卷佚

余氏復《禮記類説》佚

林氏震《禮問》佚

舒氏璘《禮解》佚

邵氏囦《禮解》未見

應氏鏞《禮記纂義》二十卷未見

岳氏珂《小戴記集解》佚

魏氏了翁《禮記要義》《宋志》三十三卷。未見。《聚樂堂藝文目》有之

衛氏湜《禮記集説》《宋志》一百六十卷。存

竺氏大年《禮記訂義》佚

戴氏良齊《禮辨》佚

黄氏以翼《禮記説》佚

楊氏繼《禮記口義》佚

宋氏聞禮《禮記解》佚

范氏鍾《禮記解》佚

徐氏畸《戴記心法》二十卷佚

韓氏謹《禮記義解》佚

張氏泳《禮記遺説》佚

韓氏惇《禮義解》佚

何氏炎《禮記注》佚

黄氏震《讀禮記日抄》十六卷存

朱氏申《禮記詳解》十八卷佚

鄭氏樸翁《禮記正義》一卷未見

繆氏主一《禮記通考》佚

陳氏普《禮記講義》一卷存

陳氏焕《禮記釋》佚

賈氏蒙《禮記輯解》佚

張氏應辰《禮記集解》佚

汪氏自明《禮記義林》四十卷佚

王氏《禮記解》未見

張氏《禮記講義》十卷未見

卷一百四十三　《禮記》六

吴氏澂《禮記纂言》三十六卷存

彭氏絲《禮記集説》四十九卷未見

陳氏伯春《禮記解》佚

吕氏椿《禮記解》佚

陳氏澔《禮記集説》三十卷存

程氏時登《禮記補注》未見

陳氏櫟《禮記集義詳解》十卷未見

程氏龍《禮記辨證》佚

周氏尚之《禮記集義》佚

韓氏性《禮記説》四卷佚

王氏夢松《禮記解》佚

張氏宏圖《大禮記》佚

葉氏遇春《禮記覺言》八卷佚

楊氏維楨《禮經約》未見

亡名氏《禮記平要》十五卷見葉氏《菉竹堂書目》。佚

《禮記義例》二卷見葉氏《菉竹堂書目》。佚

《禮記纂圖》見葉氏《菉竹堂書目》。未見

卷一百四十四　《禮記》七

梁氏寅《類禮》未見

連氏伯聰《禮記集傳》十六卷存

黄氏克《禮經博約》未見

胡氏廣等《禮記大全》三十卷存

張氏洪《禮記總類》未見

魯氏穆《禮記日抄》未見

何氏文淵《禮記解義》未見

張氏業《禮記節疏》未見
鄭氏節《禮傳》八十卷佚
羅氏倫《禮記集注》未見
王氏經《禮記纂要》未見
陳氏塏《戴記存疑》未見
王氏傑《禮記集成》未見
王氏華《禮經大義》未見
宋氏佳《禮記節要》未見
祝氏萃《禮經私録》未見
薛氏敬之《禮記集傳》未見
劉氏績《禮記正訓》未見
童氏品《禮記大旨》未見
王氏崇獻《禮記擇言》未見
韓氏邦奇《禮記斷章》未見
顔氏曄《禮經疏義》佚

王氏崇慶《禮記約蒙》一卷存

吾氏翕《讀禮類編》未見

余氏本《禮記拾遺》未見

王氏漸逵《讀禮記》未見

張氏岳《更定禮記》未見

張氏孚敬《禮記章句》八卷存

戴氏冠《禮記集説辨疑》一卷存

葉氏瑞齡《禮記粕説》未見

柯氏尚遷《曲禮全經類釋》十四卷存

卷一百四十五　《禮記》八

黄氏乾行《禮記日録》四十九卷一本「三十卷」。存

陳氏褒《禮記正蒙》未見

何氏維柏《禮經辨》未見

吴氏性《讀禮備忘》二卷未見

陳氏言《禮疑》未見
濮陽氏涞《禮記貞義》佚
聞人氏德潤《禮記要旨補》十六卷存
汪氏鏜《禮記資記》十八卷未見
閻氏繩芳《禮經通旨》佚
丘氏橓《禮記摘訓》十卷存
徐氏師曾《禮記集注》三十卷存
戈氏九疇《禮記要旨》十六卷存
李氏文纘《禮記庭説》未見
李氏天植、王氏圻、古氏之賢《禮記裒言》十六卷存
黄氏洪憲《讀禮日抄》未見
章氏潢《禮記劄言》未見
姚氏舜牧《禮記疑問》十二卷存
馮氏子咸《讀禮抄》未見
馬氏翰如《禮記中説》未見

汪氏應蛟《禮略》未見

鄒氏元標《禮記正義》六卷未見

沈氏一中《禮記課兒述注》十八卷存

徐氏即登《禮記説》二卷未見

王氏荁《禮記纂注》四卷存

郝氏敬《禮記通解》二十二卷存

方氏大鎮《禮説》未見

楊氏維相《禮記管見》未見

余氏心純《禮經搜義》二十八卷存

曹氏學佺《禮記明訓》二十七卷未見

靳氏於中《禮記翼宗録》五卷未見

徐氏鑒《禮經内解》未見

劉氏宗周《禮經考次正集》十四卷、《分集》四卷存

樊氏良樞《禮測》二卷存

秦氏繼宗《禮記疏意》三十卷未見

陳氏有元《禮記約述》八卷存
朱氏道行《禮記集思通》未見
朱氏泰禎《禮記意評》四卷存

卷一百四十六　《禮記》九

李氏上林《禮記摘注》五卷未見
祝氏啓同《禮經類記》十二卷未見
湯氏三才《禮記新義》三十卷存
程氏暾《讀禮表微》未見
陳氏榮選《禮記集注》未見
王氏翼明《禮記補注》三十卷存
堵氏維常《禮記箋》未見
鄧氏廷曾《禮記訂補》二十四卷未見
《禮記評析》六卷未見
趙氏宧光《讀禮問》未見

吴氏懷賢《禮記幼學》四卷存

侯氏君擢《禮經纂要》未見

傅氏永淳《禮經解義》八卷未見

宗氏周《禮記會要》六卷未見

楊氏鼎熙《禮記敬業》八卷存

俞氏安國《禮記疑問》未見

閻氏有章《説禮》三十二卷存

李氏如一《禮經緝正》未見

周氏維昭《禮記講解》三十七卷未見

顧氏懋樊《桂林禮約》三十六卷存

戴氏士鰲《禮記箋説》未見

阮氏峻《禮記滌除》未見

堵氏景濂《禮記貫屬》未見

葛氏承杰《禮記别解》未見

錢氏䵷《禮記申惑》一卷存

張氏睿卿《禮考》一卷存

趙氏佐《讀禮三録》四卷未見

黄氏啓蒙《禮記超解》三十六卷存

王氏應井《禮記約言》十卷存

陸氏隴其《禮倫》四卷存

彭氏頤《禮記省度》四卷存

萬氏斯大《學禮質疑》二卷存

《禮記偶箋》三卷存

萬氏斯同《讀禮附論》一卷存

納蘭氏成德《禮記陳氏集説補正》三十八卷存

楊氏《禮記説義》未見

卷一百四十七　《禮記》十

《夏小正傳》《隋志》一卷。存

傅氏崧卿《夏小正戴氏傳》四卷存

張氏方《夏時考異》《宋志》一卷。佚

吴氏觀萬《夏小正辨》一卷佚

朱氏申《夏小正傳》一卷佚

史氏季敷《夏小正經傳攷》三卷存

趙氏有桂《夏小正集解》一卷未見

王氏廷相《夏小正集解》一卷存

楊氏慎《夏小正解》一卷存

顧氏起經《夏小正補解》一卷未見

金氏鏡《夏小正傳》一卷未見

王氏猷定《夏小正輯注》一卷佚

王氏應麟《踐阼篇集解》一卷存

方氏孝孺《武王戒書》一卷未見

《明堂陰陽》《漢志》三十三篇。佚

《明堂陰陽説》《漢志》五篇。佚

李氏謐《明堂制度論》一篇佚

孔氏穎達《明堂議》一篇存

魏氏徵《明堂議》一篇存

顔氏師古《明堂議》一篇存

馮氏宗《明堂大享議》一篇存

王氏方慶《明堂告朔議》一篇存

張氏大頤《明堂儀》《唐志》一卷。佚

姚氏璠等《明堂儀注》《通志》三卷。佚

李氏襲譽《明堂序》《通志》一卷。佚

郭氏山惲《大享明堂儀注》《通志》二卷。佚

亡名氏《明堂記紀要》《通志》二卷。佚

李氏覯《明堂定制圖》一卷圖佚

姚氏舜哲《明堂訓解》一卷佚

姚氏舜仁《明堂定制圖序》佚

王氏炎《明堂議》一篇存

朱子熹《明堂圖説》一卷存

陳氏藻《明堂問》一篇存

邯鄲氏淳《投壺賦》一篇闕

虞氏潭《投壺變》《七録》一卷。佚

郝氏沖《投壺道》《七録》一卷。佚

亡名氏《投壺經》《隋志》一卷，《七録》四卷。佚

上官氏儀《投壺經》《唐志》一卷。佚

史氏玄道《續投壺經》一卷佚

卜氏恕《投壺新律》《宋志》一卷。佚

鍾氏唐卿《投壺格》一卷佚

劉氏敞《投壺義》一篇存

司馬氏光《投壺新格》《宋志》一卷。存

王氏趯《投壺禮格》《宋志》二卷。佚

朱子熹《壺説》一篇存

方氏承賓《投壺圖》一卷或作「張」。佚

熊氏朋來《投壺説》一篇存

王氏惲《投壺引》一篇存

劉氏仁敏《傾壺集》三卷未見

《高麗投壺儀》佚

亡名氏《投壺考正》一卷載葉氏《菉竹堂目》。未見

何氏宗姚《投壺新式》一卷未見。《一齋書目》有

汪氏禔《投壺儀節》一卷未見

李氏孝先《投壺譜》一卷存

《投壺譜拾遺》一卷存

周氏履靖《投壺儀制》一卷存

詹氏景鳳《投壺説》一篇載《明辨類函》。存

周氏質《投壺譜》一卷存

梅氏文鼎《曾子天圓篇注》一卷存

卷一百四十八 《禮記》十一

王氏劭《勘定曲禮》佚

上官氏均《曲禮講義》《宋志》二卷。佚

邵氏囦《曲禮解》一卷佚

戴氏溪《曲禮口義》《宋志》二卷。佚

汪氏汝懋《禮學幼範》七卷佚

劉氏永澄《曲禮删注》二卷未見

鄧氏元錫《曲禮》二卷未見

周氏夢華《曲禮注》一卷未見

吴氏桂森《曲禮注釋》一卷未見

陳氏騤《檀弓評》一卷未見

徐氏人傑《檀弓傳》一卷佚

謝氏枋得《檀弓章句》一卷存

陳氏普《檀弓辨》一篇存

楊氏慎《檀弓叢訓》二卷一名「附注」。存

徐氏應曾《檀弓標義》二卷未見

鄭氏圭《檀弓注》二卷未見

顧氏起經《檀弓别疏》一卷未見

林氏兆珂《檀弓述注》二卷未見

陳氏與郊《檀弓輯注》二卷存

徐氏昭慶《檀弓記通》二卷未見

江氏旭奇《檀弓詮釋》一卷未見

張氏習孔《檀弓問》四卷存

劉氏敞《小功不税解》一篇存

《君臨臣喪辨》一篇存

阮氏逸《王制井田圖》《通志》一卷。佚

余氏希文《王制井田圖》《宋志》一卷。佚

朱子熹《井田類説》一篇存

邵氏囦《王制解》一卷佚

陳氏埴《王制章句》一卷未見

李氏黼《王制考》一卷未見

陳氏際泰《王制説》一卷存

錢氏䫄《王制說》一卷存

卷一百四十九　《禮記》十二

《漢月令記》佚

景氏鸞《月令章句》佚

高氏誘《明堂月令》四卷存

蔡氏邕《月令章句》《隋志》十二卷。佚

《梁月令圖》《七録》一卷。佚

《唐明皇御刊定禮記月令》《唐志》一卷。存。李林甫等注未見

李氏林甫《月令并時訓詩》《通志》一卷。佚

王氏涯《月令圖》《通志》一卷。佚

杜氏仲連《月令詩》《通志》一卷。佚

亡名氏《月令纂要》未見

《復月令奏議》《通志》一卷。佚

范氏浚《月令論》一篇載《香溪集》。存

劉氏先之《月令圖》《宋志》一卷。佚

張氏虙《月令解》《宋志》十二卷。未見。連江《陳氏書目》有之，凡十二篇

黄氏諫《月令通纂》四卷存

盧氏翰《月令通考》十六卷存

陳氏經邦《月令纂要》一卷未見

馮氏應京《月令廣義》□卷存

黄氏道周《月令明義》四卷存

李氏巨川《月令采奇》佚

錢氏㲄《月令説》一卷存

熊氏過《讀曾子問、文王世子》各一篇存

卷一百五十　《禮記》十三

方氏回《明堂位辨》一篇存

張氏九成《少儀論》一卷存

吕氏祖謙《少儀外傳》二卷未見

戴氏溪《學記口義》《宋志》三卷。佚

劉氏敞《祭法小傳》一卷存

楊氏簡《孔子閒居解》《宋志》一卷。存

黄氏道周《坊記集傳》二卷存

《表記集傳》二卷存

黄氏道周《緇衣集傳》二卷存

錢氏鶚《緇衣説》一篇存

王氏普《深衣制度》《宋志》一卷。佚

朱子熹《深衣制度》一卷存

馮氏公亮《深衣考正》一卷未見。《聚樂堂藝文目》有之

鄭氏起《深衣書》佚

文氏天祥《深衣吉凶通服説》一卷存

舒氏岳祥《深衣圖説》一卷佚

金氏履祥《深衣小傳》一卷存

《外傳》存

許氏判《古深衣訂》一卷佚

車氏垓《深衣疑義》一卷存

王氏幼孫《深衣圖辨》一卷佚

陳氏櫟《深衣説》一卷未見

劉氏莊孫《深衣考》一卷佚

程氏時登《深衣翼》一卷未見

汪氏汝懋《深衣圖考》三卷佚

牟氏楷《深衣刊誤》一卷佚

朱氏右《深衣考》一卷存

黄氏潤玉《攷定深衣古制》一卷未見

岳氏正《深衣纂疏》一卷未見

楊氏廉《深衣纂要》一卷未見

左氏贊《深衣考正》一卷未見

潘氏葵《深衣説》一卷未見

鄭氏瓘《深衣圖説》一卷未見

夏氏時正《深衣考》十卷未見

王氏廷相《深衣圖論》一卷存

夏氏言《深衣考》一卷未見

侯氏一元《深衣辨》一篇載《二谷集》。存

楊氏暹《深衣考正》一卷佚

吴氏顥《深衣圖説》一卷未見

卷一百五十一　《禮記》十四

《漢中庸説》《漢志》二篇。佚

戴氏顒《禮記中庸傳》《隋志》二卷。佚

梁武帝《中庸講疏》《隋志》一卷。佚

《私記制旨中庸義》《隋志》五卷。佚

李氏翶《中庸説》未見

胡氏瑗《中庸義》《宋志》一卷。未見

陳氏襄《中庸講義》一卷存

余氏象《中庸大義》一卷佚

喬氏執中《中庸義》《宋志》一卷。佚

司馬氏光《中庸廣義》一卷未見。《一齋書目》有

張氏方平《中庸論》三篇載《樂全先生集》。存

姚氏子張《中庸説》佚

范氏祖禹《中庸論》一卷存

蘇氏軾《中庸論》三篇存

程子顥《中庸解》《宋志》作「義」，《宋志》一卷。存

吕氏大臨《中庸解》一卷存。疑即《二程全書》中所載本

《中庸後解》《宋志》一卷。佚

晁氏説之《中庸傳》一卷存

游氏酢《中庸解義》《宋志》五卷，《通考》一卷。未見。《一齋書目》有

楊氏時《中庸解》《宋志》一卷。未見。《一齋書目》有

侯氏仲良《中庸説》一卷未見

郭氏忠孝《中庸説》《宋志》一卷。佚

卷一百五十二　《禮記》十五

張氏浚《中庸解》一卷未見

郭氏雍《中庸説》《宋志》一卷。佚

闕氏注《中庸義》一卷佚

張氏九成《中庸説》《宋志》一卷，《杭州志》六卷。未見

晁氏公武《中庸大傳》《宋志》一卷。未見

鄭氏耕老《中庸訓解》一卷佚

林氏光朝《中庸解》一卷未見

徐氏存《中庸解》佚

譚氏惟寅《中庸義》佚

陳氏淵《中庸解義》一卷載《嘿堂集》。存

石氏𡼖《中庸集解》二卷存

朱子熹《中庸輯略》《宋志》二卷。存

《中庸章句》《宋志》一卷。存

《中庸或問》《宋志》二卷。存

馬氏之純《中庸解》一卷佚

薛氏季宣《中庸説》一卷佚

倪氏思《中庸集義》《宋志》一卷。佚

熊氏節《中庸解》三卷未見。《一齋書目》有

項氏安世《中庸説》《宋志》一卷。未見。《一齋書目》有

黄氏幹《中庸總論》一篇存

《續説》一篇存

熊氏以寧《中庸續説》一卷佚

林氏夔孫《中庸章句》一卷佚

孫氏調《中庸發題》一卷佚

蔡氏淵《中庸通旨》一卷未見

劉氏黻《中庸就正録》一卷佚

徐氏寓《中庸説》一卷存

萬氏人傑《中庸説》一卷佚

卷一百五十三　《禮記》十六

黄氏櫄《中庸解》一卷佚

潘氏好古《中庸説》一卷佚

袁氏甫《中庸詳説》《宋志》二卷。佚

王氏萬《中庸説》佚

錢氏文子《中庸集傳》《宋志》一卷。佚

邵氏囦《中庸解》一卷佚

趙氏善湘《中庸約説》一卷佚

鄭氏霖《中庸講義》一卷佚

賈氏蒙《中庸集解》佚

陳氏堯道《中庸説》《宋志》十三卷。佚

吴氏之巽《中庸口義》三卷佚

魏氏天祐《中庸説》佚

王氏奕《中庸本義》一卷佚

陳氏華祖《中庸提綱》佚

江氏泳《中庸解》一卷佚

陳氏義宏《中庸解》一卷佚

方氏逢辰《中庸注》一卷佚

黎氏立武《中庸指歸》一卷存

《中庸分章》一卷存

何氏夢桂《中庸致用》一卷佚

鄭氏彦明《中庸説》一卷佚

何氏基《中庸發揮》八卷未見。《一齋書目》有

王氏柏《訂古中庸》二卷未見

趙氏若焕《中庸講義》一卷佚

釋契嵩《中庸解》五篇載《鐔津集》。存

趙氏秉文《中庸説》一卷存

李氏純甫《中庸集解》一卷佚

李氏思正《中庸圖説》一卷佚

《中庸輯釋》一卷佚

劉氏惟思《中庸簡明傳》一卷佚

夏侯氏尚玄《中庸管見》佚

《聚疑》佚

陳氏櫟《中庸口義》一卷未見

齊氏履謙《中庸章句續解》一卷未見

王氏奎文《中庸發明》一卷未見

薛氏玄《中庸注》佚

程氏逢午《中庸講義》三卷佚

魯氏真《中庸解》一卷未見

許氏謙《中庸叢説》一卷未見

黄氏鎮成《中庸章旨》二卷未見

陸氏琪《中庸發明要覽》二卷載《聚樂堂目》。未見

練氏魯《中庸説》一卷佚

劉氏清《中庸章句詳説》一卷未見

卷一百五十四　《禮記》十七

吴氏源《中庸傳》一卷佚

吴氏溶《中庸傳》一卷佚

陳氏雅言《中庸類編》一卷未見

劉氏駟《中庸説》一卷未見

張氏翯《中庸句解》二卷未見

劉氏清《中庸詳説》佚

蔣氏允汶《中庸詳説》佚

張氏洪《中庸講義》一卷未見

馬氏貴《中庸講義》一卷未見

王氏仁《中庸九經衍義》一卷未見

楊氏守陳《中庸私抄》一卷未見

白氏良輔《中庸膚見》一卷未見

羅氏倫《中庸解》一卷未見

姚氏文灝《中庸本義》一卷未見
黄氏瓚《中庸講義》一卷未見
許氏天錫《中庸析義》一卷未見
許氏誥《中庸本義》一卷未見
崔氏銑《中庸凡》一卷未見
湛氏若水《中庸測》一卷又《難語》一卷。存
方氏獻夫《中庸原》一卷未見
張氏邦奇《中庸傳》一卷存
倪氏復《中庸解》一卷未見
夏氏良勝《中庸衍義》十七卷未見
洪氏鼐《中庸通旨》一卷未見
夏氏尚朴《中庸説》一卷未見
施氏儒《中庸臆説》未見
黄氏焯《中庸讀法》一卷佚
王氏漸逵《中庸義略》一卷未見

黄氏綰《中庸古今注》一卷未見

卷一百五十五　《禮記》十八

應氏廷育《中庸本義》一卷未見

楊氏爵《中庸解》一卷未見

謝氏東山《中庸集説啓蒙》一卷未見

高氏拱《中庸直講》一卷存

萬氏思謙《中庸述微》一卷未見

許氏孚遠《中庸述》一卷未見

楊氏時喬《中庸古今四體文》一卷未見

李氏槃《中庸臆説》一卷未見

李氏栻《中庸庸言》二卷未見

王氏尊賢《中庸衍義》未見

宗氏珝《中庸一助》一卷未見

張氏邦治《中庸傳》一卷載《聚樂堂目》。未見

朱氏元弼《中庸通注》一卷存
吴氏三極《中庸測》一卷存
管氏志道《中庸測義》一卷存
《中庸訂釋》二卷存
周氏從龍《中庸發覆編》一卷存
瞿氏九思《中庸三書》《中庸口授》、《中庸位育圖》、《中庸運卦》，俱未見
姚氏舜牧《中庸疑問》二卷存
鄒氏德溥《中庸宗釋》一卷存
吴氏應賓《中庸釋論》十二卷存
袁氏黄《中庸疏意》二卷存
顧氏起元《中庸外傳》三卷未見
林氏日正《中庸古本》一卷未見
樊氏長卿《中庸繹》未見
《中庸舉正》未見
楊氏文《中庸臆》一卷未見

李氏頫《中庸參》一卷未見

陳氏仁錫《中庸淵天紹易測》六卷未見

洪氏德常《中庸要領》一卷未見

汪氏于沚《中庸剩義》一卷未見

周氏夢華《中庸傳》一卷未見

李氏清《中庸章句詳説》一卷未見

高氏世泰《中庸問答》一卷未見

朱氏應昇《中庸詮注》一卷存

程氏智《中庸旨説》一卷存

錢氏㲄《中庸説》一篇存

郁氏文初《中庸郁溪記》二卷存

程氏時登《中庸中和説》一卷佚

瞿氏九思《中庸位育圖説》未見

黄氏佐《中庸九經政要箴》一卷存

卷一百五十六　《禮記》十九

司馬氏光《大學廣義》一卷未見。《一齋書目》有

程子顥《大學定本》一卷存

程子頤《大學定本》一卷存

吕氏大臨《大學解》《宋志》一卷。未見

蘇氏總龜《大學解》一卷佚

蕭氏欲仁《大學篇》一卷佚

廖氏剛《大學講義》一卷載《高峯集》。存

譚氏惟寅《大學義》佚

何氏俌《大學講義》佚

喻氏樗《大學解》《宋志》一卷。佚

張氏九成《大學説》《宋志》一卷，《杭州府志》二卷。未見

朱子熹《大學章句》《宋志》一卷。存

《大學或問》《宋志》二卷。存

倪氏思《大學辨》一卷一作「僻解」。佚

薛氏季宣《大學説》一卷佚

孫氏礿《大學講義》一卷佚

黄氏幹《大學聖經解》一卷存

《大學章句疏義》一卷存

葉氏味道《大學講義》一卷佚

邵氏囦《大學解》一卷佚

熊氏以寧《大學釋義》一卷佚

趙氏善湘《大學解》十卷佚

真氏德秀《大學衍義》《宋志》四十三卷。存

卷一百五十七 《禮記》二十

董氏槐《大學記》一卷佚

蔡氏模《大學演説》一卷或作「衍論」。未見

陳氏堯道《大學説》《宋志》十一卷。佚

余氏學古《大學辨問》一卷佚

陳氏華祖《大學審明》佚

吴氏浩《大學講義》一卷未見

盧氏孝孫《大學通義》一卷未見

黎氏立武《大學發微》一卷存

《大學本旨》一卷存

車氏若水《大學沿革論》一卷未見

何氏夢桂《大學説》一卷佚

吴氏季子《大學講義》二卷未見。《一齋書目》有

方氏禾《大學講義》一卷佚

何氏基《大學發揮》四卷未見

王氏柏《大學》未見

金氏履祥《大學章句疏義》一卷未見。《一齋書目》有

《大學指義》一卷未見。《一齋書目》有

胡氏希是《大學稽疑》一卷未見。《一齋書目》有

王氏文焕《大學發明》一卷佚

馬氏端臨《大學集傳》一卷未見。《一齋書目》有

吴氏浩《大學口義》一卷佚

徐氏《大學解義》一卷未見

許氏衡《大學要略直説》一卷存

《魯齋大學詩解》一卷未見

熊氏禾《大學廣義》二卷一作「口義」。未見。《一齋書目》有

胡氏炳文《大學指掌圖》一卷未見

程氏仲文《大學釋旨》一卷未見

齊氏履謙《大學四傳小注》一卷未見

許氏謙《大學叢説》一卷未見

吕氏洙《大學辨疑》一卷佚

吕氏溥《大學疑問》一卷佚

周氏公恕《大學總會》五卷未見

李氏朝佐《大學治平龜鑑》佚

李氏師道《大學明解》一卷佚
蔣氏文質《大學通旨》一卷未見。《聚樂堂藝文目》有之
蔡氏季成《大學説約》一卷未見
蔣氏玄《大學章句纂要》一卷佚
曾氏元生《大學演正》一卷佚
鍾氏律《大學補遺》一卷佚
沈氏易《大學旁訓》一卷佚

卷一百五十八　《禮記》二十一

劉氏迪簡《皇王大學通旨舉要》一卷未見
劉氏清《大學要旨》一卷未見
傅氏淳《大學補略》一卷未見
范氏祖幹《大學發微》一卷佚
劉氏清《大學要句》佚
蔣氏允汶《大學章旨》佚

陳氏雅言《大學管窺》一卷未見

張氏洪《大學解義》一卷未見

鄭氏濟《大學正文》一卷未見

徐氏與老《大學集義》一卷未見

丁氏璣《大學疑義》一卷佚

李氏果《大學明解》一卷未見

楊氏守陳《大學私抄》一卷未見

丘氏濬《大學衍義補》一百六十卷又補前書一卷。存

程氏敏政《大學重定本》一卷存

陳氏一經《大學大全纂》一卷未見

葉氏應《大學綱領圖》一卷未見

蔡氏清《攷定大學傳》一卷存

李氏承恩《大學拾朱》一卷未見

王氏啓《大學稽古衍義》未見

楊氏廉《大學衍義節略》二十卷未見

汪氏璪《大學復古録》四卷未見

卷一百五十九　《禮記》二十二

劉氏績《大學集注》一卷未見

趙氏璜《大學管窺》一卷未見

胡氏爟《大學補》一卷未見

胡氏世寧《大學衍義補膚見》四卷未見

王氏守仁《大學古本旁釋》一卷一本四卷。存

《大學問》一卷存

程氏誥《大學衍義補會要》未見

朱氏袞《大學信心録》一卷未見

崔氏銑《大學全文通釋》一卷存

湛氏若水《古大學測》一卷又《難語》一卷。存

陸氏深《校定大學經傳》一卷未見

魏氏校《大學指歸》一卷古文一卷。存

廖氏紀《大學管窺》一卷未見

張氏邦奇《大學傳》一卷未見

方氏獻夫《大學原》一卷未見

穆氏孔暉《大學千慮》一卷存

程氏昌《大學古本註釋》一卷未見

洪氏鼒《大學參義》一卷未見

王氏道《大學億》二卷存

《大學衍義論斷》一卷未見

鄒氏守益《古本大學後語》一卷未見

黄氏訓《大學衍義膚見》未見

林氏希元《更正大學經傳定本》一卷未見

王氏漸逵《大學義略》一卷未見

聶氏豹《大學臆説》一卷未見

季氏本《大學》一卷存

鄭氏守道《大學講義》一卷佚

周氏禄《大學約言》未見

《緒言》未見

江氏銓《大學論正》一卷未見

卷一百六十　《禮記》二十三

豐氏坊《石經大學》二卷存

王氏畿《古本大學附録》三卷未見

蔣氏信《古本大學義》一卷未見

孟氏淮《大學愚見》一卷未見

高氏拱《大學直講》一卷存

吴氏桂芳《大學記》一卷未見

李氏先芳《大學古本》一卷未見

萬氏思謙《大學述古》一卷未見

徐氏栻《大學衍義補纂要》六卷未見

王氏諍《大學衍義略》未見

魯氏邦彦《古本大學解》一卷未見

史氏朝富《考正大學古本》一卷未見

羅氏汝芳《大學説》一卷存

許氏孚遠《敬和堂大學述》一卷存

《答問》一卷存

耿氏定向《大學括義》一卷存

楊氏時喬《大學古今四體文》一卷未見

李氏材《大學約言》三卷《考次》一卷。未見

來氏知德《大學古本釋》一卷存

張氏位《進呈大學講章》一卷未見

管氏志道《大學六書》八卷《測義》三卷,《輯注》一卷,《略義》一卷,《古本訂釋》一卷,《辨古本》一卷,《石經大學附録》一卷。存

胡氏時化《大學注解正宗》一卷未見

朱氏元弼《大學通注》一卷存

蔡氏士嗜《古大學注》一卷存

姚氏舜牧《大學疑問》一卷存
周氏從龍《大學遵古編》一卷存
唐氏伯元《石經大學》一卷存
鄒氏元標《大學就新篇》一卷存
顧氏憲成《重定大學》一卷存
《大學通考》一卷存
《大學質言》一卷存
鄒氏觀光《續大學衍義補》未見
鄒氏德溥《大學宗釋》一卷存
虞氏淳熙《大學繁露演》一卷未見
徐氏即登《大學本旨通》六卷存
錢氏一本《石經舊本大學》一卷存
羅氏大紘《校復大學古本》一卷存
吴氏應賓《古本大學釋論》五卷存
袁氏黄《石經大學補》一卷存

卷一百六十一 《禮記》二十四

高氏攀龍《大學知本大義》一卷存

吴氏炯《大學古本解》一卷存

區氏大倫《大學定本》一卷未見

李氏日華《大學心詮》一卷未見

劉氏洪謨《續大學衍義》十八卷未見

劉氏宗周《大學古文參疑》一卷存

《大學古記》一卷存

《大學古記約義》一卷存

《大學雜言》一卷存

吴氏極《石經大學疏旨》一卷未見

葛氏寅亮《大學湖南講》一卷存

劉氏元卿《大學新編》一卷未見

顧氏起經《大學衍義補要》未見

瞿氏稷《石經大學質疑》一卷存
吴氏三極《大學測》一卷存
吴氏瑞登《續大學衍義》三十四卷未見
唐氏自明《大學原本闡義》一卷佚
楊氏文澤《大學衍義會補節略》四十卷未見
沈氏曙《大學古本説義》一卷存
林氏日正《大學管窺》一卷未見
程氏智《大學定序》一卷存
吴氏鍾巒《大學衍注》未見
郁氏文初《大學郁溪記》一卷存
張氏岐然《古本大學説》一卷未見
王氏立極《大學膚見》一卷未見
陳氏道永《大學辨》一卷存
吴氏肅公《孔門大學述》一卷存
毛氏奇齡《大學證文》四卷存

顏氏光敏《大學訂本》一卷存

無名氏《大學繁露》一卷載《滄生堂書目》。未見

司馬氏光《致知在格物論》一篇存

劉氏黻《格物説》一卷未見

蔡氏烈《大學格物致知傳》一卷未見

郎氏瑛《訂正大學格物傳》一卷未見

湛氏若水《聖學格物通》一百卷存

瞿氏汝稷《大學格物訓》二篇存

沈氏朝焕《格物訓》一篇存

程氏時登《大學本末圖説》一卷佚

卷一百六十二 《禮記》二十五

司馬氏光等《六家中庸大學解義》《宋志》一卷。未見

蔡氏元鼎《中庸大學解》佚

陳氏孔碩《中庸大學講義》未見

陳氏淳《中庸大學講義》一卷未見

魏氏文翁《中庸大學講義》二卷佚

蔡氏淵《中庸大學思問》未見

李氏起渭《中庸大學要語》佚

柴氏元祐《中庸大學説》佚

謝氏興甫《中庸大學講義》《宋志》三卷。佚

牟氏少真《中庸大學發蒙俗解》佚

熊氏慶胄《庸學緒言》一卷佚

謝氏升賢《中庸大學解》佚

黄氏必昌《中庸大學講稾》佚

方氏逢辰《中庸大學釋傳》三卷未見

戴氏景魏《中庸大學要義》佚

王氏幼孫《中庸大學章句》二卷佚

劉氏黻《中庸大學説》二篇載《蒙川集》。存

傅氏子雲《中庸大學解》未見

何氏夢桂《中庸大學説》二篇載《集》中。存

鄭氏儀孫《中庸大學章句》一卷佚

鄭氏奕夫《中庸大學章旨》佚

《魯川胡氏中庸大學説要》佚

潘氏迪《中庸大學述解》佚

葉氏瑞《中庸大學提要》六卷佚

曾氏貫《庸學標注》佚

饒氏魯《中庸大學纂述》二卷未見

《庸學十一圖》一卷未見

袁氏明善《大學中庸録》未見

倪氏公晦《學庸約説》佚

黄氏文傑《大學中庸雙説》佚

秦氏玉《大學中庸標説》一作「探説」。佚

朱氏升《大學中庸旁注》各一卷未見

范氏祖幹《大學中庸發微》未見

曾氏景修《大學中庸詳説》未見

張氏𤍠《學庸句解》二句未見

李氏希顔《大學中庸心法》二卷未見

詹氏鳳翔《大學中庸章句》未見

熊氏剑《學庸私録》二卷未見

黄氏潤玉《庸學通旨》二卷未見

葉氏挺《學庸庭訓》二卷未見

程氏先民《學庸敷言》未見

王氏綸《學庸要旨》二卷未見

吴氏世忠《學庸通旨》未見

朱氏諫《學庸圖説》未見

童氏品《學庸大義辨疑》未見

《學庸精義》未見

孫氏緒《大學中庸放言》二卷未見

朱氏文簡《學庸圖説》未見

施氏儒《學庸臆説》未見

金氏賁亨《學庸議》二卷未見

林氏士元《學庸衍義》未見

章氏袞《學庸口義》未見

李氏渭《學庸答問》一卷佚

馬氏森《學庸口義》三卷未見

徐氏爌《學庸初問》二卷存

游氏日章《學庸釋義》未見

萬氏表《學庸志略》未見

吴氏中立《學庸大旨》未見

鄒氏元標《鄒子學庸商求》二卷未見

王氏豫《學庸識大録》二卷未見

鄒氏德溥《學庸宗釋》未見

鄒氏德泳《學庸歸旨》未見

董氏應舉《學庸略》一卷存

王氏振熙《學庸達解》三卷存

李氏鼎《學庸大旨》三篇存

葉氏祺胤《大學中庸臆説》三卷存

王氏養性《學庸傳宗參補》一卷未見

沈氏澣《學庸蒙筏》二卷存

程氏珮《學庸問辨》佚

陳氏元綸《學庸日箋》二卷存

傅氏璿《大學中庸俗講》二卷未見

金氏鏡《學庸緒言》未見

李氏覯《讀儒行》一篇存

蘇氏總龜《儒行解》一卷佚

黃氏道周《儒行集解》一卷存

劉氏敞《與爲人後議》一篇存

卷一百六十三　《通禮》一

鄭氏玄《三禮目録》《隋志》一卷。佚

《三禮圖》佚

阮氏諶《三禮圖》佚

范氏隆《三禮吉凶宗紀》佚

董氏景道《三禮通論》佚

劉氏獻之《三禮大義》《隋志》四卷，不著姓名。佚

陶氏弘景《三禮目録注》《七録》一卷。佚

戚氏袞《三禮義記》佚

崔氏靈恩《三禮義宗》《隋志》三十卷。佚

元氏延明《三禮宗略》《隋志》二十卷。佚

夏侯氏伏朗《三禮圖》《唐志》十二卷。佚

李氏玄植《三禮音義》佚

王氏恭《三禮義證》佚

韋氏叔夏《三禮要記》三十卷佚
張氏鎰《三禮圖》《唐志》九卷。佚
梁氏正《三禮圖》九卷佚
聶氏崇義《三禮圖集注》《宋志》二十卷。存
楊氏杰《補正三禮圖》三十八卷未見
歐陽氏丙《三禮名義》《宋志》五卷。佚
魯氏有開《三禮通義》《宋志》五卷。佚
胡氏銓《二禮講義》《宋志》一卷。未見
趙氏汝談《二禮注》未見
王氏宗道《二禮説》七卷佚
趙氏敦臨《三禮發微》四卷未見
李氏心傳《丁丑三禮辨》《宋志》二十三卷。佚
熊氏慶胄《三禮通議》「慶」《建寧府志》作「夢」。佚
練氏耒《二禮疑釋》佚
熊氏禾《三禮考異》佚

卷一百六十四　《通禮》二

吴氏澂《三禮考註》六十四卷存

蕭氏𣂏《三禮記》四卷未見。連江《陳氏書目》有

韓氏信同《三禮旁注》佚

卷一百六十五　《通禮》三

朱氏升《三禮旁注》未見

董氏彝《二戴禮解》佚

王氏廉《三禮纂要》未見

夏氏時正《三禮儀略舉要》十卷未見

楊氏守陳《三禮私抄》未見

程氏材《三禮考》未見

湛氏若水《二禮經傳測》六十八卷存

《三禮訂疑》未見

劉氏績《三禮圖》二卷存

貢氏汝成《三禮纂注》四十九卷存

李氏黼《二禮集解》十二卷存

袁氏仁《三禮穴法》未見

李氏經綸《三禮類編》三十卷存

鄧氏元錫《三禮編繹》二十六卷存

吴氏繼仕《三禮定正集註》六十卷未見

柯氏尚遷《三禮全經釋原》未見

陳氏與郊《三禮廣義》未見

鄭氏《三禮名義疏》《宋志》五卷。佚

亡名氏《三禮大義》《隋志》十三卷。佚

《三禮雜大義》《隋志》三卷。佚

《三禮圖》《宋志》十二卷。佚

《三禮圖駁議》《宋志》二十卷。佚

《二禮分門統要》《宋志》三十六卷。佚

卷一百六十六　《通禮》四

《石渠禮論》《隋志》四卷。佚

《漢石渠議奏》三十八篇佚

景氏鸞《禮略》《隋志》二卷，不著姓名。佚

范氏寧《禮雜問》《唐志》作《禮論答問》，《隋志》十卷，《唐志》九卷。佚

《禮問》《唐志》九卷。佚

吴氏商《禮難》《七録》十二卷。佚

《禮雜義》《七録》十二卷。佚

《禮議雜記故事》《七録》十三卷。佚

何氏承天《禮論》《隋志》三百卷。佚

《禮釋疑》《七録》二卷。佚

徐氏廣《禮論答問》《隋志》八卷，又十三卷，又二卷殘闕，《七録》十一卷。佚

任氏預《禮論條牒》《隋志》十卷。佚

《禮論帖》《隋志》三卷，《七録》四卷。佚

《答問雜儀》《隋志》二卷。佚

《禮論鈔》《唐志》六十六卷。佚

傅氏隆《禮議》《七録》二卷，《唐志》一卷。佚

周氏續之《禮論》佚

庾氏蔚之《禮論鈔》《隋志》二十卷。佚

《禮答問》《隋志》六卷。佚

何氏佟之《禮答問》《隋志》十卷。佚

《禮雜問答》〔二〕《隋志》一卷。佚

王氏儉《禮論要鈔》《隋志》十卷，《七録》三卷。佚

《禮答問》《唐志》作《禮雜答問》，《隋志》三卷，《唐志》十卷。佚

《禮儀答問》《隋志》八卷，《唐志》十卷。佚

荀氏萬秋《禮論鈔略》《唐志》作《禮雜鈔略》，《七録》二卷。佚

丘氏季彬《禮論》《七録》五十八卷。佚

《禮議》《七録》一百三十卷。佚

《禮統》《七録》六卷。佚

婁氏幼瑜《禮捃遺》三十卷佚

周氏捨《禮疑義》《唐志》五十卷。佚

賀氏瑒《禮論要鈔》《隋志》一百卷。佚

郭氏鴻《禮答問》《七録》四卷。佚

戚氏壽《雜禮義問答》《唐志》四卷。佚

褚氏暉《禮疏》一百卷佚

董氏勛《問禮俗》《隋志》十卷。佚

董氏子弘《問禮俗》《隋志》九卷。佚

王氏通《禮論》十卷佚

賀氏述《禮統》《唐志》十二卷。佚

王氏方慶《禮雜問答》《唐志》十卷。佚

李氏敬玄《禮論》《唐志》六十卷。佚

陸氏質《類禮》《唐志》二十卷。佚

丁氏公著《禮志》《唐志》十卷。佚

杜氏肅《禮略》《唐志》十卷。佚

張氏頻《禮粹》《唐志》二十卷。佚
李氏公緒《禮質疑》五卷佚
何氏洵直《禮論》《宋志》一卷。佚
陳氏祥道《禮書》《宋志》一百五十卷。存
鄭氏鼎新《禮樂舉要》佚
《禮樂從宜集》佚
陳氏普《禮編》佚
許氏判《禮圖》未見
吕氏枏《禮問内外》二卷未見
吴氏嶽《禮考》一卷存
唐氏伯元《禮編》二十八卷存
亡名氏《禮論鈔》《隋志》六十九卷。佚
《禮論要鈔》《隋志》十卷。佚
《禮雜問》《隋志》十卷。佚
《禮雜答問》《隋志》八卷。佚

《禮雜答問》《隋志》六卷。佚
《禮樂議》《隋志》十卷。佚
《禮秘義》《隋志》三卷。佚
《禮類聚》《唐志》十卷。佚
《禮論區分》《唐志》十卷。佚
《禮論鈔略》《唐志》十三卷。佚
《通禮義纂》佚

卷一百六十七 《樂》

《樂經》《隋志》四卷。佚
《樂記》《漢志》二十三卷。闕
《河間獻王劉德樂元語》佚
黄氏裳《樂記論》一篇存
邵氏囦《樂記解》一卷存
金氏履祥《考定樂記》一卷未見

劉氏濂《樂經元義》八卷未見
呂氏柟《大司樂考》十卷未見
黄氏佐《樂記解》十一卷載《樂典》。存
朱氏載堉《樂經新説》三卷存
李氏文察《樂記補説》二卷未見
黄氏積慶《樂經管見》二卷未見
瞿氏九思《樂經以俟録》六册存
張氏鳳翔《樂經集注》二卷未見

〔校記〕

〔一〕原作《禮雜答答》，據《四部備要》本改。

經義考目録卷六

卷一百六十八　《春秋》一

《春秋古經》《漢志》十二篇，《經》十一卷。注：公羊、穀梁二家。存

《百國春秋》佚

卷一百六十九　《春秋》二

左邱子明《春秋傳》《漢志》三十卷。存

卷一百七十　《春秋》三

公羊氏高《春秋傳》《漢志》十一卷。存

穀梁氏赤《春秋傳》《漢志》十一卷。存

鄒氏《春秋傳》《漢志》十一卷，《孝經・序注》作十二卷。佚

夾氏《春秋傳》《漢志》十一卷。佚

鐸氏椒《春秋微》《漢志》三篇。佚

虞氏卿《春秋微傳》《漢志》二篇。佚

荀氏況《帝王歷紀譜》《宋志》作《公子姓譜》，《宋志》二卷，《通考》三卷。未見

賈氏誼《春秋左氏傳訓故》佚

張氏《春秋微》《漢志》十篇。佚

亡名氏《左氏微》《漢志》二篇。佚

《公羊外傳》《漢志》五十篇。佚

《穀梁外傳》《漢志》二十篇。佚

《公羊章句》《漢志》三十八篇。佚

《穀梁章句》《漢志》三十三篇。佚

《公羊雜記》《漢志》八十三篇。佚

卷一百七十一 《春秋》四

胡母氏生《春秋條例》佚

董氏仲舒《春秋繁露》《七録》十七卷。存

《春秋決事》《漢志》作《公羊治獄》，《七録》作《春秋斷獄》，新、舊《唐書》作《春秋決獄》，《崇文總目》作《春秋決事比》。《漢志》十六篇，《七録》五卷，隋、唐《志》、《崇文總目》十卷。佚

《春秋決疑論》《隋志》一卷。佚

嚴氏彭祖《春秋左氏圖》《七録》十卷。佚

《古今春秋盟會地圖》《七録》一卷。佚

《春秋公羊傳》《隋志》十二卷，《唐志》五卷。佚

顔氏安樂《公羊記》《漢志》十一篇。佚

馮君《嚴氏春秋章句》佚

尹氏更始《春秋穀梁傳》《釋文·序録》作「章句」，《七録》十五卷。佚

冥氏都《春秋》佚

陳氏欽《春秋》佚

閔氏因《春秋叙》佚

《石渠春秋議奏》《漢志》三十九篇。佚

卷一百七十二　《春秋》五

北海王劉睦《春秋旨義終始論》佚

陳氏元《春秋訓詁》佚

鍾氏興《春秋章句》佚

孔氏奇《春秋左氏删》三十一卷一名《左氏傳義詁》。佚

孔氏嘉《左氏説》佚

鄭氏興《春秋條例章句訓詁》佚

鄭氏衆《春秋難記條例》《七録》九卷。佚

《春秋删》《本傳》十九卷。佚

《牒例章句》《唐志》九卷。佚

賈氏徽《左氏條例》二十一篇佚

賈氏逵《左氏傳解詁》《隋志》三十卷。佚

《春秋左氏長經》《隋志》二十卷。佚

《春秋釋訓》《隋志》一卷。佚

《春秋三家經本訓詁》《隋志》十二卷。佚

樊氏儵《删定嚴氏春秋章句》佚

張氏霸《减定嚴氏春秋章句》佚

楊氏終《春秋外傳》十二篇佚

李氏育《難左氏義》佚

馬氏融《三傳異同説》佚

戴氏宏《解疑論》佚

何氏休《春秋公羊解詁》《隋志》十一卷，《唐志》十三卷。存

《春秋公羊墨守》《隋志》十四卷，《唐志》一卷，《高麗史》十五卷。佚

《春秋左氏膏肓》《隋志》十卷，《崇文總目》九卷，《中興書目》第七卷闕。佚

《春秋穀粱廢疾》《隋志》三卷。佚

《春秋漢議》《隋志》十三卷。佚

《春秋公羊文謚例》《隋志》一卷。佚

《春秋公羊傳條例》《七録》一卷。佚

《春秋議》《隋志》十卷。佚

服氏虔《春秋左氏傳解義》《隋志》三十一卷，《唐志》、《釋文》三十卷。佚

《春秋左氏膏肓釋痾》《隋志》十卷，《唐志》五卷。佚

《春秋漢議駮》《七録》二卷，《唐志》十一卷。佚

《春秋成長説》《隋志》九卷，《唐志》七卷。佚

《春秋塞難》《隋志》三卷。未見

《春秋音隱》《唐志》一卷。佚

應氏劭《春秋斷獄》佚

劉氏陶《春秋條例》佚

延氏篤《左氏傳注》佚

鄭氏玄《春秋左氏分野》《七録》一卷。佚

《春秋十二公名》《七録》一卷。佚

《駮何氏漢議》《隋志》二卷。佚

《駮何氏漢議叙》《隋志》一卷。佚

荀氏爽《春秋公羊問答》《七録》五卷，《唐志》同。佚

《春秋條例》佚

潁氏容《春秋釋例》《隋志》十卷，《唐志》七卷。佚

王氏玢《春秋左氏達義》《新唐志》作「達長義」，《七録》一卷。佚

彭氏汪《左氏奇説》佚

孔氏融《春秋雜議難》《七録》五卷。佚

許氏淑《左氏傳注解》佚

謝氏該《左氏解釋》佚

段氏肅《春秋穀梁傳注》《隋志》十四卷，《唐志》十三卷。佚

李氏譔《左氏指歸》佚

卷一百七十三 《春秋》六

《魏高貴鄉公左氏音》《七録》三卷。佚

王氏朗《春秋左氏傳注》《隋志》十二卷，《唐志》十卷。佚

《春秋左氏釋駮》《七録》一卷。佚

董氏遇《春秋左氏傳章句》《隋志》三十卷。佚

樂氏詳《左氏問》佚

王氏肅《春秋左氏傳注》《隋志》三十卷。佚

嵇氏康《春秋左氏傳音》《隋志》三卷。佚

麋氏信《春秋説要》《隋志》十卷。佚

《理何氏漢議》《隋志》二卷。佚

《穀梁傳注》《隋志》十二卷。佚

韓氏益《春秋三傳論》《隋志》十卷。佚

曹氏躭《春秋左氏音》《七録》四卷。佚

孫氏炎《春秋例》佚

杜氏寬《春秋左氏傳解》佚

唐氏固《春秋穀梁傳注》《隋志》十三卷，《釋文·序録》十二卷。佚

士氏燮《春秋傳注》《隋志》十一卷。佚

《春秋公羊傳注》佚

張氏昭《春秋左氏傳解》佚

《鮮于公春秋公羊解序》《隋志》一卷。佚

《刁氏春秋公羊例序》《隋志》五卷。佚

杜氏預《春秋左氏經傳集解》《隋志》三十卷。存

《春秋世譜》《通志》作「小公子譜」,《宋志》七卷,《通志》六卷。佚

《春秋釋例》《隋志》十五卷。未見

《春秋左傳音》《七録》三卷。佚

《春秋左氏傳評》《隋志》二卷。佚

《春秋經傳長歷》佚。惟《論》存

卷一百七十四　《春秋》七

劉氏寔《春秋條例》《隋志》十一卷。佚

《左氏牒例》《唐志》二十卷。佚

《春秋公羊達義》《唐志》「達」作「違」,《七録》三卷。佚

《集解春秋序》《隋志》一卷。佚

氾氏毓《春秋釋疑》佚

劉氏兆《春秋公羊穀梁傳解詁》《隋志》十二卷。佚

《春秋三家集解》《唐志》十一卷。佚

《春秋左氏全綜》佚

《春秋調人》佚

王氏接《公羊春秋注》佚

王氏愆期《注春秋公羊經傳》《隋志》十三卷，《唐志》十二卷。佚

《公羊難答論》《七録》二卷，《唐志》一卷

王氏長文《春秋三傳》佚

張氏靖《穀梁傳注》《隋志》十卷。佚

江氏熙《公羊穀梁二傳評》《唐志》三卷。佚

徐氏乾《春秋穀梁傳注》《七録》十二卷。佚

孔氏衍《春秋穀梁傳》《唐志》作「訓註」，《隋志》十四卷，《唐志》十三卷。佚

《春秋公羊傳集解》《七録》十四卷。佚

程氏闡《春秋經傳集注》《隋志》作「春秋穀梁傳」，《唐志》十六卷。佚

胡氏訥《春秋穀梁傳集解》《七録》十卷。佚

《春秋三傳評》《隋志》十卷。佚

《春秋集三師難》《七録》三卷。佚

《春秋集三傳經解》《七録》十卷，《唐志》十一卷。佚

劉氏瑶《穀梁傳注》佚

《春秋穀梁傳例》《隋志》一卷。佚

范氏寧《春秋穀梁傳集解》《隋志》十二卷。存

京相氏璠《春秋土地名》《隋志》三卷。佚

孫氏毓《春秋左氏傳義注》《隋志》十八卷，《唐志》三十卷，《釋文·序録》二十八卷。佚

《春秋左氏傳賈服異同略》《隋志》五卷。佚

徐氏邈《春秋左氏傳音》《隋志》三卷，《唐志》一卷。佚

《春秋穀梁傳注》《隋志》十二卷。佚

《答春秋穀梁義》《隋志》三卷。佚

《春秋穀梁傳義》《隋志》十卷。佚

荀氏訥《春秋左氏傳音》《七録》四卷。佚

李氏軌《春秋左氏傳音》《隋志》三卷。佚

《春秋公羊傳音》《七録》一卷。佚

方氏範《春秋經例》《隋志》十二卷，《唐志》六卷。佚

殷氏興《春秋釋滯》《七録》十卷。佚

虞氏溥《注春秋經傳》佚

郭氏瑀《春秋墨説》佚

干氏寶《春秋左氏函傳義》《舊唐書》作《春秋義函傳》，《新唐書》作《春秋函傳》；《隋志》十五卷，《唐志》十六卷。佚

《春秋序論》《隋志》二卷，《唐志》一卷。佚

范氏堅《春秋釋難》《七録》三卷。佚

高氏龍《春秋公羊傳注》新、舊《唐志》「龍」作「襲」，「傳注」作「傳記」。《七録》十二卷。佚

江氏惇《春秋公羊傳音》《七録》一卷。佚

聶氏熊《注穀梁春秋》佚

黄氏容《左傳鈔》佚

薄氏叔玄《問穀梁義》《隋志》二卷，《七録》四卷。佚

卷一百七十五　《春秋》八

謝氏莊《春秋圖》佚

何氏始真《春秋左氏區别》《隋志》三十卷。佚

齊晉安王蕭子懋《春秋例苑》三十卷佚

王氏檢《春秋音》《唐志》二卷。佚

杜氏乾光《春秋釋例引序》《七録》一卷。佚

王氏延之《春秋旨通》《隋志》十卷。佚

《春秋左氏經傳通解》《隋志》四卷。佚

吴氏略《春秋經傳説例疑隱》《七録》一卷。佚

《梁簡文帝左氏傳例苑》《唐志》十八卷,《隋志》不著簡文帝,作十九卷。佚

《春秋發題》《七録》一卷。佚

《春秋左氏圖》《通志》十卷。佚

劉氏之遴《春秋大意》佚

《左氏》佚

《三傳同異》佚

沈氏宏《春秋五辨》《隋志》二卷。佚

《春秋經傳解》《唐志》六卷。佚

《春秋文苑》《隋志》六卷。佚

《春秋嘉語》《隋志》六卷。未見

崔氏靈恩《春秋經傳解》《隋志》六卷。佚

《春秋申先儒傳論》《唐志》「論」作「例」，《隋志》十卷。佚

《春秋左氏傳立義》《隋志》十卷。佚

《春秋序》《隋志》一卷。佚

田氏元休《春秋序》《隋志》一卷。佚

賀氏道養《春秋序》《隋志》一卷。佚

沈氏文阿《春秋左氏經傳義略》《釋文》作「義疏」，《隋志》二十五卷，《唐志》二十七卷。佚

張氏沖《春秋義略》《隋志》三十卷。佚

賈氏思同《春秋傳駮》十卷佚

潘氏叔虔《春秋經合三傳》《唐志》作《三傳通論》，《隋志》十卷。佚

《春秋成套》《唐志》作「集」，《隋志》十卷。佚

王氏元規《續春秋左氏傳義略》《隋志》十卷。佚

《春秋發題辭》、《義記》十一卷佚

《左傳音》《唐志》三卷。佚

辛氏子馥《春秋三傳總》佚

劉氏獻之《春秋三傳略例》三卷佚

徐氏遵明《春秋義章》三十卷佚

姚氏文安《左氏駮妄》佚

李氏崇祖《左氏釋謬》佚

李氏鉉《春秋二傳異同》《唐志》十二卷。佚

張氏思伯《左氏刊例》十卷佚

樂氏遜《春秋序論》佚

《春秋序義》佚

辛氏德源《春秋三傳集注》三十卷佚

劉氏炫《春秋左傳杜預序集解》《隋志》一卷。佚

《春秋左氏傳述義》《隋志》四十卷，《唐志》三十七卷，《宋志》《述義略》一卷。佚

《春秋攻昧》《唐志》十二卷，《本傳》十卷。佚

《春秋規過》《唐志》三卷。佚

《春秋義囊》《宋志》二卷。佚

顧氏啓期《大夫譜》《唐志》十一卷，《隋志》有《春秋左氏諸大夫世譜》十三卷，疑即是書。佚

李氏謐《春秋叢林》《唐志》十二卷，《隋志》不著姓氏。佚

沈氏仲義《春秋穀梁傳集解》《唐志》十卷。未見

蕭氏邕《穀梁傳義》《唐志》三卷。佚

《孔氏春秋公羊傳集解》《唐志》十四卷。佚

《孔氏春秋穀梁傳指訓》《七録》十四卷，《隋志》五卷。佚

《張程孫劉穀梁傳四家集解》《隋志》四卷。佚

亡名氏《春秋左氏傳條例》《隋志》二十五卷。佚

《春秋義例》《隋志》十卷。佚

《春秋義林》《隋志》一卷。佚

《春秋大夫辭》《隋志》三卷。佚

《春秋辨證》《唐志》作《辨證明經論》，《隋志》六卷。佚
《春秋左氏義略》《隋志》八卷。佚
《春秋五十凡義疏》《隋志》二卷。佚
《春秋公羊穀梁二傳語》《隋志》三卷。佚
《左氏評》《唐志》二卷。佚
《左氏音》《唐志》十二卷。佚
《左氏鈔》《唐志》十卷。佚
《春秋辭苑》《唐志》五卷。佚
《春秋雜義難》《唐志》五卷。佚
《春秋井田記》佚

卷一百七十六 《春秋》九

唐章懷太子賢《春秋要録》《唐志》十卷。佚
陸氏德明《春秋釋文八卷》存
孔氏穎達等《春秋正義》《唐志》三十六卷。存

楊氏士勛《春秋穀梁傳疏》《唐志》十二卷。存

《春秋公穀考異》《宋志》五卷。佚

徐氏文遠《左傳義疏》《唐志》六十卷。佚

《左傳音》《唐志》三卷。佚

陰氏弘道《注春秋左氏傳序》《唐志》一卷。佚

王氏玄度《注春秋左氏傳》《唐志》卷亡。佚

王氏元感《春秋振滯》《唐志》二十卷。佚

啖氏助《春秋集傳》佚

《春秋例統》佚

趙氏匡《春秋闡微纂類義統》十卷闕

陸氏質《集注春秋》《唐志》二十卷。佚

《集傳春秋纂例》《唐志》十卷。存

《春秋辨疑》《唐志》七卷。存

《春秋微旨》《唐志》二卷，今本三卷。存

卷一百七十七　《春秋》十

韓氏滉《春秋通例》《唐志》無「例」字，《唐志》一卷。佚

殷氏侑《公羊春秋注》佚

馮氏伉《三傳異同》《唐志》三卷。佚

施氏士丐《春秋傳》佚

樊氏宗師《春秋集傳》《唐志》十五卷。佚

盧氏仝《春秋摘微》《通考》四卷，《中興書目》一卷。佚

劉氏軻《三傳指要》《唐志》十五卷。佚

徐氏彦《春秋公羊傳疏》《通考》三十卷。存

韋氏表微《春秋三傳總例》《唐志》二十卷。佚

許氏康佐等《集左氏傳》《唐志》三十卷，《國史補》作六十卷。佚

高氏重《春秋纂要》《唐志》四十卷。佚

李氏瑾《春秋指掌》《唐志》十五卷。佚

陸氏希聲《春秋通例》《唐志》三卷。佚

張氏傑《春秋圖》《唐志》五卷。佚

《春秋指元》《宋志》作「指掌圖」，《唐志》十卷，《宋志》二卷。佚

裴氏安時《左氏釋疑》《唐志》七卷。佚

第五氏泰《左傳事類》《唐志》二十卷。佚

成氏玄《公穀總例》《唐志》十卷。佚

黄氏敬密《春秋圖》一卷佚

郭氏翔《春秋義鑑》《唐志》三十卷。佚

皮氏日休《春秋決疑》十篇存

裴氏光輔《春秋機要賦》《宋志》一卷。佚

孫氏郃《春秋無賢臣論》一卷存

李氏象《續春秋機要賦》《宋志》一卷。佚

王氏鄒彦《春秋蒙求》《宋志》五卷。佚

崔氏表《春秋世本圖》《宋志》一卷。佚

□氏玉霄《春秋括囊賦集注》《宋志》一卷。佚

楊氏蘊《春秋公子譜》《宋志》一卷。佚

《春秋年表》《宋志》一卷。存

張氏暄《春秋龜鑑圖》《宋志》一卷。佚

卷一百七十八 《春秋》十一

陳氏岳《春秋折衷論》《唐志》三十卷。佚

尹氏玉羽《春秋音義賦》《宋志》十卷。佚

《春秋字源賦》《宋志》二卷。佚

姜氏虔嗣《春秋纂例》《宋志》作《三傳纂要》，《宋志》二十卷。佚

馮氏繼先《春秋名號歸一圖》《通考》二卷。存

《名字同異録》《宋志》五卷。存

蹇氏遵品《左氏傳引帖新義》《宋志》作「斷義」，《宋志》十卷。佚

《李氏三傳異同例》《唐志》十三卷。佚

亡名氏《春秋加減》《唐志》一卷。佚

《春秋精意》《宋志》三十卷。佚

《演左氏傳謚族圖》五卷佚

《春秋龜鑑》《宋志》一卷。佚

《春秋宗族名謚譜》佚

《春秋指掌圖》二卷佚

《春秋十二國年歷》《通考》作「二十國年表」，《宋志》一卷。佚

《春秋新義》《宋志》十卷。佚

《春秋纂類義統》《宋志》十卷。佚

《春秋通義》《宋志》十二卷。佚

卷一百七十九　《春秋》十二

《宋真宗皇帝春秋要言》三卷《中興書目》五卷。佚

楊氏均《魯史分門屬類賦》三卷佚

胡氏旦《春秋演聖通論》十卷佚

許氏洞《春秋釋幽》五卷佚

葉氏清臣《春秋纂類》《宋志》十卷。佚

胡氏瑗《春秋口義》《宋志》五卷。佚

石氏介《春秋説》未見

王氏沿《春秋集傳》《宋志》十五卷。佚

賈氏昌朝《春秋要論》十卷佚

《春秋節解》八十卷佚

李氏堯俞《春秋集議略》《宋志》二卷,《玉海》作三十卷。佚

孫氏復《春秋尊王發微》《宋志》十二卷。存。《中興書目》有《總論》三卷,今佚

《三傳辨失解》佚

陳氏師道《春秋索隱》三卷佚

丁氏副《春秋演聖統例》《宋志》二十卷。佚

《春秋三傳異同字》《宋志》一卷。佚

黄氏君俞《春秋關言》《通志》十二卷。佚

周氏希孟《春秋總例》《通志》作「希聖」,《通志》十二卷。佚

龍氏昌期《春秋正論》《通志》三卷。佚

《春秋復道論》《通志》十二卷。佚

張氏公裕《春秋注解》佚

周氏堯卿《春秋説》三十卷佚

劉氏羲叟《春秋辨惑》佚

《春秋灾異》佚

歐陽氏修《春秋論》三篇存

《春秋或問》二篇存

宋氏堂《春秋新意》佚

楊氏繪《春秋辨要》十卷佚

宋氏敏修《春秋列國類纂》佚

黎氏錞《春秋經解》《通考》十二卷。佚

魯氏有開《春秋指微》《宋志》十卷。佚

朱氏寀《春秋指歸》佚

王氏晳《春秋通義》《宋志》十二卷。佚

《春秋異義》十二卷佚

《春秋明例隱括圖》《通考》一卷。佚

《皇綱論》《宋志》五卷。存

江氏休復《春秋世論》三十卷佚

齊氏賢良《春秋旨要》佚

朱氏定《春秋索隱》《宋志》五卷。佚

孫氏立節《春秋三傳例論》佚

范氏隱之《春秋五傳會義》佚

蔡氏襄《講春秋左氏傳疏》一篇存

卷一百八十　《春秋》十三

劉氏敞《春秋傳》《宋志》十五卷。存

《春秋權衡》《宋志》十七卷。存

《春秋意林》《宋志》二卷，《玉海》五卷。存

《春秋説例》《宋志》一卷，《玉海》二卷，《中興書目》一卷。佚

《春秋文權》《宋志》五卷，《玉海》二卷。佚

劉氏攽《春秋内傳國語》《宋志》十卷。佚

徐氏晉卿《春秋經傳類對賦》一卷存

李氏宗道《春秋十賦》一卷佚

章氏拱之《春秋統微》《宋志》二十五卷。佚

李氏清臣《春秋論》二篇存

杜氏諤《春秋會義》《宋志》二十六卷。佚

趙氏瞻《春秋經解義例》《宋志》二十卷。佚

《春秋論》《宋志》三十卷。佚

陸氏綰《春秋新解》三十卷佚

朱氏臨《春秋私記》《宋志》一卷。佚

王氏棐《春秋義解》「棐」《程氏本義》作「斐」，《宋志》二十卷。佚

《春秋統例》《通志》二十卷。佚

唐氏既《春秋邦典》《宋志》二卷。佚

孫氏子平、練氏明道《春秋人譜》《宋志》一卷。佚

張氏砥《春秋傳》佚

馮氏正符《春秋得法忘例論》《通考》三十卷。佚

楊氏彥齡《左氏春秋年表》《宋志》二卷。佚

《左氏蒙求》《宋志》二卷。未見

家氏安國《春秋通義》《宋志》二十四卷。佚

家氏勤國《春秋新義》佚

陳氏洙《春秋索隱論》《通志》五卷。佚

文氏濟道《春秋綱領》四卷佚

卷一百八十一　《春秋》十四

朱氏長文《春秋通志》二十卷佚

王氏乘《春秋統解》三卷佚

劉氏易《春秋經解》《宋志》二卷。佚

劉氏夔《春秋褒貶志》《通志》五卷。佚

皮氏元《春秋意》《通志》十五卷。佚

鄭氏招慶《春秋會元》《通志》十二卷。佚

鄭氏壽《春秋世次圖》《通志》四卷。佚

師氏協等《四家春秋集解》《通考》二十五卷。佚

馬氏擇言《春秋要類》《宋志》五卷。佚

吴氏元緒《左氏鼓吹》《宋志》一卷。佚

鞏氏叡《春秋琢瑕》「叡」或作「濬」，《宋志》一卷。佚

張氏傳靖《左氏編紀》《宋志》十卷。佚

王氏曉《春秋原要》《通志》二卷。佚

楊氏希範《左氏摘元》《通志》十卷。佚

李氏融《春秋樞宗》《宋志》十卷。佚

惠氏簡《春秋通略全義》《宋志》十五卷。佚

元氏保宗《春秋事要》《宋志》十卷。佚

李氏塗《春秋事對》《宋志》五卷。佚

耿氏秉《春秋傳》二十卷佚

王氏當《春秋釋》《玉海》十二卷。佚

《春秋列國諸臣傳》《宋志》五十一卷。存

董氏敦逸《春秋義略》《通志》十四卷。佚

鄭氏昂《春秋臣傳》《宋志》三十卷。佚

劉氏熙《古春秋極論》二篇未見

《春秋演例》三篇未見

吕氏奎《春秋要旨》《宋志》十二卷。佚

吴氏孜《春秋折衷》《宋志》十二卷。佚

范氏柔中《春秋見微》《宋志》五卷。佚

謝氏子房《春秋備對》《宋志》十三卷。佚

于氏正封《三傳是非》二十卷佚

朱氏振《春秋指要》《宋志》一卷。佚

《春秋正名頣隱要旨》《宋志》十二卷，《叙論》一卷。佚

《春秋講義》《宋志》三卷。佚

李氏撰《春秋總要》《宋志》十卷。佚

汪氏洙《春秋訓傳》佚

沈氏滋仁《春秋興亡圖鑑》《宋志》一卷。佚

李氏格《春秋指歸》佚

余氏安行《春秋新傳》《宋志》十二卷。未見

狄氏遵度《春秋雜説》佚

馮氏山《春秋通解》《通考》十二卷。佚

王氏安石《左氏解》《宋志》一卷。存

卷一百八十二　《春秋》十五

孫氏覺《春秋經解》《宋志》十五卷。存

《春秋學纂》《宋志》十二卷。佚

《春秋經社要義》《宋志》六卷。佚

程子頤《春秋傳》《宋志》一卷。存

張子載《春秋説》《通考》一卷。未見

蘇氏轍《春秋集解》《宋志》作「集傳」，《宋志》十二卷。存

卷一百八十三　《春秋》十六

崔氏子方《春秋經解》《宋志》十二卷。佚

《春秋本例》、《例要》《宋志》二十卷，今本十卷。存

任氏伯雨《春秋繹聖新傳》《宋志》十二卷。未見

晁氏補之《左氏春秋傳雜論》《宋志》一卷。未見

晁氏説之《春秋三傳説》三篇存

劉氏弇《春秋講義》佚

楊氏湜《春秋地譜》《通考》十二卷。佚

謝氏湜《春秋義》《宋志》二十四卷。佚

《春秋總義》《宋志》三卷。佚

張氏大亨《春秋通訓》《宋志》十六卷。佚

《五禮例宗》《宋志》十卷。存

鄧氏驥《春秋指蹤》《宋志》二十一卷。佚

黄氏裳《春秋講義》佚

沈氏括《春秋機括》《宋志》二卷，《玉海》三卷。未見

《春秋左氏紀傳》《宋志》五十卷，《通考》三十卷。佚

陸氏佃《春秋後傳》《宋志》二十卷。未見

張氏根《春秋指南》《宋志》十卷。佚

林氏之奇《春秋通解》佚

葉氏夢得《春秋傳》《宋志》二十卷。存

《春秋考》《宋志》三十卷。佚

《春秋讞》《宋志》三十卷。佚

《春秋指要總例》《宋志》二卷。佚

《石林春秋》《宋志》八卷。佚

卷一百八十四　《春秋》十七

劉氏絢《春秋》《通考》十二卷，《玉海》五卷。佚

楊氏時《春秋説》一卷未見

蕭氏楚《春秋經辨》《宋志》十卷。佚

黄氏穎《春秋左氏事類》佚

周氏武仲《春秋左傳編類》三十卷佚

羅氏棐恭《春秋指蹤》佚

《春秋盟會圖》佚

曾氏元忠《春秋歷法》佚

江氏琦《春秋經解》三十卷佚

《辨疑》一卷佚

羅氏從彥《春秋指歸》佚

陸氏宰《春秋後傳補遺》《宋志》一卷。未見

税氏安禮《春秋列國圖説》一卷存

王氏居正《春秋本義》十二卷佚

吕氏本中《春秋集解》《宋志》十二卷，又吕祖謙《集解》三十卷。存

謝氏逸《春秋廣微》佚

徐氏俯《春秋解義》佚

陳氏禾《春秋傳》《宋志》十二卷。佚

《春秋統論》《宋志》一卷。佚

張氏浚《春秋解》六卷佚

李氏光《左氏説》十卷佚

許氏翰《襄陵春秋集傳》佚

胡氏銓《春秋集善》《宋志》十三卷。佚

洪氏皓《春秋紀詠》《宋志》三十卷。佚

宇文氏虚中《春秋紀詠》《宋志》三十卷。佚

辛氏次膺《春秋屬辭比事》《宋志》五卷。佚

王氏葆《東宮春秋講義》《宋志》三卷。佚

《春秋備論》二卷佚

《春秋集傳》《宋志》十五卷。佚

蔡氏幼學《春秋解》佚

卷一百八十五　《春秋》十八

胡氏安國《春秋傳》《宋志》三十卷。存

《春秋通例》《宋志》一卷。存

胡氏寧《春秋通旨》《宋志》一卷。未見

卷一百八十六　《春秋》十九

鄭氏樵《夾漈春秋傳》《宋志》十二卷。未見

《春秋考》《宋志》十二卷。未見

《春秋地名譜》《宋志》十卷。未見

石氏公孺《春秋類例》《宋志》十二卷。佚

李氏棠《春秋時論》《宋志》一卷。佚

任氏續《春秋五始五禮論》五卷佚

高氏閌《息齋春秋集注》《通考》十四卷。未見

鄭氏剛中《左氏九六編》三卷佚

韓氏璜《春秋人表》《宋志》一卷。佚

環氏中《左氏二十國年表》《宋志》一卷。佚

《春秋列國臣子表》《宋志》十卷。佚

鄧氏名世《春秋四譜》《宋志》六卷。佚

《辨論譜説》《宋志》一卷。佚

朱氏震《春秋左氏講義》三卷佚

范氏沖《春秋左氏講義》《宋志》四卷。佚

李氏縶《春秋至當集》佚

《春秋機關》佚

《春秋集解》佚

黄氏顔瑩《春秋説》佚

陳氏長方《春秋傳》佚

吴氏曾《春秋考異》《宋志》四卷。佚

《左氏發揮》《宋志》六卷。佚

夏氏沐《春秋素志》《宋志》三百一十五卷。佚

《春秋麟臺獨講》《宋志》十一卷。佚

句龍氏傳《春秋三傳分國紀事本末》佚

黄氏叔敖《春秋講義》《宋志》五卷。佚

程氏迥《春秋傳》《宋志》二十卷。佚

《春秋顯微例目》《宋志》一卷。佚

方氏淑《春秋直音》《宋志》三卷。佚

畢氏良史《春秋正辭》《宋志》二十卷。佚

《春秋通例》十五卷佚

陳氏知柔《春秋義例》十二卷佚

吴氏仁傑《春秋論》未見

洪氏邁《春秋左氏傳法語》《宋志》六卷。未見

徐氏端卿《麟經淵源論》十篇佚

董氏自任《春秋總鑑》《宋志》十二卷。佚

劉氏本《春秋中論》《宋志》三十卷。佚

洪氏興祖《春秋本旨》《通考》二十卷。未見

晁氏公武《春秋故訓傳》《宋志》三十卷。佚

張氏九成《春秋講義》一卷存

王氏彦休《春秋解》佚

羊氏永德《春秋發微》佚

桂氏績《類左傳》十六卷《寰宇志》作「桂續」。佚

黄氏開《春秋妙旨》佚

《麟經總論》佚

徐氏人傑《春秋發微》佚

朱氏恮《春秋羣疑辨》一卷佚

王氏十朋《春秋解》佚

周氏聿《春秋大義》佚

張氏震《春秋奥論》見章俊卿《羣書考索》，載一篇。佚

鄭氏綺《穀梁合經論》佚

卷一百八十七　《春秋》二十

薛氏季宣《春秋經解》、《指要》《通考》共十四卷。佚

陳氏傅良《左氏章指》《宋志》三十卷。未見

《春秋後傳》《宋志》十二卷。存

吕氏祖謙《春秋集解》《宋志》三十卷。未見

《左傳類編》《宋志》六卷。佚

《左氏博議》《宋志》二十卷。存

《左氏説》《通考》三十卷，今本二十卷。存

《左氏博議綱目》《宋志》一卷。未見

《春秋講義》一卷存

《左傳手記》一卷存

陸氏九淵《太學春秋講義》一卷存

陳氏藻《春秋問》一卷存

王氏炎《春秋衍義》佚

卷一百八十八　《春秋》二十一

楊氏簡《春秋解》《宋志》十卷。未見

林氏栗《春秋經傳集解》《宋志》三十三卷。未見

王氏日休《春秋明例》《宋志》作「名義」，《宋志》一卷。佚

《春秋孫復解三傳辨失》《宋志》四卷。佚

《左氏正鑑》佚

趙氏敦臨《春秋解》佚

周氏孚《春秋講義》一卷存

胡氏元質《左氏摘奇》《通考》十二卷。佚

余氏嚞《春秋地例增釋紀年續編》佚

謝氏諤《春秋左氏講義》三卷佚

陳氏持《左氏國類》二十卷佚

唐氏閎《左史傳》五十一卷佚

石氏朝英《左傳約説》《宋志》一卷。佚

《左傳百論》《宋志》一卷。佚

李氏燾《春秋學》《程氏本義》作「集注考」，《宋志》十卷。佚

何氏涉《春秋本旨》佚

章氏沖《春秋左傳類事始末》《宋志》五卷。存

李氏孟傳《左氏説》《宋志》十卷。佚

李氏心傳《春秋考義》《宋志》十三卷。佚

胡氏箕《春秋三傳會例》三十卷佚

沈氏棐《春秋比事》《宋志》二十卷。佚

李氏起渭《春秋集解》佚

劉氏夙《春秋講義》一卷佚

周氏淳中《春秋説約》六卷佚

馬氏之純《春秋左傳紀事》佚

徐氏得之《春秋左氏國紀》《宋志》二十卷。佚

謝氏疇《春秋古經》十二篇未見

徐氏定《潮州春秋解》《通考》十二卷。佚

蘇氏權《春秋解》三卷佚

陳氏震《春秋解》佚

湯氏璹《春秋要論》佚

李氏浹《春秋廣誨蒙》《宋志》一卷。未見

卷一百八十九　《春秋》二十二

張氏洽《春秋集傳》二十六卷佚

《春秋歷代郡縣地里沿革表》二十七卷、又《目録》二卷佚

《春秋集注》十一卷、又《綱領》一卷存

范氏士衡《春秋本末》佚

《尊經傳》佚

鄭氏可學《春秋博議》十卷佚

廖氏德明《春秋會要》佚

王氏介《春秋臆説》十卷佚

鄭氏文遹《春秋集解》佚

鄒氏補之《春秋注》佚

孫氏調《左氏春秋事類》二十卷佚

蔡氏沆《春秋五論》五卷存

虞氏知方《春秋大義》二十二卷佚

《春秋衍義》三卷佚

陳氏宓《春秋三傳抄》佚

陳氏思謙《春秋三傳會同》四十卷未見。《一齋書目》有

黄氏東《春秋大旨》佚

時氏瀾《左氏春秋講義》《宋志》十卷。佚

趙氏彦秬《春秋左氏發微》十卷佚

劉氏伯証《左氏本末》佚

《三傳制度辨》佚

趙氏崇度《左氏常談》佚

賀氏升卿《春秋會正論》一卷佚

林氏拱辰《春秋傳》《宋志》三十卷。佚

王氏文貫《春秋傳》佚

潘氏好古《春秋説》佚

胡氏維寧《春秋類例》佚

《左氏類編》佚

余氏克濟《春秋通解》十五卷佚

丁氏錟《春秋要解》佚

葉氏儀鳳《左氏聯璧》八卷佚

楊氏泰之《春秋列國事目》十五卷佚

《公羊穀梁傳類》五卷佚

林氏萬頃《春秋解》佚

陳氏琰《春秋傳解》十卷佚

《左氏世系本末》四十卷佚

卷一百九十　《春秋》二十三

魏氏了翁《春秋要義》《宋志》六十卷。未見

高氏元之《春秋義宗》《宋志》一百五十卷。未見。《一齋書目》有

王氏綽《春秋傳紀》三卷佚

林氏維屏《春秋論》佚

程氏公説《春秋分記》《宋志》九十卷。未見

趙氏善湘《春秋三傳通議》三十卷佚

戴氏溪《春秋講義》《宋志》四卷，王瓚《温州志》作三卷。佚

柴氏元祐《春秋解》佚

王氏鎡《春秋門例通解》「鎡」《宋志》作「炫」，《宋志》十卷。佚

李氏明復《春秋集義》《宋志》五十卷，《綱領》二卷。存

錢氏時《春秋大旨》佚

楊氏景隆《春秋解》《閩書》「隆」作「陸」。佚

時氏少章《春秋志表日記》佚

郭氏正子《春秋傳語》十卷佚

林氏希逸《春秋三傳正附論》《宋志》十三卷。未見

龍氏淼《春秋傳》佚

章氏樵《補注春秋繁露》十八卷未見

趙氏涯《春秋集説》佚

劉氏克莊《春秋撰》一卷存

黄氏仲炎《春秋通説》《宋志》十三卷。存

繆氏烈《春秋講義》佚

徐氏梅龜《春秋指掌圖》佚

傅氏實之《春秋幼學記》佚

洪氏咨夔《春秋説》三卷佚

卷一百九十一 《春秋》二十四

李氏琪《春秋王霸列國世紀編》三卷存

趙氏鵬飛《春秋經筌》十六卷存

林氏堯叟《春秋左傳句解》四十卷存

熊氏慶胄《春秋約説》佚

萬氏鎮《左傳十辨》一卷佚

陸氏震發《春秋叢志》一卷佚

饒氏魯《春秋節傳》佚

舒氏津《春秋集注》佚

胡氏康《春秋誅意讜告》一百卷佚

朱氏申《春秋左傳節解》三十五卷或作「詳節」。存

牟氏子才《春秋輪幅》佚

趙氏孟何《春秋法度編》佚

王氏應麟《春秋三傳會考》《宋志》三十六卷。佚

謝氏鑰《春秋衍義》十卷佚

《左氏辨證》六卷佚

陳氏友沅《春秋集傳》佚

黄氏震《讀春秋日鈔》七卷存

《讀三傳日鈔》一卷存

王氏柏《左氏正傳》《宋志》十卷。未見

《讀春秋記》八卷未見

吕氏大圭《春秋或問》二十卷存

《春秋五論》一卷存

翁氏夢得《春秋指南》一卷佚

《春秋摭實》二卷佚

《春秋要論》十卷佚

《春秋記要》十卷佚

周氏敬孫《春秋類例》佚

家氏鉉翁《春秋詳説》三十卷存

謝氏翱《春秋左傳續辨》佚

吴氏思齊《左傳闕疑》未見

許氏瑾《春秋經傳》十卷佚

徐氏文鳳《春秋捷徑》十卷佚

曾氏元生《春秋凡例》佚

邱氏葵《春秋通義》未見

陳氏深《清全齋讀春秋編》十二卷存

熊氏禾《春秋通解》佚

卷一百九十二　《春秋》二十五

任氏公輔《春秋明辨》《程氏本義》作「集解」，《宋志》十一卷。佚

黎氏良能《左氏釋疑》《宋志》一卷。佚

《左氏譜學》《宋志》一卷。佚

趙氏震揆《春秋類論》《宋志》四十卷。佚

鄧氏埏《春秋類對》佚

張氏冒德《春秋傳類音》《宋志》十卷。佚

韓氏台《春秋左氏傳口音》《宋志》三卷。佚

陳氏德寧《公羊新例》《宋志》十四卷。佚

《穀梁新例》《宋志》六卷。佚

張氏幹《春秋排門顯義》《宋志》十卷。佚

袁氏希政《春秋要類》《宋志》五卷。佚

張氏德昌《春秋傳類》《宋志》十卷。佚

沈氏緯《春秋諫類》《宋志》二卷。佚

王氏仲孚《春秋類聚》《宋志》五卷。佚

黄氏彬《春秋叙鑑》《宋志》三卷。佚

洪氏勳《春秋圖鑑》《宋志》五卷。佚

王氏叡《春秋守鑑》《宋志》一卷。佚

塗氏昭良《春秋科義雄覽》《宋志》十卷。佚

《春秋應判》《宋志》三十卷。佚

丁氏裔昌《春秋解問》《宋志》一卷。佚

邵氏川《春秋括義》《宋志》三卷。佚

劉氏英《春秋列國圖》《宋志》一卷。佚

《春秋十二國年歷》《宋志》一卷。佚

謝氏璧《春秋綴英》《宋志》二卷。佚

周氏彦熠《春秋名義》《程氏本義》作「明義」，《宋志》二卷。佚

毛氏邦彦《春秋正義》《宋志》十二卷。佚

胡氏定《春秋解》《宋志》十二卷。佚

王氏汝猷《春秋外傳》《宋志》十五卷。佚

章氏元崇《春秋大旨》佚

毛氏友《左傳類對賦》《宋志》六卷。佚

蕭氏之美《春秋三傳合璧要覽》《宋志》二卷。佚

宋氏宜春《春秋新義》佚

張氏應霖《春秋纂説》佚

朱氏由義《春秋解》佚

趙氏與權《春秋奏議》佚

方氏九思《春秋或問》佚

田氏君右《春秋管見》佚

戴氏銓《春秋微》佚

戴氏培父《春秋志》佚

《延陵先生春秋講義》《宋志》二卷。佚

《房氏春秋説》佚

《莆田陳氏春秋説》佚

《東海徐氏春秋經旨》佚

《莆田方氏春秋集解》佚

《三山林氏春秋類考》佚

《神童江氏春秋説》佚

《楊氏春秋辨要》佚

《孔氏春秋書法》佚

《范氏春秋斷例》佚

《王氏春秋直解》佚

《陳氏春秋解義》佚

《鄒氏春秋筆記》《宋志》作「總例」，《宋志》一卷。佚

《陳氏春秋世家》佚

亡名氏《春秋扶懸》《宋志》三卷。佚

《春秋策問》《宋志》三十卷。佚

《春秋夾氏》《宋志》三十卷。佚

《春秋釋疑》《宋志》二十卷。佚

《春秋考異》《宋志》四卷。佚

《春秋直指》《宋志》三卷。佚

《春秋類》《宋志》六卷。佚

《春秋例》《宋志》六卷。佚

《春秋表記》《宋志》一卷。佚

《春秋王侯世系》《本義》作「世家」，《宋志》一卷。佚

《春秋左氏傳鑑》《通志》三卷。佚

《春秋機要》《通志》一卷。佚

《春秋國君名例》《通志》一卷。佚

《魯史春秋卦名》《通志》一卷。佚

《春秋蒙求》三卷佚

《左傳類要》《宋志》五卷。佚

《春秋義例》《通志》十卷。佚

《春秋氏族名謚譜》《通志》五卷。佚

《春秋括甲子》佚

《春秋地名譜》佚

《春秋災異應録》佚

《春秋三傳分門事類》《宋志》十二卷。佚

釋贊寧《駁春秋繁露》二篇佚

卷一百九十三　《春秋》二十六

馬氏定國《春秋傳》佚

杜氏瑛《春秋地里原委》十卷佚
敬氏鉉《春秋備忘》三十卷佚
《明三傳例》八卷佚
《續屏山杜氏春秋遺説》八卷佚
郝氏經《春秋外傳》八十一卷佚

卷一百九十四　《春秋》二十七

季氏立道《春秋貫串》佚
彭氏絲《春秋辨疑》未見
劉氏淵《春秋例義》佚
《春秋續傳記》佚
《左傳紀事本末》佚
胡氏炳文《春秋集解》未見
《指掌圖》未見
陳氏櫟《春秋三傳節注》未見

熊氏復《春秋會傳》或作「成紀」。未見

徐氏安道《左傳事類》未見

張氏鑑《春秋綱常》未見

程氏直方《春秋諸傳考正》未見

《春秋會通》未見

俞氏皐《春秋集傳釋義大成》十二卷存

程氏龍《春秋辨疑》佚

葉氏正道《左氏窺斑》佚

吴氏化龍《左氏蒙求》佚

俞氏漢《春秋傳》三十卷佚

單氏庚金《春秋三傳集説分紀》五十卷佚

《春秋傳説集略》十二卷佚

劉氏莊孫《春秋本義》二十卷佚

陳氏則通《鐵山先生春秋提綱》十卷存

王氏申子《春秋類傳》未見

呂氏椿《春秋精義》佚

郭氏暟《春秋傳論》十卷「暟」或作「鎧」。佚

吴氏澂《春秋纂言》十二卷《總例》三卷存

齊氏履謙《春秋諸國統紀》六卷存

潘氏迪《春秋述解》佚

安氏熙《春秋左氏綱目》佚

劉氏彭壽《春秋正經句釋》佚

臧氏夢解《春秋發微》一卷佚

《春秋澤存》佚

吴氏迂《左傳義例》佚

《左傳分記》佚

李氏應龍《春秋纂例》佚

尹氏用和《春秋通旨》佚

黄氏瑑《春秋舉要》佚

蔣氏宗簡《春秋三傳要義》佚

許氏謙《春秋温故管闚》未見
黄氏景昌《春秋公穀舉傳》佚
張氏君立《春秋集議》佚
楊氏如山《春秋旨要》十卷佚

卷一百九十五　《春秋》二十八

程氏端學《春秋本義》三十卷存
《春秋三傳辨疑》二十卷存
《春秋或問》十卷存
黄氏清老《春秋經旨》未見
俞氏師魯《春秋説》未見
戚氏崇僧《春秋纂例原旨》三卷未見
《春秋學講》一卷未見
馮氏翼翁《春秋集解》佚
《春秋大義》佚

鄭氏杓《春秋解義》或作「表義」。佚

袁氏桷《春秋説》佚

鄧氏淳翁《春秋集傳》佚

吴氏曒《麟經賦》一卷佚

林氏泉生《春秋論斷》佚

劉氏聞《春秋通旨》佚

方氏道叡《春秋集釋》十卷未見

李氏昶《春秋左氏遺意》二十卷佚

蘇氏壽元《春秋經世》佚

吾邱氏衍《春秋説》佚

《春秋大旨》佚

王氏惟賢《春秋旨要》十二卷佚

萬氏思恭《春秋百問》六卷佚

曾氏震《春秋五傳》佚

張氏樞《春秋三傳歸一義》三十卷佚

汪氏汝懋《春秋大義》一百卷佚

梅氏致《春秋編類》二十卷未見

鍾氏伯紀《春秋案斷補遺》佚

潘氏著《聖筆全經》佚

卷一百九十六 《春秋》二十九

吴氏師道《春秋胡氏傳》附《辨雜説》十二卷《吴淵潁集》作「補説」。未見

吴氏萊《春秋傳授譜》一卷未見

《春秋世變圖》二卷未見

吴氏儀《春秋稗傳》未見

《春秋類編》未見

《春秋五傳論辨》未見

黄氏澤《春秋旨要》佚

《三傳義例考》佚

《春秋筆削本旨》佚

《春秋諸侯取女立子通考》佚

王氏元杰《春秋讞義》十二卷存

卷一百九十七　《春秋》三十

鄭氏玉《春秋經傳闕疑》三十卷存

李氏廉《春秋諸傳會通》二十四卷《萬曆書目》二十卷。存

王氏莊《春秋釋疑》佚

曹氏元博《左氏本末》未見

魏氏德剛《春秋左氏傳類編》未見

陳氏植《春秋玉鑰匙》一卷存

陳氏大倫《春秋手鏡》佚

魯氏真《春秋案斷》佚

楊氏維楨《春秋定是録》或作《春秋大意》。未見

《左氏君子議》未見

《春秋胡傳補正》未見

王氏相《春秋主意》十卷佚

魯氏淵《春秋節傳》佚

蔡氏深《春秋纂》十卷佚

《張氏春秋經説》佚

《陳氏春秋類編傳集》佚

《費氏春秋歸》佚

亡名氏《春秋通天竅》一卷未見

《春秋透天關》二卷未見。葉氏《菉竹堂目》有之

卷一百九十八 《春秋》三十一

趙氏汸《春秋集傳》十五卷存

《春秋屬辭》十五卷存

《春秋左氏傳補注》十卷存

《春秋師説》三卷存

《春秋金鎖匙》一卷存

卷一百九十九　《春秋》三十二

汪氏克寬《春秋胡傳附録纂疏》三十卷存

《春秋諸傳提要》佚

《左傳分紀》佚

《春秋作義要決》一卷未見

梁氏寅《春秋攷義》十卷未見

戴氏良《春秋三傳纂玄》三十二卷《誌》作《春秋經傳攷》。未見

劉氏永之《春秋本旨》佚

朱氏右《春秋傳類編》佚

徐氏尊生《春秋論》一卷未見

王氏廉《春秋左氏鈎玄》未見

張氏宣《春秋胡氏傳標注》未見

胡氏翰《春秋集義》佚

熊氏釗《春秋啓鑰》佚

滕氏克恭《春秋要旨》佚

王氏受益《春秋集説》佚

傅氏藻等《春秋本末》三十卷佚

高氏允憲、楊氏磐《春秋書法大旨》一卷未見

劉氏基《春秋明經》四卷佚

張氏以寧《春秋胡傳辨疑》三卷或作「論斷」。佚

楊氏昇《春秋正義》佚

李氏衡《春秋集説》《萬曆重編内閣書目》三册。未見

包氏文舉《春秋微意發端》佚

石氏光霽《春秋書法鈎玄》四卷存

張氏洪《春秋説約》十二卷佚

瞿氏佑《春秋貫珠》佚

金氏居敬《春秋五論》佚

張氏復《春秋中的》一卷佚

方氏孝孺《春秋諸君子贊》一卷存

卷二百　《春秋》三十三

胡氏廣等《春秋集傳大全》三十七卷存

金氏幼孜《春秋直指》三十卷佚

《春秋要旨》三卷佚

胡氏直《春秋提綱》佚

李氏萱《春秋啓蒙》佚

陳氏嵩《春秋名例》佚

郭氏恕《春秋宗傳》佚

馮氏厚《春秋卑論》佚

馬氏駢《春秋探微》十四卷存

李氏奈《春秋管闚》佚

《春秋王霸總論》佚

劉氏祥《春秋口義》佚

劉氏實《春秋集録》十五卷存

饒氏秉鑑《春秋會傳》十五卷《提要》一卷。存

葉氏萱《春秋義》佚

郭氏登《春秋左傳直解》十二卷未見

黄氏仲昭《讀春秋》一篇存

袁氏顥《春秋傳》三十卷未見

包氏瑜《春秋左傳》四十卷未見

王氏鏊《春秋詞命》三卷存

宋氏佳《春秋膚説》未見

羅氏昕《春秋摭要》未見

楊氏循吉《春秋經解摘録》一卷佚

吴氏廷舉《春秋繁露節解》四卷未見

邵氏寶《左觿》一卷存

桑氏悦《春秋集傳》未見

劉氏績《春秋左傳類解》二十卷存

畢氏濟川《春秋會同》佚

席氏書《元山春秋論》一卷未見

胡氏世寧《春秋志疑》十八卷未見

童氏品《春秋經傳辨疑》一卷未見

蔡氏芳《春秋訓義》十一卷未見

許氏誥《春秋意見》一卷未見

金氏賢《春秋記愚》十卷存

徐氏泰《春秋鄙見》佚

湛氏若水《春秋正傳》三十七卷佚

劉氏節《春秋列傳》五卷存

魏氏校《春秋經世書》二卷存

張氏邦奇《春秋説》一卷存

卷二百一　《春秋》三十四

吕氏柟《春秋説志》五卷存

江氏曉《春秋補傳》五卷未見

鍾氏芳《春秋集要》二卷未見

胡氏纘宗《春秋本義》十二卷未見

王氏崇慶《春秋斷義》一卷存

楊氏慎《春秋地名考》一卷未見

余氏本《春秋傳疑》一卷未見

王氏道《春秋億》四卷未見

霍氏韜《春秋解》未見

馬氏理《春秋備義》未見

鄭氏佐《春秋傳義》未見

舒氏芬《春秋疑義》未見

姜氏綱《春秋曲言》十卷存

王氏漸逵《春秋集傳》未見

林氏希元《春秋質疑》未見

季氏本《春秋私考》三十六卷存

周氏臣《春秋心傳》佚

陸氏釴《春秋輯略》未見

黄氏佐《續春秋明經》十二卷未見

湯氏𣗥《春秋易簡發明》二十卷未見

梅氏鷟《春秋指要》一卷一曰「讀經律」。存

胡氏居仁《春秋通解》未見

袁氏祥《春秋或問》四卷一作「疑問」。未見

李氏舜臣《春秋左傳考例》未見

《左氏讀》未見

《穀梁三例》未見

豐氏坊《春秋世學》三十八卷未見

黄氏乾行《春秋日録》未見

徐氏獻忠《春秋稽傳録》未見

陳氏深《春秋然疑》未見

唐氏樞《春秋讀意》一卷存

陸氏粲《左傳附注》五卷存

《春秋左氏鐫》二卷未見

《春秋胡傳辨疑》四卷未見

馮氏良亨《春秋解》未見

施氏仁《左粹類纂》十二卷存

廖氏暹《春秋測》未見

卷二百二　《春秋》三十五

唐氏順之《春秋論》一卷存

《左氏始末》十二卷存

黄氏光昇《春秋本義》未見

熊氏過《春秋明志録》十二卷存

許氏應元《春秋内傳列國語》未見

皇甫氏涍《春秋書法紀原》未見

石氏琚《左傳叙略》三卷未見

馬氏森《春秋伸義》二十九卷未見

《春秋辨疑》二卷存

楊氏時秀《春秋集傳》三十卷存

陳氏言《春秋疑》未見

趙氏恆《春秋録疑》十七卷未見

魏氏謙吉《春秋大旨》十卷未見

《春秋備覽》二卷存

高氏拱《春秋正旨》一卷存

嚴氏訥《春秋國華》十八卷存

王氏崇儉《春秋筆意》未見

李氏攀龍《春秋孔義》十二卷未見

王氏樵《春秋輯傳》十五卷存

《春秋凡例》二卷未見

李氏先芳《春秋辨疑》未見

王氏世貞《春秋論》四篇存

汪氏道昆《春秋左傳節文》十五卷存

吴氏國倫《春秋世譜》十卷未見

徐氏學謨《春秋億》六卷存

卷二百三　《春秋》三十六

姜氏寶《春秋事義考》二十卷存

《春秋讀傳解略》二十卷未見

孫氏應鰲《春秋節要》未見

林氏命《春秋訂疑》十二卷未見

方氏一木《春秋要旨》未見

顔氏鯨《春秋貫玉》六卷存

陳氏錫《春秋辨疑》一卷存

王氏錫爵《春秋日録》三十卷存

《左氏釋義評苑》二十卷存

許氏孚遠《春秋詳節》八卷未見

穆氏文熙《春秋左傳評林測義》三十卷存

任氏桂《春秋質疑》四卷存

袁氏仁《春秋鍼胡編》一卷存

傅氏遜《春秋左傳屬事》二十卷未見

《春秋左傳注解辨誤》二卷存

《左傳奇字古字音釋》一卷存

《春秋古器圖》一卷存

王氏升《讀左氏贅言》未見

丁氏鈇《春秋疏義》未見

謝氏理《春秋解》未見

陳氏林《春秋筆削發微圖》一卷未見

李氏景元《春秋左氏經傳别行》六卷《經》一卷，《傳》五卷。未見

顧氏起經《春秋三傳㒟乙集》佚

《素臣翼》佚

《竈觚餘談》佚

薛氏虞畿《春秋别典》十五卷存

卷二百四　《春秋》三十七

姚氏咨《春秋名臣傳》十三卷存

凌氏穉隆《春秋左傳注評測義》七十卷存

錢氏應奎《左紀》十一卷存

邵氏弁《春秋通義略》二卷存

張氏事心《春秋左氏人物譜》一卷存

鄭氏良弼《春秋或問》十四卷未見

《春秋存疑》一卷未見

《春秋續義》三卷未見

龔氏持憲《春秋列國世家》二十七卷未見

《春秋左傳今注》四十卷未見

《春秋胡傳童子教》十三卷未見

曹氏宗儒《春秋序事本末》三十卷未見

《春秋逸傳》三卷未見

《左氏辨》一卷未見

董氏啓《春秋補傳》十二卷存

鄧氏鍨《春秋正解》未見

章氏潢《春秋竊義》未見

鄧氏元錫《春秋繹通》一卷存

黄氏智《春秋三傳會要》佚

朱氏睦㮮《春秋諸傳辨疑》四卷未見

卷二百五　《春秋》三十八

余氏懋學《春秋蠡測》四卷存

馮氏時可《左氏討論》二卷存

《釋》二卷存

黄氏洪憲《春秋左傳釋附》二十七卷存

黄氏正憲《春秋翼附》二十卷存

姚氏舜牧《春秋疑問》十二卷存

蕭氏良有《春秋纂傳》四卷存

沈氏堯中《春秋本義》四卷存

楊氏于庭《春秋質疑》十二卷未見

李氏廷機《左傳綱目定注》三十卷存

鄒氏德溥《春秋匡解》八卷存

徐氏即登《春秋説》十一卷未見

楊氏伯珂《左傳摘議》十卷未見

高氏攀龍《春秋孔義》十二卷存

吴氏炯《春秋質疑》一卷存

郝氏敬《春秋非左》二卷存

《春秋直解》十三卷存

王氏震《左傳參同》四十三卷存

魏氏時應《春秋質疑》十二卷存

曹氏學佺《春秋闡義》十二卷未見

《春秋義略》三卷未見

徐氏鑒《左氏始末》未見

王氏世德《左氏兵法》□卷存

卷二百六　《春秋》三十九

張氏銓《春秋補傳》十二卷存

錢氏時俊《春秋胡傳翼》三十卷存

賀氏仲軾《春秋歸義》三十二卷《總序》、《雜説》一卷。存

《春秋便考》十卷存

《春秋提要》十卷存

朱氏國盛《拜山齋春秋手抄》十二卷存

卓氏爾康《春秋辨義》三十卷存

羅氏喻義《春秋野篇》十二卷存

周氏希令《春秋談虎》十二卷存

方氏孔炤《春秋竊論》未見

陳氏禹謨《左氏兵略》三十二卷存

馮氏夢龍《春秋衡庫》三十卷又《附録》二卷。存

汪氏應召《春秋傳》十三卷存

楊氏時偉《春秋賞析》二卷存

唐氏大章《春秋十二公明辨》未見

吴氏從周《左傳纂》四卷未見

張氏承祚《春秋歸正書》未見

陳氏可言《春秋經傳類事》三十六卷未見

秦氏瀹《春秋類編》未見

戴氏文光《春秋左傳標釋》三十卷存

陳氏宗之《春秋備考》八卷存

陸氏曾暈《春秋所見所聞所傳聞》三卷未見

華氏時亨《春秋敘説》未見

梅氏之熉《春秋因是》三十卷存

夏氏元彬《麟傳統宗》十三卷存

孫氏范《春秋左傳分國紀事》二十卷存

章氏大吉《左記》十二卷存

徐氏允禄《春秋愚謂》四卷未見

顧氏懋樊《春秋義》三十卷未見

張氏岐然《春秋五傳平文》四十一卷存

馮氏瑛《春秋前議》一卷存

周氏廷求《春秋二十編》三卷存

陳氏士芳《春秋四傳通辭》十二卷存

卷二百七　《春秋》四十

王氏道焜等《春秋杜林合注》五十卷存

陳氏肇曾《春秋四傳辨疑》未見

華氏允誠《春秋説》未見

倪氏元璐《春秋鞫説》未見

黄氏道周《春秋表正》未見

《春秋撰》一卷存

鄧氏來鶯《春秋實録》十二卷存

林氏胤昌《春秋易義》十二卷未見

張氏國經《春秋比事》七卷未見

黎氏遂球《春秋兵法》未見

張氏溥《春秋三書》三十一卷《列國論》、《諸傳斷》、《書法解》存。闕

吴氏希哲《春秋明微》未見

孫氏承澤《春秋程傳補》十二卷存

吴氏主一《春秋定衡》未見

堵氏胤錫《春秋澤書》未見

夏氏允彝《春秋四傳合論》佚

余氏光弟颺《春秋存俟》十二卷存

來氏集之《春秋志在》十二卷存

《四傳權衡》一卷存

林氏尊賓《春秋傳》十二卷存

宋氏徵璧《左氏兵法測要》二十一卷存

卷二百八　《春秋》四十一

劉氏城《春秋左傳地名録》二卷存

《左傳人名録》一卷存

顧氏炎武《左傳杜解補正》三卷存

孫氏和鼎《春秋名系彙譜》四卷未見

秦氏沅《春秋綱》三卷存

朱氏鶴齡《左氏春秋集説》十二卷未見

《讀左日抄》□卷未見

陸氏圻《春秋論》九篇存

魏氏禧《左傳經世》三十卷未見

陳氏許廷《春秋左傳典略》十二卷存

何氏其偉《春秋胡諍》一卷存

王氏挺《春秋集論》未見

俞氏汝言《春秋平義》十二卷存

《春秋四傳糾正》一卷存

王氏寅《春秋自得篇》十二卷存

金氏鏡《春秋集義》十二卷未見

錢氏䟽《春秋志禮》八卷存

張氏睿卿《春秋傳略》未見

馮氏如京《春秋大成》三十一卷存

董氏漢策《春秋傳彙》十二卷存

瞿氏世壽《春秋管見》十三卷存

姜氏希轍《春秋左傳統箋》二十五卷存

馬氏驌《春秋事緯》二十卷存

湯氏秀琦《春秋志》十五卷存

毛氏奇齡《春秋傳》三十六卷存

《屬辭比事紀》六卷未見

《春秋條貫篇》十一卷存

《王氏春秋左翼》未見

《張氏春秋説苑》未見

《湯氏春秋翼傳》未見

《楊氏春秋質疑》佚

卷二百九　《春秋》四十二

左邱子明《春秋外傳國語》《漢志》二十一篇。存

鄭氏衆《國語章句》佚

賈氏逵《國語解詁》《隋志》二十卷。佚

王氏肅《春秋外傳章句》《隋志》一卷。佚

虞氏翻《春秋外傳國語注》《隋志》二十一卷。佚

唐氏固《春秋外傳國語注》《隋志》二十一卷。佚

韋氏昭《春秋外傳國語注》《隋志》二十二卷，《唐志》二十卷。存

孔氏晁《春秋外傳國語注》《隋志》二十卷，《唐志》二十一卷。佚

柳氏宗元《非國語》《唐志》二卷。存

宋氏庠《國語補音》《宋志》三卷，《聚樂堂目》九卷。存

魯氏有開《國語音義》一卷佚

林氏槩《辨國語》二卷佚

江氏端禮《非非國語》佚

沈氏虚中《左氏國語要略》十卷佚

張氏九成《標注國語類編》佚

吕氏祖謙《左氏國語類編》《宋志》二卷。未見

戴氏仔《非國語辨》一篇存

劉氏章《非非國語》佚

亡名氏《國語音略》《通志》一卷。佚

虞氏槃《非非國語》佚

葉氏真《是國語》七卷佚

張氏邦奇《釋國語》一卷存

曾氏于乾《非非國語》一卷佚

穆氏文熙《國槩》存

劉氏城《春秋外傳國語地名録》一卷存

《春秋外傳國語人名録》一卷存

《竹書師春》一卷佚

卷二百十 《春秋》四十三

洪氏《春秋始隱公説》一篇載《山堂考索》。存

蘇氏軾《隱公是攝論》一篇載《志林》。存

周氏孚《春王正月説》一篇載《蠹齋鉛刀編》。存

羅氏泌《春秋周正論》一篇載《路史發揮》。存

楊氏簡《春王正月説》一篇載《慈湖遺書》。存

章氏如愚《春秋用周正辨》一篇存

陽氏恪《春秋夏時考正》二卷佚

牟氏楷《春秋建正辨》一卷存

商氏季文《春秋正朔辨》一卷佚

陳氏普《春王正月説》一篇載《石堂集》。存

黄氏景昌《周正如傳考》二卷佚

劉氏淵《周正釋經》佚
黄氏澤《春王正月辨》一卷存
張氏以寧《春王正月考》二卷存
周氏原誠《春王正月辨》一卷未見
周氏洪謨《周正辨》一篇存
王氏鏊《春王正月辨》一篇存
冷氏逢震《周正考》一卷未見
王氏守仁《春王正月論》一篇存
霍氏韜《春王正月辨》一篇存
董氏穀《夏時周月論》一篇存
汪氏衢《春秋周正考》一卷未見
李氏濂《夏周正辨會通》四卷未見
翁氏金堂《春王正月辨》一篇存
章氏潢《春秋正月辨》一篇存
楊氏元祥《春秋正月辨》一篇存

徐氏應聘《春王正月辨》一篇存

史氏孟麟《春王正月辨》一篇存

亡名氏《春王正月辨》二篇載《八科館課》。存

俞氏汝言《春王正月辨》一卷存

湯氏斌《春王正月辨》一篇存

吴氏任臣《春秋正朔辨》一卷存

羅氏泌《即位書元非春秋始立法論》一篇存

楊氏時《春秋不書即位説》一篇存

黄氏澤《魯隱公不書即位義》一卷佚

張氏方平《君子大居正論》一篇載《樂全先生集》。存

俞氏成《矢魚于棠説》一篇存

陳氏普《考仲子之宫義》一篇存

蘇氏軾《公子翬弑隱公論》一篇存

《鄭伯以璧假許田論》一篇存

亡名氏《魯鄭易田説》一篇載《山堂考索》。存

楊氏簡《公至自唐論》一篇存

張氏方平《蔡仲行權論》一篇存

司空氏圖《疑經》一篇存

羅氏泌《恒星不見論》一篇存

張氏方平《季友歸獄論》一篇存

章氏如愚《季子來歸説》一篇存

周氏《吉禘莊公説》一篇載《山堂考索》。存

蘇氏軾《管仲相齊論》一篇存

歐陽氏修《五石六鷁論》一篇存

陳氏普《重耳天賜論》一篇存

孔氏武仲《介子推不受禄論》二篇存

許氏衡《子玉請復曹衛論》一篇存

柳氏宗元《晉文公守原論》一篇存

章氏如愚《春秋卜郊説》一篇存

林氏《不郊猶三望説》一篇存

亡名氏《不郊猶三望説》見《山堂考索》。存

蘇氏軾《閏月不告朔論》一篇存

黄氏澤《作邱甲辨》一卷存

劉氏敞《子囊城郢論》一篇存

楊氏簡《季札觀樂説》一篇存

韓子愈《子産不毁鄉校頌》一篇存

劉氏敞《非子産論》一篇存

楊氏簡《許世子弑君説》一篇存

劉氏敞《叔孫昭子譏叔輒論》一篇存

席氏書《夾谷論》一篇存

《春秋救日論》一篇存

林氏《齊人歸魯侵田説》一篇見《羣書考索》。存

亡名氏《齊人歸魯侵田説》一篇見《羣書考索》。存

蘇氏軾《隳三都論》一篇存

張氏方平《趙鞅入晉陽論》一篇存

胡氏銓《獲麟説》一篇存

羅氏泌《獲麟解》二篇存

金氏實《泣麟圖説》一篇存

王氏鏊《獲麟説》一篇存

席氏書《獲麟論》二篇存

唐氏順之《獲麟説》一篇存

經義考目録卷七

卷二百十一　《論語》一

《古論語》《漢志》二十一篇。存

《齊論語》《漢志》二十二篇。佚

《齊論語説》《漢志》二十九篇。佚

《魯論語》《漢志》二十篇。存

《傳》《漢志》十九篇。佚

孔氏鮒《論語義疏》二卷佚

孔氏安國《古論語訓》《家語》二十一篇。佚

夏侯氏勝《魯論語説》《漢志》二十一篇。佚

張氏禹《魯安昌侯説》《漢志》二十一篇。佚

王氏駿《魯論語説》《漢志》二十篇。佚

《漢石渠議奏》《漢志》十八篇。佚

無名氏《燕傳説》《漢志》三卷。佚

沛王劉輔《論語傳》佚

包氏咸《論語章句》佚

何氏休《論語注訓》佚

鄭氏衆《論語傳》佚

馬氏融《論語解》佚

鄭氏玄《論語注》《隋志》十卷。佚

《古文論語注》《七録》十卷。佚

《論語釋義》《唐志》十卷。佚

麻氏達《論語注》佚

周氏《論語章句》佚

譙氏周《論語注》《七録》十卷。佚

陳氏羣《論語解》佚

王氏肅《論語注》《七録》十卷。佚

《論語釋駮》《七録》三卷。佚

周生氏烈《論語注》佚

何氏晏、鄭氏沖等《論語集解》《隋志》十卷。存

王氏弼《論語釋疑》《隋志》三卷。佚

張氏昭《論語注》佚

程氏秉《論語弼》佚

虞氏翻《論語注》《七録》十卷。佚

卷二百十二　《論語》二

衛氏瓘《論語集注》《隋志》六卷。佚

崔氏豹《論語集義》《唐志》作「大義」，《隋志》八卷，《七録》、《釋文》十卷。佚

繆氏播《論語旨序》《隋志》三卷。佚

郭氏象《論語體略》《隋志》二卷。佚

《論語隱》《七録》一卷。佚

欒氏肇《論語釋疑》《隋志》十卷。佚

《論語駁序》《七録》二卷。佚

徐氏邈《論語音》《唐志》二卷，《釋文》一卷。佚

虞氏喜《論語讚鄭氏注》《隋志》九卷。佚

《新書對張論》《七録》十卷。佚

曹氏毗《論語釋》《七録》一卷。佚

應氏琛《論語藏集解》《七録》一卷。佚

庾氏翼《論語釋》《七録》一卷。佚

李氏充《論語集注》《隋志》十卷。佚

《論語釋》《七録》一卷。佚

范氏寧《論語注》佚

孫氏綽《論語集解》《隋志》十卷。佚

孟氏整《論語注》「整」或作「陋」，《七録》十卷。佚

梁氏覬《論語注釋》《七録》十卷。佚

袁氏喬《論語注釋》《七録》十卷。佚

尹氏毅《論語注釋》《七録》十卷。佚

王氏濛《論語義》《七録》一卷。佚

江氏熙《論語集解》《隋志》十卷，《釋文》十二卷。佚

張氏憑《論語注》《七録》十卷。佚

《論語釋》《隋志》一卷。佚

宋氏纖《論語注》佚

暢氏惠明《論語義注》《七録》十卷。佚

蔡氏系《論語釋》《七録》一卷。佚

張氏隱《論語釋》《七録》一卷。佚

郄氏原《論語通鄭》《七録》一卷。佚

姜氏處道《論語論釋》《七録》一卷。佚

宋明帝《論語續注》《隋志》作《論語補闕》二卷，《唐志》十卷。佚

蔡氏謨《論語注》佚

張氏略《論語疏》《七録》八卷。佚

伏氏曼容《論語義》佚

范氏廙《論語别義》《隋志》十卷。佚

孔氏澄之《論語注》《七録》十卷。佚

虞氏遐《論語注》《七録》十卷。佚

沈氏驎士《論語訓注》佚

許氏容《論語注》《七録》十卷。佚

曹氏思文《論語注》《七録》十卷。佚

戴氏詵《論語述議》《唐志》二十卷。佚

梁武帝《論語》佚

陶氏弘景《論語集注》《七録》十卷。佚

太史氏叔明《論語集解》《七録》十卷。佚

褚氏仲都《論語義疏》《隋志》十卷,《唐志》作「講疏」。佚

皇氏侃《論語義疏》《隋志》十卷。未見

張氏譏《論語義》十卷佚

顧氏越《論語義疏》佚

張氏沖《論語義疏》《隋志》二卷,《吴中人物志》作十卷。佚

陳氏奇《論語注》佚

徐氏孝克《論語講疏文句義》《隋志》五卷。佚

劉氏炫《論語述義》《唐志》作「章句」，《隋志》十卷，《唐志》十二卷。佚

史氏辟原《續注論語》《通志》十卷。佚

釋智略《論語解》《七録》十卷。佚

《司馬氏論語標指》《隋志》一卷。佚

《盈氏論語注》《七録》十卷。佚

《盧氏論語注》《隋志》七卷。佚

《王氏論語修鄭錯》《七録》一卷。佚

《徐氏古論語義注譜》《七録》一卷。佚

亡名氏《論語隱義》佚

《論語隱義注》《七録》三卷。佚

《論語義注》《七録》三卷。佚

《論語難鄭》《隋志》一卷。佚

《論語雜問》《隋志》一卷。佚

《論語義注圖》《七録》十二卷。佚

卷二百十三　《論語》三

賈氏公彦《論語疏》《唐志》十五卷。佚

陸氏德明《論語釋文》《宋志》一卷。存

陸氏蛻《論語品類》「蛻」或作「鋭」，《宋志》七卷。佚

韓子愈《論語注》《唐志》十卷。佚

《論語筆解》《通志》二卷，《中興書目》二十卷。存

侯氏喜《論語問》佚

張氏籍《論語注辨》《唐志》二卷。佚

馬氏總《論語樞要》《宋志》十卷。佚

李氏涪《論語刊誤》《通志》二卷。存

李氏磎《注論語》佚

亡名氏《論語雜義》《唐志》十三卷。佚

《論語剔義》《唐志》十卷。佚

《宋徽宗皇帝論語解》二卷佚

邢氏昺《論語正義》《宋志》十卷。存

宋氏咸《論語增注》《宋志》十卷。佚

周氏式《論語集解辨誤》《宋志》十卷，《續》一卷。佚

紀氏亶《論語摘科辨解》《宋志》十卷。佚

杜氏莘老《論語集解》十卷佚

余氏象《論語集解》佚

阮氏逸《論語增注》佚

勾氏微《論語精義》二十卷佚。《紹興續到四庫闕書目》有之

周子惇頤《論語》佚

王氏令《論語注》《宋志》十卷。佚

王氏安石《論語解》《通考》十卷。佚

《論語通類》《宋志》一卷。佚

王氏雱《論語口義》《通考》十卷。佚

吕氏惠卿《論語義》《宋志》十卷。佚

孔氏武仲《論語説》《宋志》十卷。佚

蔡氏申《論語纂》《宋志》十卷。佚

王氏端禮《論語解》佚

史氏通《論語説》佚

何氏執中《論語講義》佚

蘇氏軾《論語解》《宋志》四卷，《通考》十卷。未見

蘇氏轍《論語拾遺》一卷存

王氏鞏《論語注》《通考》十卷。佚

鄒氏浩《論語解義》《宋志》十卷。佚

劉氏正叟《重注論語》《宋志》十卷。佚

龔氏原《論語全解》佚

陳氏祥道《論語全解》十卷存

晁氏説之《論語講義》《宋志》五卷，《通考》十卷。未見

卷二百十四　《論語》四

程子頤《論語説》《宋志》一卷，《通考》、《玉海》十卷。未見

范氏祖禹《論語説》《宋志》二十卷，《通考》、《玉海》十卷。佚

吕氏大臨《論語解》《宋志》十卷。佚

謝氏良佐《論語解》《宋志》十卷。未見

侯氏仲良《論語説》《宋志》一卷。佚

游氏酢《論語雜解》《宋志》一卷。未見

楊氏時《論語解》《宋志》二卷。未見

尹氏焞《論語解》《宋志》十卷，又《説》一卷。未見

王氏蘋《論語集解》佚

卷二百十五　《論語》五

劉氏弇《論語講義》未見

林氏子充《論語詩》五十首未見

湯氏巖起《論語義》十卷未見。《一齋書目》有

汪氏革《論語直解》《宋志》十卷。佚

錢氏觀復《論語解》二十卷佚

葉氏夢得《論語釋言》《宋志》十卷。未見

上官氏愔《論語略解》佚

曾氏元忠《論語解》佚

黄氏鍰《論語類觀》佚

朱氏申《論語辨》佚

江氏奇《論語説》五卷佚

倪氏登《論語解》佚

程氏瑀《論語解》佚

林氏之奇《論語講義》未見。《一齋書目》有之

陳氏禾《論語傳》《宋志》十卷。佚

李氏綱《論語詳説》十卷未見。《一齋書目》有之

張氏浚《論語解》四卷佚

王氏居正《竹西論語感發》《宋志》十卷。佚

向氏子悫《魯論集議》佚

劉氏安世《論語解》二十卷佚

許氏翰《論語解》佚

王氏庭珪《論語講義》五卷佚

王氏絢《論語解》二十卷佚

曾氏幾《論語義》《宋志》二卷。佚

許氏文瑞《論語解》佚

鄭氏剛中《論語解》三卷佚

卷二百十六　《論語》六

朱氏震《論語直解》十卷佚

吴氏棫《論語續解》、《考異》、《説例》《宋志》共十卷。佚

胡氏寅《論語詳説》未見

胡氏宏《論語指南》《通考》一卷。未見

胡氏憲《論語會義》佚

鄭氏耕老《論語訓釋》佚

王氏賓《論語口義》佚

黄氏祖舜《論語解義》《宋志》十卷。佚

洪氏興祖《論語説》《宋志》十卷。佚

畢氏良史《論語探古》《通志》二十卷。佚

藺氏敏修《論語解》佚

黄氏開《論語發揮》佚

程氏迥《論語傳》佚

徐氏椿年《論語解》佚

趙氏敦臨《論語解》佚

徐氏珣《論語解》佚

喻氏樗《玉泉論語學》《宋志》四卷，《通考》十卷。佚

何氏逢原《論語集解》十卷佚

張氏九成《論語解》《宋志》十卷。未見

謝氏諤《論語解》二十卷佚

史氏浩《論語口義》《宋志》二十卷。佚

蘇氏總龜《論語解》佚

吴氏沆《論語發微》二卷未見。《一齋書目》有之

林氏栗《論語知新》《宋志》十卷。佚

卞氏圜《論語大意》《宋志》二十卷。未見

葉氏隆古《論語解義》《宋志》十卷。佚

劉氏懋《論語訓解》佚

王氏炎《論語解》未見

卷二百十七　《論語》七

朱子熹《論語集義》初名「要義」，又名「精義」。《宋志》十卷，《通考》三十四卷。存

《論語詳説》初名「訓蒙口義」。佚

《論語集注》《宋志》十卷。存

《論語或問》《宋志》二十卷。存

黄氏幹《論語注義問答通釋》《宋志》十卷。未見。《一齋書目》有之
輔氏廣《論語答問》未見
馮氏椅《論語輯説》佚
劉氏砥《論語解》佚
陳氏易《論語解》佚
吴氏英《論語問答》未見
何氏鎬《論語説》佚
鄒氏補之《論語注》佚
滕氏璘《論語説》佚

卷二百十八 《論語》八

張氏栻《南軒論語解》《宋志》十卷。存
薛氏季宣《論語少學》《宋志》二卷。佚
《論語直解》王瓚《温州志》作「約説」。佚
沈氏文炳《論語解》佚

胡氏公武《論語集解》佚

陳氏知柔《論語後傳》佚

林氏亦之《論語解》佚

梁氏億《論語集解》佚

諸葛氏説《論語説》佚

李氏舜臣《家塾編次論語》五卷佚

沈氏大廉《論語説》佚

邱氏義《論語纂訓》一卷佚

倪氏思《論語義證》《宋志》二十卷。佚

章氏服《論語解》三卷佚

徐氏存《論語解》佚

高氏元之《論語解》《宋志》一卷。佚

馬氏之純《論語説》佚

黄氏補《論語人物志》佚

宋氏藴《論語略解》二十卷《魏了翁集》作「解義」。佚

張氏琨《論語拾遺》二十篇佚

許氏弈《論語講義》二卷佚

姜氏得平《論語本旨》《宋志》一卷。佚

楊氏泰之《論語孟子類》七卷佚

《論語解》三十卷佚

胡氏泳《論語衍説》未見

湯氏烈《集程氏論語説》《宋志》二卷。佚

戴氏溪《石鼓論語答問》《宋志》三卷。佚

潘氏好古《論語説》佚

孫氏應時《論語説》佚

陳氏藻《論語解》佚

王氏時會《論語訓傳》佚

葉氏秀發《論語講義》佚

時氏少章《論語大義》佚

陳氏耆卿《論語記蒙》《宋志》六卷。佚

羅氏維藩《論語解》二卷佚

陳氏宓《論語注義問答》佚

章氏良史《論語探古》《宋志》二十卷。佚

黄氏宙《論語解》佚

夏氏良規《論語解》佚

丁氏明《論語釋》二十篇佚

傅氏子雲《論語集傳》佚

馮氏誠之《復庵讀論語》十卷佚

王氏萬《論語説》佚

卷二百十九　《論語》九

真氏德秀《論語集編》《宋志》十卷。存

魏氏了翁《論語要義》《宋志》十卷。未見

趙氏善湘《論語大意》十卷未見。《一齋書目》有

鄭氏汝諧《論語意原》二卷存

孫氏繪《拙齋論孟説》佚

陳氏孜《論語發微》佚

趙氏燮《論語説》一卷佚

魏氏天祐《論語説》佚

梁氏椅《論語翼》佚

柴氏中行《論語童蒙説》佚

蔡氏元鼎《論語講義》佚

錢氏文子《論語傳贊》《宋志》二十卷。佚

徐氏焕《論語贅言》《宋志》二卷。佚

張氏演《魯論明微》《宋志》十卷。佚

曹氏峦《論語注》十篇佚

葉氏由庚《論語纂》佚

柴氏元祐《論語解》佚

鍾氏宏《論語約説》佚

胡氏侁《論語釋》佚

陳氏如晦《論語問答》佚

王氏汝猷《論語歸趣》《宋志》二十卷。佚

蔡氏模《論語集疏》未見

孔氏元龍《論語集説》佚

李氏用《論語解》佚

潘氏墀《論語語類》二十七卷佚

林氏文昭《論語解》一卷佚

蕭氏山《論語講説》佚

傅氏蒙《論語講義》佚

黄氏方子《論語講義》佚

吕氏中《論語講義》佚

鄭氏弈夫《論語本義》佚

蔡氏節《論語集説》二十卷存

劉氏元剛《論語演義》佚

李氏春叟《論語傳説補》佚

饒氏魯《論語石洞紀聞》十七卷未見

黄氏震《讀論語日抄》一卷存

何氏基《論語發揮》佚

王氏柏《論語通旨》二十卷佚

《論語衍義》七卷佚

《魯經章句》佚

金氏履祥《論語集注考證》十卷《一齋書目》二卷。未見

卷二百二十　《論語》十

周氏《論語解》佚

亡名氏《論語井田義圖》《宋志》一卷。佚

《論語玄義》《宋志》十卷。佚

《論語要義》《宋志》十卷。佚

《論語口義》《宋志》十卷。佚

《論語展掌疏》《宋志》十卷。佚

《論語閱義疏》《宋志》十卷。佚

《論語世譜》《宋志》三卷。佚

《論語撰人名》《通志》一卷。佚

《論語意原》《通考》一卷。佚

《論語樞要》佚

《習齋論語講義》未見

釋贊寧《論語陳説》《通考》一卷。佚

金氏仁存《論語新義》佚

幹氏道沖《論語小義》二十卷佚

趙氏秉文《刪存論語解》十卷佚

王氏若虛《論語辨惑》五卷存

杜氏瑛《緱山論語旁通》四卷未見

劉氏莊孫《論語章指》佚

王氏鶚《論語集義》一卷佚

齊氏履謙《論語言仁通旨》二卷佚

單氏庚金《增集論語説約》佚

戴氏表元《論語講義》一卷載《剡源集》。存

陳氏櫟《論語訓蒙口義》未見

林氏起宗《論語圖》佚

郭氏好德《論語義》佚

歐陽氏溥《魯論口義》四卷未見

任氏士林《論語指要》佚

吴氏簡《論語提要》佚

劉氏豈蟠《論語句解》十二卷佚

沈氏易《論語旁訓》未見

俞氏杰《論語訓蒙》未見

卷二百二十一　《論語》十一

周氏是修《論語類編》二卷佚

楊氏守陳《論語私抄》十卷未見

羅氏用俊《論語類編》佚

王氏承裕《論語近説》未見

《論語蒙讀》未見

童氏品《魯經》佚

林氏士元《論語衍義》未見

黄氏省曾《論語洙泗萬一本旨》未見

萬氏表《論語心義》未見

劉氏教《論語筆義》未見

蔡氏國熙《論語偶見》未見

陳氏士元《論語解》二十卷存

許氏孚遠《論語述》三卷未見

章氏潢《論語衍言》未見

李氏栻《論語外編》十卷未見

沈氏懋孝《論語類求》未見

余氏懋學《讀論勿藥》四卷存

管氏志道《論語訂釋》十卷存

李氏材《論語大意》十二卷未見

袁氏黄《論語箋疏》十卷存

郝氏敬《論語詳解》二十卷存

王氏肯堂《論語義府》二十卷存

楊氏惟相《論語膚義》未見

王氏衡《論語駁異》二十卷存

鍾氏韶《論語逸編》三十一卷存

李氏頻《論語測》未見

《論語或問臆説》未見

劉氏宗周《論語學案》四卷存

陳氏懿典《論語貫義》二卷存

葛氏寅亮《論語湖南講》四卷存

周氏宗建《論語商》二卷存

羅氏喻義《論語分篇》二卷存

虞氏世愷《論語傳習》二卷存

孫氏奇逢《論語近指》二十卷未見

李氏弘明《論語測疑》未見

毛氏奇齡《論語稽求篇》七卷存

亡名氏《論語對偶》二卷未見

《孔子三朝記》《漢志》七篇。佚

《孔子徒人圖法》《漢志》二篇。佚

鄭氏玄《論語孔子弟子目録》《隋志》一卷。佚

蘇氏過《孔子弟子别傳》佚

夏氏洪基《孔門弟子傳略》二卷存

卷二百二十二　《孝經》一

《今文孝經一卷》存

《古文孝經》《漢志》一篇。存

魏文侯《孝經傳》佚

孔氏安國《古文孝經傳》《隋志》一卷。佚

《長孫氏孝經說》《漢志》一卷。佚

《江翁孝經說》《漢志》一篇。佚

翼氏奉《孝經說》《漢志》一篇。佚

后氏蒼《孝經說》《漢志》一篇。佚

張氏禹《孝經說》《漢志》一篇。佚

何氏休《孝經訓注》佚

鄭氏衆《孝經注》《七録》一卷。佚

馬氏融《孝經注》《七録》一卷。佚

鄭氏玄《孝經注》《唐志》一卷。佚

高氏誘《孝經解》佚

宋氏均《孝經皇義》《七録》一卷。佚

王氏肅《孝經解》《隋志》一卷。佚

衛氏覬《孝經故》一卷佚

蘇氏林《孝經注》《七録》一卷。佚

何氏晏《孝經注》《七録》一卷。佚

劉氏邵《孝經古文注》《七録》一卷。佚

孫氏熙《孝經注》《唐志》一卷。佚

虞氏翻《孝經》佚

韋氏昭《孝經解讚》《隋志》一卷。佚

嚴氏畯《孝經傳》佚

卷二百二十三　《孝經》二

晉元帝《孝經傳》佚

晉孝武帝《總明館孝經講義》《七録》一卷。佚

徐氏整《孝經嘿注》《隋志》一卷，《唐志》二卷。佚

謝氏萬《集解孝經》《隋志》一卷。佚

荀氏昶《集議孝經》《唐志》作「集解」，《隋志》一卷，《七録》二卷。佚

袁氏敬仲《集義孝經》《隋志》一卷。佚

虞氏喜《孝經注》佚

楊氏泓《孝經注》《七録》一卷。佚

袁氏宏《孝經注》一卷佚

虞氏槃佑《孝經注》或作「槃佐」，《七録》一卷。佚

殷氏仲文《孝經注》《七録》一卷。佚

車氏胤《孝經注》《唐志》作「講義」，《七録》一卷，《唐志》四卷。佚

孔氏光《孝經注》《七録》一卷。佚

《宋大明中東宮講義》《七録》一卷。佚

何氏約之《大明中皇太子講義疏》《唐志》一卷。佚

何氏承天《孝經注》《七録》一卷。佚

荀氏昶《孝經注》一卷佚

費氏沈《孝經注》《七録》一卷。佚

謝氏稚《孝經圖》一卷佚

《齊永明東宮講義》《七録》一卷。佚

《永明諸王講義》《七録》一卷。佚

王氏玄載《孝經注》《七録》一卷。佚

周氏顒《孝經義疏》佚

明氏僧紹《孝經注》《七録》一卷。佚

李氏玉之《孝經義疏》《七録》二卷。佚

陸氏澄《孝經義》佚

梁武帝《孝經義疏》《隋志》十八卷。佚

昭明太子統《講孝經義》《七録》三卷，又一卷。佚

簡文帝《孝經義疏》《七録》五卷。佚

孝明帝巋《孝經義記》佚

蕭氏子顯《孝經義疏》《七録》一卷。佚

《孝經敬愛義》《隋志》一卷。佚

皇氏侃《孝經義疏》《隋志》三卷。佚

嚴氏植之《孝經注》《七録》一卷。佚

賀氏瑒《孝經講義》《七録》一卷。佚

《孝經義疏》《七録》一卷。佚

陶氏弘景《集注孝經》《七録》一卷。佚

曹氏思文《孝經注》《七録》一卷。佚

諸葛氏循《孝經序》《七録》一卷。佚

江氏係之《孝經注》《七録》一卷。佚

江氏遜《孝經注》《七録》一卷。佚

太史氏叔明《孝經義》《唐志》作「發題」，《隋志》一卷。佚

趙氏景韶《孝經義疏》《隋志》一卷。佚

張氏譏《孝經義》八卷佚

周氏弘正《孝經私記》《隋志》二卷。佚

沈氏文阿《孝經義記》佚

顧氏越《孝經義疏》佚

徐氏孝克《孝經講疏》《隋志》六卷。佚

張氏沖《孝經義》三卷佚

王氏元規《孝經義記》二卷佚

熊氏安生《孝經義》一卷佚

陳氏奇《孝經注》一卷佚

樊氏深《孝經疑》一卷佚

樂氏遜《孝經序論》佚

何氏妥《孝經義疏》三卷佚

劉氏炫《古文孝經義疏》隋、唐《志》作「述義」，《隋志》五卷。佚

宇文氏攷《孝經注》佚

釋氏慧琳《孝經注》《隋志》一卷。佚

釋氏慧始《孝經注》《七録》一卷。佚

釋氏靈裕《孝經義記》佚

亡名氏《孝經私記》《隋志》稱「無名先生」，《隋志》四卷。佚

《孝經義》《隋志》一卷。佚

《孝經玄》《七録》一卷。佚

《孝經圖》《七録》一卷。佚

《孝經孔子圖》《七録》二卷。佚

《魏國語孝經》《隋志》一卷。佚

卷二百二十四　《孝經》三

唐明皇《孝經注》《唐志》作「孝經制旨」，别見《石經》，《通考》一卷。存

賈氏公彦《孝經疏》《唐志》五卷。佚

陸氏德明《孝經釋文》一卷存

孔氏穎達《孝經義疏》佚

任氏希古《越王孝經新義》《唐志》十卷。佚

王氏元感《注孝經》《唐志》一卷。佚

魏氏克己《孝經注》《唐志》一卷。佚

王氏漸《孝經義》五十卷佚

元氏行沖《御注孝經疏》《唐志》二卷，《宋志》三卷。佚

尹氏知章《孝經注》《唐志》一卷。佚

李氏嗣真《孝經指要》《唐志》一卷。佚

李氏陽冰《科斗書孝經》佚

平氏貞脊《孝經義》《唐志》卷亡。佚

蘇氏彬《孝經疏》《宋志》一卷。佚

任氏奉古《孝經講疏》《宋志》一卷。佚

《高麗别叙孝經》一卷佚

卷二百二十五　《孝經》四

邢氏昺等《孝經正義》《宋志》三卷。存

龍氏昌期《孝經注》佚

宋氏綬《孝經節要》一卷佚

吕氏公著《孝經要語》一卷佚

司馬氏光《古文孝經指解》一卷存

王氏安石《孝經解》《通考》一卷。佚

范氏祖禹《古文孝經説》《宋志》一卷。存

趙氏克孝《孝經傳》《宋志》一卷。佚

張氏元老《孝經講義》《宋志》一卷。佚

吕氏惠卿《孝經傳》《宋志》一卷。佚

李氏公麟《孝經圖》一卷未見
何氏執中《孝經解》佚
江氏杞《孝經注》佚
吉氏觀國《孝經新義》佚
家氏滋《孝經解義》《宋志》二卷。佚
王氏悱《孝經解義》佚
程氏全一《孝經解》佚
林氏獨秀《孝經指解》佚
王氏文獻《孝經詳解》《宋志》一卷。佚
林氏椿齡《孝經全解》《宋志》一卷。佚
趙氏湘《孝經義》《宋志》一卷。佚
沈氏處厚《孝經解》《宋志》一卷。佚
何氏備《孝經本説》佚
王氏絢《孝經解》五卷佚
胡氏銓《讀孝經雜記》一篇載《澹庵集》。存

洪氏興祖《古文孝經序贊》一卷未見。《一齋書目》有

張氏師尹《孝經通義》《宋志》一卷，或作三卷。佚

張氏九成《孝經解》《宋志》四卷。未見

唐氏仲友《孝經解》一卷佚

楊氏簡《古文孝經解》《宋志》一卷。未見

王氏炎《孝經解》未見

卷二百二十六　《孝經》五

朱子熹《孝經刊誤》《宋志》一卷。存

項氏安世《孝經説》《宋志》一卷。佚

黄氏榦《孝經本旨》《宋志》一卷。未見

馮氏椅《古孝經輯注》《姓譜》作「章句」，《宋志》一卷。佚

龔氏栗《孝經集義》一卷佚

史氏繩祖《孝經解》一卷未見

袁氏甫《孝經説》《宋志》三卷。佚

俞氏觀能《孝經類鑑》《宋志》七卷。佚

方氏逢辰《孝經章句》一卷佚

劉氏元剛《孝經衍義》佚

胡氏侁《孝經釋》一卷佚

劉氏養晦《孝經解》佚

董氏鼎《孝經大義》一卷存

朱氏申《孝經注解》一卷存

王氏行《孝經同異》《宋志》三卷。佚

俞氏浙《孝經審問》佚

胡氏子實《孝經注》二卷未見。《一齋書目》有

陳氏合《孝經正文》一卷未見

蔡氏子高《孝經注》佚

姜氏融《孝經釋文》佚

陳氏鄂《孝經釋文》佚

胡氏一桂《孝經傳贊》未見

李氏應龍《孝經集注》一卷未見

《季氏古文孝經指解詳説》一卷佚

卷二百二十七　《孝經》六

白氏賁《孝經傳》佚

許氏衡《孝經直説》一卷《一齋書目》作《孝經注》。未見

吴氏澂《孝經章句》一卷存

江氏直方《孝經外傳》二十二卷未見

程氏縣道《孝經衍義》佚

錢氏天祐《孝經直解》佚

《小雲石海涯孝經直解》一卷佚

張氏翌《孝經口義》一卷佚

林氏起宗《孝經圖解》一卷未見。《一齋書目》有

楊氏少愚《續孝經衍義》一作《孝經衍孝編》，「楊」或作「陳」。佚

余氏芑舒《孝經刊誤》一卷佚

陳氏樵《孝經新説》佚

吴氏迂《孝經附録》一卷未見

李氏孝光《孝經義疏》一卷又《圖》一卷未見。《一齋書目》有

沈氏易《孝經旁訓》一卷未見

王氏勉《孝經》佚

姜氏《孝經説》一卷佚

亡名氏《孝經管見》一卷未見

《孝經集説》一卷未見

《孝經明解》一卷見《國子監書目》。佚

《成齋孝經説》一卷佚

卷二百二十八　《孝經》七

宋氏濂《孝經新説》一卷未見

朱氏升《孝經旁注》一卷未見

孫氏蕡《孝經集善》一卷未見

葉氏瓚《孝經衍義》佚

何氏初《孝經解》一卷佚

孫氏吾與《孝經注解》一卷未見

吴氏從敬《古文孝經集義》一卷佚

方氏孝孺《孝經誡俗》一卷佚

晏氏璧《孝經刊誤》一卷未見

曹氏端《孝經述解》一卷未見

劉氏實《孝經集解》一卷未見

薛氏瑄《定次孝經古今文》二卷未見

費氏希冉《孝經解》二卷未見

楊氏守陳《孝經私抄》八卷未見

陳氏選《孝經注》一卷未見

應氏綱《孝經刊誤集注》一卷未見

周氏木《考定古今孝經節文》一卷「文」或作「次」。未見

晏氏鐸《增注孝經》一卷未見

潘氏府《孝經正誤》一卷未見

童氏品《重定孝經傳注》一卷未見

王氏守仁《孝經大義》一卷未見

余氏本《孝經集注》三卷存

郎氏瑛《訂正孝經》一卷未見

汪氏宇《孝經考誤集解》一卷未見

蔡氏烈《孝經定本》一卷未見

陳氏深《孝經解詁》未見

余氏息《孝經刊誤説》未見

柯氏遷之《考定孝經古文》未見

褚氏相《孝經本文説》未見

陳氏曉《孝經問對》未見

余氏時英《孝經集義》未見

卷二百二十九　《孝經》八

沈氏淮《孝經會通》一卷未見

羅氏汝芳《孝經宗旨》一卷未見

程氏廷策《孝經訂注》一卷未見

蔡氏悉《孝經孝則》未見

李氏材《孝經疏義》二卷未見

歸氏有光《孝經叙録》一卷存

方氏學漸《孝經繹》一卷未見

劉氏子立《孝經注疏》未見

韓氏世能《孝經解》未見

黄氏金色《編定古文孝經》一卷未見

方氏揚《孝經句義》未見

胡氏時化《孝經注解》一卷未見

《孝經列傳》七卷佚

吴氏撝謙《重定孝經列傳》七卷未見

鄧氏以誥《孝經全書》未見

劉氏閔《孝經刊誤》一卷佚

楊氏起元《孝經外傳》一卷未見

《孝經引證》二卷未見

鄒氏元標《孝經説》未見

孟氏化鯉《孝經要旨》一卷未見

李氏槃《孝經別傳》一卷存

李氏廷機《孝經注》一卷存

虞氏淳熙《孝經邇言》九卷未見

《孝經集靈》二卷存

《今文孝經説》一卷存

馮氏從吾《孝經義疏》未見

吴氏炯《孝經質疑》一卷存

陳氏堯道《孝經攷注》未見

曹氏于汴《補正孝經本義》未見

畢氏懋康《孝經大全》未見

蔡氏毅中《古文孝經注》一卷存

吕氏維祺《孝經本義》二卷未見

《孝經大全》二十八卷存

《孝經或問》三卷存

《孝經衍義》存

吕氏維祜《孝經翼》未見

吴氏甡《校訂孝經本義大全》未見

鄭氏若曾《孝經闡注》一卷未見

陸氏山《孝經正義》一卷未見

卷二百三十　《孝經》九

陳氏仁錫《孝經翼》未見

黄氏道周《孝經集傳》四卷存

《孝經本讚》一卷存

龍氏文光《孝經秋訂》一卷佚

張氏鼎延《校訂孝經大全》未見

張氏有譽《孝經衍義》六卷未見

何氏楷《考定古文孝經》三卷存

孫氏本《古文孝經説》一卷存

《孝經釋疑》一卷存

朱氏鴻《孝經質疑》一卷存

《孝經集解》一卷存

馮氏夢龍《孝經彙注》未見

瞿氏罕《孝經貫注》二十卷未見

《孝經存餘》三卷未見

《孝經考異》一卷未見

《孝經對問》三卷未見

陳氏咨範《孝經求蒙》未見

朱氏鼎材《孝經攷注》未見

張氏雲鸞《孝經講義》未見

陳氏三槐《孝經繹》未見

蔡氏復賞《編次孝經》未見

梅氏鼎和《孝經疏抄》一卷存

江氏元祚《孝經彙注》三卷存

江氏旭奇《孝經疏義》未見

《孝經攷異》一卷未見

鄒氏期相《孝經筆旨》一卷未見

蔡氏景默《孝經衍義》三卷存

宫氏偉鏐《孝經緒箋》二卷存

薛氏正平《孝經通箋》未見

張氏夏《孝經問業》一卷存

葉氏鈖《孝經注疏大全》一卷存

姜氏安節《孝經正義》一卷存

王氏復禮《孝經備考》二卷存

顧氏藹《孝經箋注》一卷存

吴氏之騄《孝經類解》十八卷存

吴氏從周《父母生之章衍義》一卷存

卷二百三十一　《孟子》一

孟子《漢志》十一篇。存七篇

卷二百三十二　《孟子》二

揚氏雄等《四註孟子》《宋志》十四卷。佚

王氏充《刺孟》一卷存

趙氏岐《孟子註》《隋志》十四卷。存

程氏曾《孟子章句》佚

高氏誘《正孟子章句》佚

鄭氏玄《孟子注》《隋志》七卷。佚

劉氏熙《孟子注》《隋志》七卷。佚

綦母氏邃《孟子注》《七録》九卷，《唐志》七卷。佚

陸氏善經《孟子注》《唐志》七卷。佚

張氏鎰《孟子音義》《唐志》七卷，《宋志》三卷。佚

丁氏公著《孟子手音》《宋志》一卷。佚

劉氏軻《翼孟》三卷佚

卷二百三十三　《孟子》三

孫氏奭《孟子正義》十四卷存

《孟子音義》《宋志》二卷。存

馮氏休《删孟子》《宋志》一卷，《玉海》二卷。未見

李氏覯《常語》一卷存

蘇氏洵《孟子評》一卷存

司馬氏光《疑孟》《通考》一卷。存

司馬氏康等《孟子節解》《通考》十四卷。佚

王氏安石《孟子解》十四卷佚

王氏令《孟子講義》《宋志》五卷。未見

程子頤《孟子解》《宋志》十四卷，《通考》同。《集》止一卷。未見

張子載《孟子解》《通考》二十四卷。存

蘇氏轍《孟子解》《宋志》一卷。存

蔣氏之奇《孟子解》《宋志》六卷。佚

龔氏原《孟子解》《宋志》十卷。佚

鄒氏浩《孟子解義》《宋志》十四卷。佚

王氏雱《孟子注》《宋志》十四卷。佚

卷二百三十四　《孟子》四

周氏諝《孟子解義》佚

史氏通《孟子義》佚

陳氏暘《孟子解義》《宋志》十四卷。佚

徐氏積《嗣孟》一篇存

許氏允成《孟子新義》《宋志》十四卷。佚

張氏簡《點注孟子》十四卷佚

章氏甫《孟子解義》十四卷佚

蔡氏參《孟子廣義》一卷見《紹興續到四庫闕書目》。佚

黄氏敏《孟子餘義》一卷見《紹興續到四庫闕書目》。佚

晁氏説之《詆孟》佚

余氏允文《尊孟辨》《通考》七篇。存，闕

沈氏括《孟子解》一卷存

吕氏大臨《孟子講義》《宋志》十四卷。佚

游氏酢《孟子雜解》《宋志》一卷。佚

《孟子解義》《宋志》十四卷。佚

楊氏時《孟子義》未見

尹氏焞《孟子解》《宋志》十四卷。佚

林氏之奇《孟子講義》佚

程氏俱《孟子講義》四篇存

葉氏夢得《孟子通義》十卷佚

上官氏愔《孟子略解》佚

汪氏琦《孟子説》五卷佚

陳氏禾《孟子傳》《本傳》作「解」，《宋志》十四卷，《本傳》十卷。佚

王氏居正《孟子疑難》十四卷佚

李氏撰《孟子講義》十四卷佚

《廣孟子説養氣論》三篇佚

羅氏從彦《孟子師説》未見

鄭氏剛中《孟子解》三卷佚

張氏栻《孟子詳説》《宋志》十七卷。未見

《癸巳孟子説》《宋志》七卷。存

程氏迥《孟子章句》佚

鄭氏耕老《孟子訓釋》佚

趙氏敦臨《孟子解》佚

黄氏開《孟子辨志》佚

徐氏時動《孟子說》四十卷佚

劉氏季裴《孟子解》佚

張氏九成《孟子解》《通考》十四卷。未見

《孟子拾遺》《宋志》一卷。未見

施氏德操《孟子發題》一卷存

陳氏傅良《經筵孟子講義》二篇載《止齋集》。存

陸氏筠《翼孟音解》佚

倪氏思《孟子問答》十二卷佚

朱子熹《孟子集注》《宋志》十四卷。存

《孟子集義》初名「精義」，《宋志》十四卷。存

《孟子或問》《宋志》十四卷。存

《孟子問辨》十一卷存

《孟子要略》未見

《讀余氏尊孟辨說》一卷存

黄氏幹《孟子講義》一卷存

輔氏廣《孟子答問》未見

許氏升《孟子説》佚

戛氏淵《孟子注》佚

鄒氏補之《孟子注》佚

馮氏椅《孟子圖》佚

張氏顯父《孟子問答》佚

劉氏砥《孟子注解》佚

卷二百三十五　《孟子》五

徐氏存《孟子解》佚

章氏服《孟子解》三卷佚

黄氏次伋《評孟》佚

李氏象《孟子講義》佚

徐氏珦《孟子解》佚

潘氏好古《孟子説》佚

袁氏甫《孟子解》佚

陳氏易《孟子解》佚

陳氏駿《孟子筆義》佚

孫氏弈《孟子明解》十四卷未見。《聚樂堂藝文目》有之

王氏自申《孟子旨義》佚

陳氏藻《孟子解》佚

陳氏櫄《孟子解》佚

陳氏耆卿《孟子記蒙》佚

趙氏善湘《孟子解》十四卷佚

夏氏良規《孟子解》佚

傅氏子雲《孟子指義》佚

時氏少章《孟子大義》一作「贅説」。佚

黄氏宙《孟子解》佚

李氏惟正《翼孟》佚

魏氏天祐《孟子説》佚

戴氏溪《石鼓孟子答問》《宋志》三卷。佚

錢氏文子《孟子傳贊》《宋志》十四卷。佚

王氏萬《孟子説》佚

蔡氏元鼎《孟子講義》佚

魏氏了翁《孟子要義》十四卷未見

譙氏仲午《孟子旨義》佚

蔡氏模《孟子集疏》十四卷存

王氏弈《孟子説》佚

王氏汝猷《孟子辨疑》《宋志》十四卷。佚

饒氏魯《孟子記聞》佚

馬氏廷鸞《孟子會編》佚

劉氏元剛《孟子演義》佚

朱氏申《孟子箋》佚

黄氏震《讀孟子日鈔》一卷存

王氏栢《孟子通旨》七卷未見

金氏履祥《孟子考證》未見

陳氏普《孟子纂要》佚

亡名氏《集百家孟子解》《通考》十二卷。佚

王氏若虚《孟子辨惑》一卷存

趙氏秉文《删集孟子解》十卷佚

劉氏章《刺刺孟》一卷佚

杜氏瑛《孟子集注旁通》四卷未見

李氏恕《孟子旁注》七卷佚

吴氏迂《孟子集注附録》未見

《讀孟子法》一卷未見

李氏昶《孟子權衡遺説》五卷佚

夏侯氏尚玄《原孟》未見

亡名氏《孟子通解》十四卷佚

《孟子衍義》十四卷佚

《孟子思問録》一卷佚

《孟子旁解》七卷未見

劉氏三吾等《孟子節文》二卷未見

楊氏守陳《孟子私鈔》七卷未見

李氏承恩《孟子》説未見

童氏品《孟子編類》未見

《鄒書》未見

吕氏枏《孟子因問》三卷未見

林氏士元《孟子衍義》未見

楊氏時喬《孟子古今四體文》七卷存

李氏栻《孟子道性善編》一卷未見

李氏鼎《孟子詁》一卷未見

萬氏表《孟子摘義》未見

管氏志道《孟子訂釋》七卷存

陳氏士元《孟子雜記》四卷存

姚氏舜牧《孟子疑問》七卷存

王氏豫《孟子尊周辨》一卷未見
郝氏敬《孟子説解》十四卷存
陳氏懿典《孟子貫義》二卷存
顧氏起元《讀孟私箋》二卷未見
戴氏君恩《繪孟》七卷存
陳氏一經《孟子大全纂》五卷存
黄氏宗羲《孟子師説》一卷存

卷二百三十六　《孟子》六

吴氏迂《孟子年譜》一卷佚
季氏本《孟子事蹟圖譜》二卷存
譚氏貞默《孟子編年略》一卷存
閻氏若璩《孟子生卒年月考》一卷存
吴氏迂《孟子冢記》一卷佚
吴氏萊《孟子弟子列傳》三卷佚

卷二百三十七　《爾雅》一

《爾雅》《漢志》三卷二十篇，今本十九篇。存

《犍爲文學爾雅注》《七録》三卷。佚

劉氏歆《爾雅注》《七録》三卷。佚

樊氏光《爾雅注》《隋志》三卷，《唐志》、《釋文·序録》六卷。佚

李氏巡《爾雅注》《七録》三卷。佚

孫氏炎《爾雅注》《隋志》七卷，《唐志》六卷，《宋志》十卷，《釋文·序録》三卷。佚

《爾雅音》《七録》二卷，《釋文·序録》一卷。佚

郭氏璞《爾雅注》《隋志》五卷，《唐志》一卷，《釋文·序録》、《宋志》三卷。存

《爾雅圖讚》《七録》二卷，《隋志》《爾雅圖》十卷，《唐志》一卷。佚

《爾雅音義》《唐志》一卷，《七録》二卷。佚

江氏灌《爾雅音》《隋志》八卷，《唐志》六卷。佚

《爾雅圖讚》《唐志》一卷。佚

沈氏旋《集注爾雅》《隋志》十卷。佚

施氏乾《爾雅音》佚

謝氏嶠《爾雅音》佚

顧氏野王《爾雅音》佚

陸氏德明《爾雅釋文》《通考》一卷。存

《爾雅音義》《宋志》二卷。未見

曹氏憲《爾雅音義》《唐志》二卷。佚

高氏璉《爾雅疏》《宋志》七卷。佚

裴氏瑜《爾雅注》《宋志》五卷。佚

釋智騫《爾雅音義》二卷佚

毋氏昭裔《爾雅音略》《通考》三卷。佚

卷二百三十八　《爾雅》二

邢氏昺《爾雅疏》《宋志》十卷。存

王氏雱《爾雅》佚

陸氏佃《爾雅新義》《宋志》二十卷。未見

鄭氏樵《爾雅注》三卷存

潘氏翼《爾雅釋》佚

羅氏願《爾雅翼》三十二卷存

洪氏焱祖《爾雅翼音釋》三十二卷存

陳氏櫟《爾雅翼節本》佚

胡氏炳文《爾雅韻語》未見

危氏素《爾雅略義》十九卷未見

薛氏敬之《爾雅便音》未見

羅氏日褧《爾雅餘》八卷未見

譚氏吉璁《爾雅廣義》五十一卷存

亡名氏《爾雅音訓》《通考》二卷。佚

《互注爾雅貫類》《宋志》一卷。佚

《爾雅兼義》《通志》十卷。佚

《爾雅發題》《通志》一卷。佚

卷二百三十九　羣經一

《漢石渠五經雜議》《唐志》題劉向，《漢志》十八篇，《唐志》七卷。佚

劉氏向《五經通義》《隋志》八卷，《七録》九卷，《唐志》同。佚

《五經要義》《唐志》題劉向撰，《隋志》五卷。佚

沛獻王劉輔《五經通論》佚

班氏固等《白虎通德論》一作「議奏」，一作「通義」；《隋志》六卷，《宋志》十卷。存

曹氏褒《五經通義》十二篇佚

許氏慎《五經異議》《隋志》十卷。佚

張氏遐《五經通義》佚

鄭氏玄《六藝論》《隋志》一卷。佚

《鄭記》《隋志》六卷。佚

鄭氏小同《鄭志》《隋志》十一卷，《唐志》九卷。佚

卷二百四十　羣經二

何氏晏《五經大義》五卷佚

隗氏禧《諸經解》佚

王氏肅《聖證論》《隋志》十二卷,《唐志》十一卷。佚

譙氏周《五經然否論》佚

傅氏咸《七經詩》闕

徐氏苗《五經同異評》《七録》一卷。佚

束氏晳《五經通論》佚

楊氏方《五經鉤沈》《崇文總目》「方」作「芳」,《舊唐志》「鉤沈」作「鉤深」。《隋志》十卷。佚

徐氏邈《五經音》分見各經。《隋志》十卷。佚

戴氏逵《五經大義》《隋志》三卷。佚

周氏楊《五經咨疑》《唐志》「周楊」作「楊思」,《七録》八卷。佚

梁武帝《五經講疏》佚

賀氏瑒《五經異同評》《七録》一卷。佚

鮑氏泉《六經通數》《隋志》十卷。佚

沈氏文阿《經典大義》《隋志》十二卷，《玉海》十八卷。佚

《經典玄儒大義序録》《隋志》二卷，《唐志》十卷。佚

王氏元規《讀經典大義》十四卷佚

孫氏暢之《五經雜義》《隋志》六卷。佚

王氏焕《五經決録》五篇佚

邯鄲氏綽《五經析疑》《隋志》二十八卷，《唐志》三十卷，入法家。佚

元氏延明《五經宗略》《隋志》三十三卷，《唐志》四十卷。佚

房氏景先《五經疑問》十卷佚

王氏神貴《五經辨疑》十卷佚

常氏爽《五經略注》佚

張氏鳳《五經異同評》十卷佚

樊氏深《五經大義》《隋志》十卷。佚

《七經義綱》《隋志》二十九卷。佚

《七經論》《北史·本傳》作《七經異同》，《隋志》三卷。佚

《質疑》《隋志》五卷。佚

辛氏彦之《五經異義》佚

何氏妥《五經大義》五卷佚

劉氏炫《五經正名》《隋志》十二卷。佚

《王氏五經通》《隋志》五卷。佚

亡名氏《五經義》《隋志》六卷。佚

《五經義略》《七録》一卷。佚

《五經算術》《隋志》一卷。佚

《五經算術録遺》《隋志》一卷。佚

卷二百四十一　羣經三

陸氏德明《經典釋文》《唐志》三十卷，分見諸經。《序録》一卷。存

顔氏師古《匡繆正俗》《唐志》八卷，内《説經》四卷。存

趙氏英《五經對訣》《唐志》四卷。佚

劉氏貺《六經外傳》《唐志》三十七卷。佚

裴氏僑卿《微言注集》《唐志》二卷。佚

顔氏真卿《五經要略》《通志》二卷。佚

李氏適《九經要句》佚

熊氏執易《九經化統》五百卷佚

凌氏準《六經解圍》佚

張氏參《五經文字》《唐志》三卷。存

唐氏玄度《九經字樣》《唐志》一卷。存

張氏鎰《五經微旨》《唐志》十四卷。佚

韋氏表微《九經師授譜》《唐志》一卷。佚

歐陽氏融《經學分毫正字》《通考》一卷。佚

韋氏處厚、路氏隋《六經法言》《唐會要》作「五經」，《唐志》二十卷。佚

李氏襲譽《五經妙言》《唐志》四十卷。佚

崔氏郾、高氏重《諸經纂要》《新唐書·本傳》作《六經要言》，《志》作《經傳要略》。《唐志》十卷。佚

慕容氏宗本《五經類語》《唐志》十卷。佚

李氏肇《經史釋題》《唐志》一卷。佚

鄭氏澣《經史要録》《唐志》二十卷。佚

劉氏鎔《經典集音》《唐志》三十卷。佚

尹氏思貞《諸經義樞》佚

馬氏光極《九經釋難》《宋志》五卷。佚

邱氏光庭《兼明書》《宋志》三卷。存

僧十朋《五經指歸》《宋志》五卷。佚

卷二百四十二　羣經四

宋真宗皇帝《十一經·詩》二十七章佚

胡氏旦《演聖通論》分見各經。《宋志》六十卷，内《目録》一卷。佚

蔣氏至《經解》佚

黄氏敏求《九經餘義》《宋志》一百卷。佚

孔氏維等《校勘五經正義》百八十卷佚

孫氏奭《經典徽言》五十卷佚

賈氏昌期《羣經音辨》《宋志》三卷，今本七卷。存

章氏崇業《五經釋題雜問》《宋志》一卷。佚

楊氏安國等《五經精義》二百二十卷佚

齊氏唐《五經要旨》《通志》五十卷。佚

劉氏敞《七經小傳》《宋志》五卷。存

胡氏順之《經典質疑》六卷佚

盧氏士宗《五經精義》佚

楊氏澮《羣經索藴》《宋志》三十三卷。佚

李氏清臣《六經論》一卷載《皇宋文選》。存

劉氏彝《七經中義》《宋志》一百七十卷。佚

王氏庠《經説》一篇闕

程子頤《河南經説》《宋志》七卷。存

張子載《經學理窟》《宋志》三卷。存

王氏安石《三經新義》分見各經。佚

楊氏時《三經義辨》《宋志》十卷。未見

王氏居正《三經辨學》三十八卷分見諸經。佚

胡氏埜《諸經講義》佚

黄氏彦遠《五經指南》佚

張氏邦彦《經解》佚

鄒氏首《六經解》佚

張氏綱《六經辨疑》《宋志》五卷。佚

《六經確論》《宋志》十卷。佚

王氏廷珪《六經講義》十卷佚

陳氏光《六經講解》佚

蕭氏楚《經辯》二卷未見

卷二百四十三　羣經五

程氏俱《漢儒授經圖》佚

羅氏無競《經解》佚

吳氏沆《羣經正論》四卷佚

鄭氏伯熊《六經口義拾遺》佚

宋氏藻《羣經滯穗百篇》佚

黄氏開《六經指南》佚

任氏文薦《六經章句》佚

楊氏汝南《經説》三卷未見。《一齋書目》有

洪氏适《經子法語》未見

楊氏甲《六經圖》六卷存

毛氏邦翰《增補六經圖》六卷存

葉氏仲堪《六經圖》《宋志》七卷。未見

楊氏萬里《六經論》一卷載《誠齋集》。存

吕氏祖謙《麗澤論説集録》《通考》十卷。存

唐氏仲友《説齋六經解》一百五十卷未見。《一齋書目》有

《九經發題》一卷佚

王氏炎《諸經考疑》佚

李氏舜臣《羣經義》《宋志》七卷，《本傳》八卷。佚

徐氏存《六經講義》佚

喻氏良能《諸經講義》佚
劉氏光祖《山堂疑問》《通考》一卷。佚
俞氏亨宗《羣經感發》十卷佚
游氏桂《畏齋經學》《宋志》十二卷。佚
彭氏龜年《訓蒙經解》佚
張氏布《六經講解》佚
毛氏璞《六經解》佚
葉氏適《學習記言序目》五十卷存
任氏希夷《經解》十卷佚
傅氏芷《羣經講義》佚
戴氏厚《經解》三十卷佚
李氏燾《五經傳授圖》《宋志》一卷。佚
危氏稹《諸經講義集解》佚
徐氏大受《經解》佚
項氏安世《家説》《宋志》十卷，《附録》四卷。未見

華氏鏜《六經解》佚

卷二百四十四　羣經六

黄氏幹《六經講義》《宋志》一卷。未見

輔氏廣《五經注釋》佚

李氏大同《羣經講義》十五卷佚

陳氏埴《木鍾集》十一卷存

吴氏梅卿《經説》佚

許氏弈《九經直音》《宋志》九卷。未見

《九經正訛》《宋志》一卷。佚

《諸經正典》《宋志》十卷。佚

林氏觀過《經説》《宋志》一卷。佚

章氏如愚《羣書考索經説》三十二卷存

毛氏居正《六經正誤》《通考》六卷。存

王氏士奇《諸經釋疑》佚

李氏伯玉《斛峯經義》佚

岳氏珂《九經沿革》□卷存

真氏德秀《西山讀書記》《通考》三十九卷。存

魏氏了翁《九經要義》二百六十三卷分見諸經。外有《類目》六卷。闕

錢氏時《融堂四書管見》十三卷存

高氏定子《經説》五卷佚

李氏彦華《經傳辨疑》三十六卷佚

吴氏之巽《諸經講義》五卷佚

史氏堯輔《諸經講義》五十卷佚

吴氏獵《經解》佚

謝氏升賢《四書解》佚

張氏貴謨《泮林講義》《宋志》三卷。佚

俞氏言《六經圖説》《宋志》十二卷。佚

周氏士貴《經括》《宋志》一卷。佚

梁氏南一《六經辨疑》佚

賈氏鑄《考信録》《通考》三十卷。未見

黄氏大昌《晦庵經説》三十卷未見

楊氏伯喦《九經補韻》一卷存

黄氏補《九經解》佚

梅氏寬夫《裕堂先生諸經講義》一卷未見

黄氏彬《經語協韻》《宋志》二十卷。佚

錢氏承志《九經簡要》《宋志》十卷。佚

張氏伯文《九經疑難》十卷未見

戴氏栩《五經説》佚

王氏弈《六經説》佚

卷二百四十五　羣經七

饒氏魯《五經講義》未見

劉氏元剛《三經演義》《宋志》十一卷。佚

葉氏時《對制談經》十五卷存

黄氏仲元《經史辨疑》未見
黄氏震《日鈔·經説》三十一卷分見各經。存
曹氏涇《五經講義》四卷未見
夏氏良規《五經解》佚
林氏洪範《五經義方》十卷佚
馬氏廷鸞《六經集傳》佚
王氏應麟《六經天文編》《宋志》六卷，存。今本二卷
《玉海藝文經解九卷》存
應氏翔孫《經傳蒙求》佚
馬氏端臨《經籍考》七十六卷存
胡氏仲雲《六經蠡測》佚
王氏義端《經疑》十五卷佚
陸氏正《七經補注》佚
鄭氏君老《五經解疑》佚
張氏卿弼《六經精義》百卷佚

謝氏枋得《五經珍鈔》四卷存

王氏所《五經類編》二十五卷佚

牟氏巘《六經音考》佚

余氏浙《六經審問》佚

趙氏元輔《六經圖》五卷未見

黄氏浚《五經通略》二卷未見

顔氏宗道《經説》一卷未見

車氏似慶《五經論》佚

俞氏琰《經傳考注》未見

趙氏孟至《九經音釋》九卷未見

趙氏德《五經辨疑》未見

葉氏夢鱻《經史子要》未見

張氏沂《辨經正義》七卷佚

俞氏酉發《經傳補遺》三十卷佚

陳氏普《六經講義》佚

周氏明辨《五經手判》《宋志》六卷。佚

亡名氏《授經圖》《宋志》三卷。佚

《兼講書》《宋志》五卷。佚

《九經要略》《宋志》一卷。佚

《六經疑難》《宋志》十四卷。佚

《九經經旨策義》《宋志》九卷。佚

《六經奥論》六卷存

卷二百四十六　羣經八

馬氏定國《六經考》佚

王氏若虚《五經辨惑》二卷存

姚氏樞等《五經要語》未見

熊氏朋來《五經説》七卷存

胡氏炳文《五經會意》未見

凌氏堯輔《大學中庸孝經諸書集解音釋》佚

王氏希旦《五經日記》未見
李氏恕《五經旁注》六卷未見
何氏異孫《十一經問對》五卷存
周氏聞孫《五經纂要》佚
蕭氏志仁《經解佩觿録》十卷佚
張氏曌《四經歸極》未見
潘氏迪《六經發明》未見
余氏國輔《經傳考異》佚
舒氏天民《六藝綱目》四卷存
馬氏瑩《五經大義》佚
瞻氏思《五經思問》未見
歐陽氏長孺《九經治要》十卷未見
杜氏本《四經表義》佚
黄氏澤《六經補注》佚
《翼經罪言》佚

吴氏仲迂《經傳發明》未見

宋氏元翁《五經約説》佚

歐陽氏俛《五經旨要》未見

陳氏樵《經解》未見

江氏逢辰《七經要義》未見

雷氏光霆《九經輯義》五十卷佚

吴氏師道《三經雜説》八卷未見

楊氏叔方《五經辨》佚

曾氏巽申《經解正訛》未見

李氏好文《端本堂經訓要義》十一卷未見

李氏仁壽《諸經衍義》未見

趙氏居信《經説》未見

唐氏懷德《六經問答》佚

陳氏剛《五經問難》佚

楊氏維楨《五經鈐鍵》未見

《葉氏經疑》佚

陳氏《五經直音》未見

亡名氏《六經圖》佚

卷二百四十七　羣經九

孔氏克表等《羣經類要》未見

吴氏沈《六經師律》一卷闕

董氏彝《經疑問對》十卷未見

陶氏凱《九經類要》一册見《菉竹堂目》。未見

徐氏藺《五經文格》未見

范氏祖幹《羣經指要》未見

蔣氏悌生《五經蠡測》六卷闕。《禮記》闕

李氏本《經書問難》未見

張氏宣《五經標題》未見

熊氏釗《五經纂要》未見

蕭氏岐《經書要義》未見

徐氏原《五經講義》未見

黄氏鼎《五經精義》未見

賀氏賢《五經集解》未見

張氏楷《四經稂秕》未見

黄氏潤玉《經書補注》四卷，又《譜》一卷未見

周氏洪謨《經書疑辨録》三卷存

王氏恕《石渠意見》二卷，又《拾遺》一卷，《補闕》一卷未見

周氏安《九經圖注》佚

支氏立《五經解》未見

楊氏守陳《諸經私鈔》一百卷分見各經。存

《五經考證》未見

李氏東陽《講讀録》四卷存

程氏敏政《經筵講義》四卷又一卷存

羅氏倫《五經疏義》未見

《青宫直講》四卷存

李氏晟《六經舉要》未見

馬氏中錫《箋經寓意》未見

邵氏寶《簡端録》十二卷存

姚氏文灝《經説》未見

王氏敕《五經通旨》未見

費氏宏《經書講義》一卷存

陳氏公懋《經説》佚

陳氏珂《五經發揮》未見

陳氏鳳梧《六經篆文》四十四卷未見

趙氏鶴《五經考論》未見

王氏守仁《五經臆説》四十六卷未見

黄氏俊《五經通略》二卷見《聚樂堂目》。未見

徐氏縉《經筵講義》五卷未見

馮氏琞《五經正義》佚

陳氏維之《五經辨疑》一册見《菉竹堂目》。未見

朱氏存理《經子鉤玄》佚

戴氏冠《經學啓蒙》佚

經義考目録卷八

卷二百四十八　羣經十

吕氏枏《涇野經説》十卷或作二十一卷。存

王氏崇慶《五經心義》五卷分見各經。存

丁氏奉《經傳臆言》二十卷存

楊氏慎《經説叢鈔》六卷存

《經子難字》二卷存

戚氏雄《經子要言》三卷未見

鄭氏佐《五經集義》未見

林氏士元《讀經録》、《附録》未見

薛氏蕙《五經雜説》未見

黄氏綰《經書原古》未見

廖氏道南《講幄集》二卷存

穆氏相《五經集序》二卷未見

孫氏宜《遁言》《經議》二卷存

李氏舜臣《五經字義》未見

虞氏守愚《經書一得録》未見

陳氏深《十三經解詁》六十卷未見

鄭氏世威《經書答問》十卷未見

薛氏甲《心傳書院經義》未見

唐氏順之《稗編經説》四十一卷存

宗氏周《就正録》未見

薛氏治《五經發揮》七十卷未見

蔡氏汝楠《説經劄記》八卷存

胡氏賓《六經圖全集》六卷未見

馬氏森《經筆》一卷未見

趙氏貞吉《經義進講録》未見

孫氏銓《五經述》未見

金氏世龍《六經字原》三十卷未見

王氏覺《五經明音》五卷未見

高氏拱《日進經義直解》十卷未見

陳氏士元《五經異文》十一卷存

殷氏士儋《經筵經史直解》六卷存

卜氏大有《經學要義》五卷存

楊氏豫孫《經史通譜》一卷未見

詹氏萊《七經思問》三卷存

陳氏耀文《經典稽疑》二卷存

方氏弘静《千一疏》《經説》四卷存

羅氏汝芳《五經一貫》未見

《五經翼注》未見

王氏世懋《經子臆解》一卷存

徐氏用儉《五經辨疑》未見
李氏材《經説萃編》二十九卷未見
王氏圻《續文獻通考·經籍考》十二卷存
俞氏琇《五經序》三卷未見
王氏循吉《五經圖説》未見
桑氏介《五經問答庸言》未見
蘇氏濂《石渠意見補遺》六卷未見
盛氏祥《五經彙語》未見
周氏家相《五經通故》未見

卷二百四十九　羣經十一

于氏慎行《經筵講章》未見
朱氏賡《經筵講章》未見
馮氏時可《談經録》一卷載《集》中。存
張氏位《經筵講義》二卷未見

包氏萬有《五經同異》二百卷未見

鄧氏元錫《五經繹》十五卷存

王氏應電《經傳正譌》一卷存

朱氏睦㮮《五經稽疑》六卷未見

《授經圖》二十卷存

《經序録》五卷存

杜氏質《明儒經翼》七卷未見

吴氏繼仕《七經圖》七卷存

《經原宗統》四卷存

瞿氏九思《六經以俟録》存。闕

姚氏舜牧《五經疑問》六十卷分見各經。存

唐氏伯元《醉經樓經傳雜解》一卷未見

胡氏應麟《六經疑義》二卷未見

馮氏琦《經筵講義》一卷存

沈氏堯中《學弢經籍説》三卷存

郭氏正域《十三經補注》未見
姜氏應麟《五經緒言》未見
周氏應賓《九經考異》十二卷，《逸語》一卷存
徐氏常吉《遺經四解》四卷未見
《六經類雅》五卷未見
唐公文獻《青宫進講經義》二卷佚
李氏鼎《經詁》四卷存

卷二百五十　羣經十二

焦氏竑《東宫講義》六卷存
郝氏敬《九部經解》一百六十五卷分見各經。存
《經解緒言》九卷一名《山草堂談經》。存
曹氏學佺《五經困學》九十卷存
王氏惟儉《經鈔》六卷未見
熊氏明遇《五經約》未見

蔡氏毅中《六經注疏》四十三卷未見

徐氏鑒《諸經紀數》十八卷存

楊氏聯芳《羣經類纂》三十四卷存

樊氏良樞《窺言》二十一卷經說分見諸經。存

鄧氏光舒《五經繹》未見

來氏斯行《五經音詁》未見

張氏萱《五經一貫》十卷未見

喬氏年《麗澤論説》十卷未見

梁氏宇《五經類語》四卷未見

趙氏元輔《六經圖》五卷未見

胡氏一愚《五經明音》六卷未見

袁氏士瑜《海蠡前編》一卷未見

黄氏喬棟《十二經傳習録》未見

楊氏惟休《五經宗義》二十卷未見

陳氏洪謨《五經輯略》未見

張氏睿卿《五經釋義》十卷未見

堵氏維常《三經澤》□卷未見

楊氏文昇《五經私録》二卷未見

趙氏宦光《九經漢義》未見

《談經彙草》未見

梁氏斗輝《十三經緯》九卷存

張氏雲鸞《五經總類》未見

黄氏一正《五經埤傳》未見

秦氏重豐《三經偶得録》未見

王氏應山《經術源流》一卷未見

鄒氏初基《五經通説》未見

張氏瑄《五經總類研朱集》二十二卷存

卷二百五十一　羣經十三

陳氏仁錫《六經圖考》三十六卷未見

王氏啓元《清署經談》十卷未見

馮氏一第《十三經借課》佚

孫氏承澤《五經翼》二十卷存

顏氏茂猷《五經講宗》六卷存

陳氏龍正《朱子經説》十四卷存

陳氏際泰《五經讀》五卷存

劉氏同升《五經四書大全注疏合編》未見

黄氏欽《五經説》未見

夏氏璋《五經纂注》存

郁氏禾《五經考辨》一卷存

顧氏炎武《日知録説經》七卷存

陸氏元輔《十三經注疏類鈔》四十卷存

汪氏琬《經解》四卷存

沈氏珩《十三經文鈔》五十卷存

秦氏駿生《經生麈》六卷存

王氏復禮《二經彙刻》十二卷存

黄氏百家《説經十慮愚得》三卷存

《饒氏五經纂要》未見

亡名氏《九經要覽》未見

《九經總例》未見

權氏近《五經淺見録》佚

卷二百五十二　四書一

朱子熹《四書語類》八十卷存

《四書集注章句》二十六卷存

《四書或問》三十六卷存

喻氏樗《四書性理窟》佚

張氏九成《四書解》《宋志》六十五卷。佚

陳氏舜中《四書集解》佚

黄氏幹《四書紀聞》未見

葉氏味道《四書説》未見

劉氏爚《四書集成》佚

劉氏炳《四書問目》佚

潘氏柄《四書講義》未見

童氏伯羽《四書訓解》未見

江氏默《四書訓詁》六卷未見

黄氏士毅《四書講義》未見

程氏永奇《四書疑義》佚

胡氏泳《四書衍説》佚

王氏遇《四書解義》佚

王氏時敏《四書説》十卷佚

劉氏伯諶《四書説》佚

葛氏紹體《四書述》佚

戴氏侗《四書家説》佚

田氏疇《四書説約》佚

真氏德秀《四書集編》二十六卷存

張氏津《四書疑義》佚

諸葛氏泰《四書解》佚

謝氏升賢《恕齋四書解》佚

吕氏觀《四書疑義》佚

沈氏貴瑶《四書要義》《宋志》七篇。未見

陳氏應隆《四書輯語》「隆」或作「龍」，《宋志》四十卷。未見

石氏賡《四書疑義》佚

黄氏績《四書遺説》佚

盧氏孝孫《四書集義》一百卷佚

《四書集略》四十二卷未見

章氏允崇《四書管見》佚

蔡氏元鼎《四書講義》佚

蔡氏模《四書集疏》未見

吴氏真子《四書集成》存。崑山徐氏含經堂有之

趙氏順孫《四書纂疏》二十六卷存

卷二百五十三　四書二

魏氏天祐《四書説》佚

祝氏洙《四書集注附録》未見

胡氏升《四書增釋》未見

江氏愷《四書講義》佚

馮氏去疾《四書定本》佚

胡氏仲雲《四書管闚》未見

陳氏元大《四書講義》佚

朱氏公遷《四書通旨》六卷存

王氏柏《標注四書》□卷存

陳氏普《四書句解鈐鍵》佚

《四書講義》二卷附載《石堂集》。存

黄氏淵《四書講稾》未見

鄭氏樸翁《四書指要》二十卷未見。《一齋書目》有

龔氏霆松《四書朱陸會同注釋》二十九卷又《會要》一卷。或作「張霆松」。未見

董氏鼎《四書疏義》佚

邱氏漸《四書衍義》佚

周氏焱《四書衍義》佚

吴氏梅《四書發揮》佚

陳氏焕《四書補注》佚

曾氏子良《四書解》佚

衛氏富益《四書考證》佚

梁氏志道《四書通紀》佚

胡氏一桂《四書提綱》佚

何氏逢原《四書解説》佚

趙氏悳《四書箋義纂要》十二卷又《紀遺》一卷存

熊氏禾《標題四書》佚

卷二百五十四　四書三

劉氏因《四書集義精要》三十卷未見。《一齋書目》〔一〕有

陳氏天祥《四書選注》二十六卷佚

《四書集注辨疑》十五卷存

胡氏炳文《四書通》二十六卷或作三十四卷。存

《四書辨疑》未見

張氏淳《四書拾遺》未見

郭氏隉《四書述》佚

劉氏霖《四書纂釋》佚

蕭氏元益《四書演義》佚

石氏鵬《四書家訓》佚

何氏安子《四書説》佚

薛氏廷年《四書引證》未見

陳氏紹大《四書辨疑》佚

牟氏楷《四書疑義》佚

劉氏彭壽《四書提要》佚

陳氏櫟《四書發明》三十八卷未見

《四書考異》十卷未見

周氏良佐《四書人名考》佚

詹氏道傳《四書纂箋》二十六卷佚

張氏存中《四書通證》六卷存

王氏充耘《四書經疑貫通》八卷未見

林氏處恭《四書指掌圖》佚

汪氏九成《四書類編》二十四卷未見

解氏觀《四書大義》佚

邵氏大椿《四書講義》佚

包氏希魯《點四書凡例》未見

許氏謙《讀四書叢説》二十卷未見。《一齋書目》有

安氏熙《四書精要考異》佚

卷二百五十五　四書四

程氏復心《四書章圖》二十二卷存

吴氏存《四書語録》佚

薛氏大猷《四書講義》佚

戚氏崇僧《四書儀對》二卷佚

蕭氏鎰《四書待問》八卷存

歐陽氏侁《四書釋疑》佚

黄氏清老《四書一貫》四十卷未見。《一齋書目》有

陳氏剛《四書通辨》未見

王氏桂《四書訓詁》未見

何氏文淵《四書文字引證》九卷未見

陳氏尚德《四書集解》未見

瞻氏思《四書闕疑》佚

祝氏堯《四書明辨》佚

涂氏溍生《四書斷疑》未見

蔣氏玄《四書箋惑》未見

馬氏瑩《四書答疑》佚

陳氏樵《四書本旨》未見

吴氏成大《四書圖》佚

傅氏定保《四書講稾》未見

馮氏崋《四書直解》未見

倪氏士毅《四書輯釋》三十六卷存

史氏伯璿《四書管窺》五卷未見

韓氏信同《四書標注》佚

馬氏豫《四書輯義》未見

汪氏炎昶《四書集疏》佚

趙氏遷《四書問答》一卷未見

孟氏夢恂《四書辨疑》未見

袁氏俊翁《四書疑節》十二卷未見

曾氏貫《四書類辨》佚

邊氏昌《四書節義》佚

黄氏寬《四書附纂》佚

楊氏維楨《四書一貫録》未見

亡名氏《四書集注》未見

《四書附録》十一册佚

卷二百五十六　四書五

朱氏升《四書旁注》十九卷存

蔣氏允汶《四書纂類》未見

陶氏宗儀《四書備遺》佚

王氏逢《四書通義》未見

何氏英《四書釋要》未見

景氏星《四書集説啓蒙》闕。《論語》、《孟子》未見

鄭氏濟《四書講解》未見

趙氏新《四書説約》佚
葉氏儀《四書直説》未見
張氏宣《四書點本》未見
王氏廉《四書詳説》□卷存
冉氏庸《四書精華》佚
張氏洪《四書解義》二十卷未見
黄氏鼎《四書精義》未見
劉氏醇《四書解疑》四卷未見
朱氏謐《四書述義》未見
胡氏廣等《四書大全》三十六卷存
張氏文選《四書訓解》佚
郭氏恕《四書一得》佚
楊氏範《四書直説》未見
張氏楷《四書穅秕》佚
楊氏琦《四書辨疑》未見

周氏灝《四書精解》四卷未見
李氏果《四書音考》未見
楊氏守陳《四書私鈔》□卷存
沈氏𤦺《四書口義》未見
周氏賓《四書音考》未見
董氏彝《四書經疑問對》八卷未見
蔡氏清《四書蒙引》十五卷存
王氏雲鳳《四書私記》未見
吴氏璉《四書訂疑》未見
朱氏綬《四書補注》三卷未見
潘氏府《四書傳注正》未見
周氏寅《四書音考》佚
廖氏紀《四書管闚》二卷未見
童氏品《四書旁訓》未見
劉氏龍《四書講義》四卷未見

湛氏若水《古本四書訓測》十九卷存

熊氏熙《四書管天》佚

馮氏珵《四書發微》佚

丁氏徵《四書講義》佚

王氏侗《四書批點》十八卷未見

顔氏曄《四書證疑》未見

吕氏柟《四書因問》六卷存

王氏大用《四書道一編》未見

王氏漸逵《四書邇言》未見

史氏于光《四書解》未見

林氏希元《四書存疑》十二卷存

鄭氏佐《四書語録》佚

陳氏琛《四書淺説》十三卷存

季氏本《四書私存》未見

高氏尚賢《四書精意》佚

周氏華《四書集説》十六卷存

陶氏廷奎《四書正學衍説》八卷存

董氏穀《碧里疑存》二卷存

卷二百五十七　四書六

徐氏獻忠《四書本義》未見

唐氏樞《四書問録》二卷未見

陳氏祥麟《四書正蒙》未見

朱氏潤《四書通釋》未見

廖氏暹《四書測》未見

陸氏鰲《四書標指》未見

黄氏光昇《四書紀聞》未見

薛氏甲《四書正義》十二卷未見

薛氏應旂《四書人物考》四十卷存

馬氏森《四書口義》未見

梁氏格《四書古義補》未見

濮陽氏涞《四書貞義》未見

王氏復春《四書疑略》未見

莫氏如忠《四書程朱繹旨》未見

王氏材《四書石堂附語》未見

高氏拱《四書辨問録》十卷存

李氏遜《四書質疑》佚

張氏居正《四書直解》二十六卷存

陰氏東陽《四書贅説》六卷又《自訓歌》一卷未見

李氏先芳《四書漢注疏引》未見

王氏樵《四書紹聞編》未見

羅氏汝芳《四書一貫編》七卷存

孫氏應鰲《四書近旨》七卷存

徐氏爌《四書初問》十五卷闕。《論語》、《孟子》未見

邱氏橓《四書摘訓》二十卷存

黄氏襄《四書集説》未見

李氏文纘《四書口授》未見

薛氏東海《四書解酲》佚

楊氏時喬《四書古今文注發》九卷存

管氏大勳《四書三説》三十卷未見

萬氏表《四書參考》未見

蘇氏濂《四書通考補遺》六卷未見

李氏贄《李氏説書》九卷存

徐氏渭《四書解》未見

章氏一陽《金華四先生四書正學淵源》十卷存

金氏瑶《四書疑》一卷載《栗齋集》。存

陳氏禹謨《經言枝指》九十三卷存

林氏兆恩《四書正義》六卷《續》六卷存

劉氏元卿《四書宗解》八卷未見

沈氏懋嘉《四書説槩》未見

趙氏台鼎《四書脈望》九卷未見

樊氏問仁《四書心旨》佚

李氏經綸《四書浴鑑篇》未見

程氏嗣光《四書講義》十卷未見

楊氏世恩《四書訓録》四卷未見

朱氏篁《四書啓鑰》九卷未見

鄭氏維嶽《四書知新日録》三十七卷未見

張氏綸《四書原》未見

王氏覺《四書明音》二卷存

饒氏彝《四書輯訓》未見

陳氏履祥《四書翼》五卷未見

管氏一德《四書參同》十卷存

朱氏焯《注解四書人物考》八卷未見

卷二百五十八　四書七

姚氏舜牧《四書疑問》十一卷存

周氏汝登《四書宗旨》未見

鄒氏元標《四書講義》二卷存

楊氏起元《四書評》五卷未見

蘇氏濬《四書鏡》未見

王氏豫《四書識大録》未見

錢氏大復《四書證義合編》四卷存

于氏孔兼《四書大指》十二卷未見

李氏廷機《四書垂世宗意》十卷存

《四書口義》三卷存

徐氏即登《四書正學輯要》二十九卷未見

牛氏應元《四書質言》三卷未見

盧氏一誠《四書講述》十一卷存

馮氏從吾《四書疑思録》六卷存

郝氏敬《四書攝提》十卷存

《四書雜言》五卷存

萬氏尚烈《四書測》一卷存

王氏肯堂《四書義府》□卷存

史氏記事《四書疑問》五卷未見

林氏茂槐《四書正體》五卷未見

孫氏奇逢《四書近指》二十卷存

樊氏良樞《四書參解》五卷載《密菴夢言》。存

《四書辨證》二卷載《密菴夢言》。存

毛氏尚忠《四書會解》十卷存

陳氏臣忠《四書集意》八卷一作「約説」。存

莊氏元臣《四書覺參符》二十卷存

張氏京元《寒燈隨筆》三卷存

施氏鳳來《四書攜囊集》未見

陸氏鍵《四書傳翼》未見

來氏斯行《四書問答》一卷未見

殷氏大白《四書副墨》佚

宋氏鳳翔《四書證學録》十三卷存

鹿氏善繼《四書説約》□卷未見

洪氏啓初《四書翼箋》九卷存

黄氏尊素《四書鋮》八卷存

吴氏繼仕《四書引經節解圖》二十六卷未見

黄氏智《四書講義》佚

唐氏汝諤《四書微言》二十卷存

陳氏榮選《四書私旨》未見

許氏有聲《四書讀證》二十卷存

姚氏光祚《四書望洋編》二十卷存

王氏廷煜《四書音釋》一卷存

馬氏廣軨《四書讀》未見

《四書提鉤》未見

張氏嘉猷《四書不倦録》未見

張氏嵩《四書説乘》六卷未見

商氏惠《四書問答》二卷未見

陸氏弘銘《四書彙解》未見

《四書演注》未見

姚氏之鳳《四書粹言》未見

李氏竑《求己齋説書》四卷存

韓氏宗琦《四書庭訓》未見

張氏睿卿《四書釋義》十卷未見

《四書語録》一卷未見

張氏維機《四書永業》十九卷存

潘氏游龍《四書申注》十四卷存

卷二百五十九　四書八

陳氏仁錫《四書語録》一百卷未見

《四書析疑》十卷未見

《四書備考》八十卷存

華氏允誠《四書大全纂補》未見

魯氏論《四書通義》十卷未見

譚氏貞默《四書見聖編》一百□卷存

張氏溥《四書纂注大全》三十七卷存

葉氏樹聲《四書微響》未見

申氏嘉胤《四書鐸》□卷未見

楊氏以任《四書遺旨》六卷存

陳氏天定《慧眼山房説書》二十卷存

張氏爾禎《四書事實》未見

黄氏淳耀《四書大旨》六卷存

徐氏養元《四書集説》二十四卷存

徐氏學顔《四書日衷》未見

易氏道暹《四書内外傳》未見

侯氏君擢《四書肤見》未見

李氏鳳翔《四書釋義》未見

賈氏明孝《四書救弊編》未見

張氏雲鷟《四書經正録》未見

徐氏邦佐《四書經學攷》十一卷存

楊氏琦《四書辨疑》□卷未見

陳氏鵬霄《四書續經學攷》六卷存

楊氏彝《四書大全節要》未見

顧氏夢麟《四書十一經通考》二十卷存

《四書説約》二十卷存

宋氏繼澄《四書正義》二十卷存

倪氏晉卿《四書大全纂》□卷存

葛氏承杰《四書新義》未見

張氏自烈《四書大全辨》三十六卷存

吴氏蒼舒《四書圖攷》未見

史氏以徵《四書彙解》四十卷存

白氏翔《四書羣言折衷》二十卷存

何氏磻、□氏□□《四書補注》十九卷存

朱氏心《四書衍注》未見

傅氏維鱗《四思堂説書》六卷存

陸氏在新《四書定解》二十卷存

陸氏隴其《四書松陽講義》六卷存

《四書困勉録》□十□卷存

唐氏達《四書臆解》未見

費氏世奇《四書講義》未見

王氏復禮《四書集注補》十二卷存

《四書正誤》十四卷存

閻氏若璩《四書釋地》一卷《續》一卷存

姜氏垚《四書别解》一卷存

《洪氏四書説約》未見

卷二百六十　逸經上　《易》

卷二百六十一　逸經中　《詩》

卷二百六十二　逸經下　《禮》

卷二百六十三　毖緯一

《易緯》《隋志》八卷，鄭玄注。《七録》九卷，《舊唐志》、《崇文總目》同。《舊唐志》云：宋均注。佚。惟《乾鑿度》存，餘未見

《垂象策》佚

《萬形經》佚

《乾文緯》佚

《乾鑿度》宋均注，《通志》二卷。存

《乾坤鑿度》一作《坤鑿度》，《通志》二卷。存

《易考靈緯》佚

《易制靈圖》佚

《易含文嘉》佚

《易稽命圖》佚

《易含靈孕》佚

《易八墳文》佚

《易九厄讖》佚

《易稽覽圖》《通志》七卷，《通考》三卷。佚

《易是類謀》或作《筮謀類》。鄭玄注。《通考》一卷。佚

《易辨終備》「終」或作「中」。《通考》一卷。佚

《易通卦驗》《通考》二卷。佚

《易通統圖》佚

《易坤靈圖》《通考》一卷。佚

《易卦氣圖》佚

《易元命包》佚

《易萌氣樞》佚

《易歷》佚

《易運期》佚

《易内戒》見《抱朴子·微旨篇》。佚

《易狀圖》一卷見張彦遠《名畫記》。佚

《乾元序制記》《通考》一卷。佚

《易傳太初篇》佚

卷二百六十四　毖緯二

《河圖洛書》《隋志》二十卷，《七録》二十四卷，《目録》一卷。佚

《圖書祕記》《漢志》十七篇。佚

《河洛内記》七卷見《抱朴子·遐覽篇》。佚

《河圖》十二卷，又八卷佚

《河圖括地象》佚

《河圖括地象圖》十一卷見張彦遠《名畫記》。佚

《河圖録運法》佚

《河圖赤伏符》佚

《河圖挺佐輔》佚

《河圖帝覽嬉》佚

《河圖握矩起》佚

《河圖稽命曜》或作「稽命徵」。佚

《河圖稽曜鉤》佚

《河圖會昌符》佚

《河圖記命符》見《抱朴子・微旨篇》。佚

《河圖説徵示》佚

《河圖帝視萌》佚

《河圖期運授》佚

《河圖帝紀通》或作「帝通紀」。佚

《河圖皇參持》佚

《河圖闓苞受》佚

《河圖考曜文》佚

《河圖内元經》見陶弘景《真誥·稽神樞篇》。佚

《龍魚河圖》一卷佚

《河圖龍文》《隋志》一卷。佚

《河圖八文》佚

《河圖提劉》佚

《河圖真鉤》或作「真紀鉤」。佚

《河圖著命》佚

《河圖天靈》佚

《河圖緯象》或作「絳象」。佚

《河圖玉版》佚

《河圖叶光圖》佚

《河圖合古篇》佚

《河圖祕微篇》「微」一作「徵」。佚
《河圖始開篇》佚
《河圖要元篇》佚
《洛書甄曜度》佚
《洛書靈準聽》鄭玄注。佚
《洛書寶號命》佚
《洛書録運期》「期」或作「法」。佚
《洛書稽命曜》佚
《洛書摘六辟》「六」或作「亡」。佚
《老子河洛讖》佚

卷二百六十五　毖緯三

《尚書緯》《隋志》三卷，《七録》六卷。佚
《尚書璇璣鈐》鄭玄注。佚
《尚書考靈曜》鄭玄注。佚

《尚書帝命驗》或作「命令驗」，鄭玄、宋均注。佚

《尚書帝驗期》「驗」或作「命」。佚

《尚書刑德倣》佚

《尚書鉤命決》佚

《尚書運期授》佚

《尚書洛罪級》佚

《尚書中候》宋均注。又《隋志》鄭玄注，五卷，《七録》八卷。佚

《中候考河命》佚

《題期》佚

《立象》佚

《中候擿洛戒》佚

《中候握河紀》佚

《中候契握》佚

《中候勑省圖》佚

《中候運衡篇》佚

《中候準纖哲》佚
《中候洛予命》佚
《中候稷起》佚
《中候我應篇》佚
《中候儀明篇》佚
《詩緯》《隋志》八卷，《七録》十卷。佚
《詩緯圖》一卷佚
《詩含神霧》佚
《詩氾歷樞》佚
《詩推度災》佚
《禮緯》《隋志》鄭玄注，三卷。佚
《禮記默房》《隋志》宋均注，二卷；《七録》鄭玄注，三卷。佚
《禮含文嘉》宋均注，又鄭玄注，三卷。存
《禮斗威儀》宋均注。佚
《禮稽命徵》佚

《禮稽命曜》見《太平御覽》。佚

《禮元命包》佚

《禮瑞命記》見王充《論衡》、蔡邕《明堂論》。佚

《樂緯》《隋志》宋均注，三卷。佚

《樂動聲儀》宋衷注。佚

《樂稽耀嘉》佚

《樂叶圖徵》佚

《樂五鳥圖》《七録》一卷。佚

卷二百六十六　毖緯四

《春秋緯》《七録》宋均注，三十卷。新《唐志》三十八卷。佚

《春秋演孔圖》佚

《春秋孔録法》佚

《春秋説題辭》佚

《春秋元命包》佚

《春秋包命》《七録》二卷。佚
《春秋文曜鉤》佚
《春秋運斗樞》佚
《春秋感精符》佚
《春秋合誠圖》佚
《春秋考異郵》佚
《春秋保乾圖》「保」或作「寶」，宋衷注。佚
《春秋漢含孳》佚
《春秋佐助期》佚
《春秋握成圖》佚
《春秋潛潭巴》佚
《春秋考曜文》佚
《春秋命歷序》佚
《春秋玉版讖》佚
《春秋句命決》佚

《春秋含文嘉》佚

《春秋括地象》佚

《春秋文義》佚

《春秋内事》《七録》四卷，《通志》六卷。佚

《春秋祕事》《七録》十一卷。佚

《春秋録圖》佚

《春秋災異》《隋志》郗萌撰，十五卷。佚

《春秋少陽篇》佚

《撰命篇》佚

卷二百六十七　毖緯五

《論語讖》《新唐志》作「緯」。《七録》宋均注，八卷，《新唐志》十卷。佚

《論語摘輔象》宋均注。佚

《論語摘衰聖》佚

《論語素王受命讖》佚

《論語陰嬉讖》佚

《論語紀滑讖》佚

《論語崇爵讖》佚

《論語比考讖》宋均注。佚

《論語撰考讖》佚

《孝經雜緯》《七録》宋均注，十卷。《新唐志》五卷。佚

《孝經讖圖》十二卷見張彦遠《名畫記》。佚

《孝經句命決》《隋志》宋均注，六卷。佚

《孝經援神契》《隋志》宋均注，七卷。佚

《援神句命解詁》十二篇佚

《孝經威嬉拒》佚

《孝經元命苞》《七録》一卷。佚

《孝經内事》《隋志》一卷。佚

《孝經古祕援神》《七録》二卷。佚

《孝經古祕圖》《七録》一卷。佚

《孝經左右握》《七録》二卷。佚

《孝經左右契圖》《中契》《七録》一卷。佚

《孝經雌雄圖》《七録》三卷。佚

《孝經異本雌雄圖》《七録》二卷。佚

《皇靈孝經》一卷佚

《孝經分野圖》《七録》一卷。佚

《孝經内事圖》《七録》二卷。佚

《孝經内事星宿講堂七十二弟子圖》《七録》一卷。佚

《孝經口授圖》《七録》一卷。佚

《孝經應瑞圖》《舊唐志》一卷。佚

《孝經河圖》佚

《孝經皇義》一卷佚

《孝經内記星圖》《唐志》一卷。佚

《孝經元辰》《唐志》二卷。佚

《孝經中黄讖》佚

《孝經錯緯》佚

《書易詩孝經春秋河洛緯祕要》《七録》一卷。佚

《句命決圖》一卷見張彦遠《名畫記》。佚

《靈命本圖》一卷見張彦遠《名畫記》。佚

《辨靈命圖》二卷見張彦遠《名畫記》。佚

楊氏統《内讖解説》二卷佚

孫氏穀《古微書》三十六卷存

卷二百六十八　擬經一

揚氏雄《太玄經章句》《隋志》九卷。存，《章句》佚

卷二百六十九　擬經二

宋氏衷《注太玄經》《隋志》九卷。未見

王氏肅《太玄經注》《七録》七卷。佚

陸氏績《太玄經注》《隋志》十卷，《唐志》十二卷。未見

虞氏翻《太玄經注》《七録》十四卷。佚

陸氏凱《太玄經注》《七録》十三卷。佚

范氏望《太玄經注》《唐志》十二卷，《通考》十卷。存

蔡氏文邵《太玄經注》《隋志》十卷。佚

員氏俶《太玄幽贊》十卷佚

王氏涯《太玄經注》《通志》六卷。佚

《説玄》《通志》一卷。存，闕

張氏易《太玄注》佚

杜氏元顥《太玄經傳》《通志》三卷。佚

范氏諤昌《補正太玄經》《通志》十卷。佚

林氏瑀《太玄經注》《通志》十卷。佚

《太玄經釋文》《通志》一卷。佚

宋氏惟幹《太玄解》「幹」《通志》作翰。《通志》十卷。未見。《宗旨》一篇存

章氏詧《太玄經講疏》《通志》四十六卷，《通考》注十四卷，疏三十卷。佚

《太玄經發隱》《通志》三卷。未見

《太玄圖》一卷佚

宋氏咸《太玄音》一卷佚

徐氏庸《太玄經解》《紹興闕書目》作「釋文」,《通考》十卷。未見

郭氏元亨《太玄經疏》《通志》十八卷。佚

陳氏漸《演玄》《通志》十卷,《國史志》七卷。佚

孔氏旼《太玄圖》一卷佚

張氏揆《太玄經集解》《通考》一卷。佚

張氏齊《太玄正義統論》一卷佚

《釋文玄説》二卷佚

許氏洞《演玄》十卷佚

王氏鴻《太玄經注》佚

師氏望《玄鑒》十卷佚

馮氏元《太玄音訓》《通志》一卷。佚

吳氏祕《太玄經注》佚

《太玄音義》佚

蘇氏洵《太玄論》一卷存

邵子雍《太玄準易圖》未見

司馬氏光《太玄經集注》《通考》十卷。存

程氏貢《太玄經手音》或作「義訓」，《通志》一卷。佚

林氏共《太玄圖》《通志》一卷。佚

《玄圖發微》《通志》三卷。佚

孫氏胄《太玄正義》《通志》一卷。佚

《太玄叩鍵》《通志》一卷。佚

張氏行成《翼玄》十二卷未見

李氏沂《太玄集解義訣》十卷佚

晁氏説之《易玄星紀譜》《通考》二卷。存

曾氏元忠《太玄經解》佚

許氏翰《玄解》《通考》四卷。佚

《玄歷》《通考》一卷。佚

胡氏次和《太玄集注》十二卷未見

《太玄索隱》四卷未見

林氏希逸《太玄精語》三卷載《鬳齋十一稾》。存

吴氏霞舉《太玄圖説》十卷佚

釋全瑩《太玄畧例》一卷佚

趙氏秉文《箋太玄贊》佚

葉氏子奇《太玄本旨》九卷存

葉氏良珮《太玄經集解》未見

劉氏瑄《玄幹》二卷未見

屠氏本畯《太玄闡》一卷未見

許氏世卿《太玄玄言》未見

陳氏梁《太玄經測》一卷存

亡名氏《太玄釋文》一卷未見

《玄測》一卷佚

《太玄事類》一卷佚

卷二百七十　擬經三

楊氏泉《太玄經》《七録》十四卷。佚
王氏長文《通玄經》四卷佚
關氏朗《洞極經》《宋志》五卷。未見
衛氏元嵩《元包》《唐志》十卷。存
張氏行成《元包數總義》二卷存
張氏志和《太易》《唐志》十五卷。佚
司馬氏光《潛虚》《通考》一卷。存
張氏敦實《潛虚發微論》十篇存
謝氏諤《潛虚注釋》佚
張氏漢《辨虚》一卷佚
張氏行成《潛虚衍義》十六卷未見
林氏希逸《潛虚精語》一卷存
吴氏霞舉《潛虚圖説》一卷佚

朱氏德潤《潛虚易説》一篇載《存復齋集》。存

卷二百七十一　擬經四

邵子雍《皇極經世書》《通考》十二卷。存

王氏豫《皇極書體要》佚

張氏行成《皇極經世索隱》一卷未見

邵氏伯温《皇極經世内外篇解》未見

張氏栻《經世紀年》《通考》二卷。未見

蔡氏元定《皇極經世指要》三卷存

周氏奭《經世節要》未見

朱氏中《經世補遺》佚

邱氏富國《經世補遺》三卷未見

祝氏泌《皇極經世書鈐》十二卷存

馬氏廷鸞《皇極觀物外編解》佚

方氏回《皇極經世攷》佚

鄭氏松《皇極經世書續》未見

耶律氏楚材《皇極經世義》未見

杜氏瑛《皇極引用》八卷佚

《皇極疑事》四卷佚

《極學》十卷佚

蔡氏仁《皇極經世衍數》一百五十四卷未見

齊氏履謙《經世書義式》佚

《經世外篇微旨》一卷佚

安氏熙《續皇極經世書》佚

徐氏驤《皇極經世發微》佚

朱氏本《皇極經世解》存

朱氏隱老《皇極經世書解》十八卷存

劉氏誠《補注皇極經世》未見

周氏瑛《皇極經世管鑰》未見

楊氏廉《皇極經世啓鑰》未見

倪氏復《皇極經世通解》未見

童氏品《皇極經世書内篇注》未見

黄氏畿《皇極經世書傳》八卷存

余氏本《皇極經世觀物外篇釋義》四卷存

鍾氏芳《皇極經世圖纂》未見

貢氏珊《皇極解》未見

葉氏良佩《皇極經世集解》未見

吕氏賢《皇極經世解》未見

周氏正《皇極經緯》未見

余氏嘉謨《皇極經世書注》未見

張氏芝初《經世續卦》佚

張氏敔《皇極經世聲音譜》未見

吴氏琓《皇極經世鈐解》未見

詹氏景鳳《經世略意》二卷存

陳氏藎謨《皇極圖韻》一卷存

郁氏文初《皇極經世抄》一卷存

亡名氏《皇極經世書類要》十卷存

卷二百七十二　擬經五

文氏軫《信書》三卷未見

余氏橦《蕴書》佚

張氏慶之《測靈》佚

盧氏翰《中菴籤易》三卷存

羅氏喻義《周易陣圖》一卷存

李氏乾德《易易》二卷存

《鹿亭翁天根易》一卷一名《蘭易》。存

馮氏京第《蘭易十二翼》一卷存

邵氏桂子《忍默恕退四卦辭》四篇存

宇文氏材《筆卦》一篇存

劉氏定之《呆卦》一篇存

何氏喬新《忠勤廉慎四卦辭》一卷存
彭氏澤《遂卦》一篇存
鄒氏魯《信卦》一篇存
邵氏經邦《福卦壽卦》二篇存
《止卦》一篇存
曠氏宗舜《芝卦》一篇存
文氏德翼《隱卦》一篇存

卷二百七十三　擬經六

《漢今文太誓》一卷佚
張氏霸《僞尚書》二十四卷佚
孔氏衍《漢尚書》《唐志》十卷。佚
《後漢尚書》《唐志》六卷。佚
《後魏尚書》《隋志》八卷，《唐志》十四卷。佚
王氏通《續書》二十五卷佚

陳氏正卿《續尚書》《唐志》卷亡。佚
《明仁宗皇帝體尚書》二卷未見
劉氏謨《典謨遺旨》未見
陸氏世儀《書鑑》十卷未見
白氏告《纂禹元經》十二卷佚
陳氏黯《禹誥》一篇存
陳氏士元《廣禹貢楚絶書》二卷存
白氏居易《補湯征》一篇存
蘇氏伯衡《周書補亡》三篇存
蔡氏沈《洪範内外篇》七卷存
俞氏深《洪範疇解》一卷存
韓氏邦奇《洪範圖解》一卷未見
程氏宗舜《洪範内篇釋》九卷存
蘇氏綽《擬大誥》一篇存

卷二百七十四　擬經七

王氏通《續詩》十卷佚

黄氏省曾《擬詩外傳》二卷存

夏侯氏湛《周詩》佚

潘氏岳《補亡詩》佚

束氏皙《補亡詩》六首存

荀氏勗《擬詩》六篇存

沈氏朗《新添毛詩》四篇闕

邱氏先庭《補新宫詩》三章存

《補茅鴟詩》四章存

《淳化鄉飲酒詩》三十三章存

鄭氏剛中《補南陔詩》五章載《北山集》。存

鄭氏僖《補白華詩》三章載《鐵網珊瑚》。存

朱氏載堉《補笙詩》六篇存

陸氏世儀《詩鑑》十卷未見

盧氏辨《六官述》闕

皮氏日休《補周禮九夏歌》九篇存

王氏韶之《擬肆夏詩》存

王氏彥威《續曲臺禮》《唐志》三十卷。佚

程氏榮秀《翼禮》佚

張氏一棟《居家儀禮》未見

楊氏廉《擬鄉飲酒禮》一卷未見

陶氏潛《鞠小正僞本》一卷存

皮氏日休《補大戴禮祭法》一篇存

崔氏寔《四民月令》《隋志》一卷。佚

孫氏思邈《千金月令》《唐志》三卷。佚

《齊民月令》《宋志》三卷。佚

劉氏孝恭《遯甲月令》十卷佚

裴氏澄《乘輿月令》《唐志》十二卷。佚

劉氏先之《兵家月令》一作「玄之」，又作「定之」。《宋志》一卷。佚
符氏彦卿《行軍月令》《宋志》四卷。佚
王氏洪暉《行軍月令》《宋志》四卷。佚
姚氏稱《攝生月令圖》《宋志》一卷。佚
鮑氏雲龍《大月令》一卷佚
袁氏以賢《太玄月令》一卷未見
徐氏獻忠《山家月令》未見
王氏士正《水月令》一卷存
陽成氏修《樂經》佚
李氏玄楚《樂經》《唐志》三十卷。佚
房氏庶《補亡樂書》《宋志》三卷。佚
余氏載《中和樂經》二卷未見
湛氏若水《補樂經》未見

卷二百七十五　擬經八

何氏承天《春秋前傳》《隋志》十卷。佚

《春秋前雜傳》《唐志》作「前傳雜語」,《隋志》九卷,《唐志》十卷。佚

《晉史乘僞本》一卷存

《楚書檮杌僞本》一卷存

袁氏康吴氏平《越絶書》十五卷存

錢氏䡾《續越絶書》二卷存

趙氏曄《吴越春秋》《隋志》十二卷。存

張氏遐《吴越春秋外紀》佚

楊氏方《吴越春秋削繁》《隋志》五卷。佚

皇甫氏遵《吴越春秋傳》《隋志》十卷。佚

樂氏資《春秋後傳》《隋志》三十一卷,《唐志》三十卷。佚

劉氏允濟《魯後春秋》《唐志》二十卷。佚

裴氏光庭等《續春秋經傳》佚

李氏槩《戰國春秋》《隋志》二十卷。佚

陸氏賈《楚漢春秋》《漢志》九篇，《隋志》九卷。佚

何氏英《漢德春秋》十五卷佚

孔氏衍《漢春秋》《唐志》十卷。佚

《後漢春秋》《唐志》六卷。佚

《漢魏春秋》《隋志》九卷。佚

胡氏旦《漢春秋》《通志》一百卷。佚

《漢春秋問答》《通志》一卷。佚

梁氏固《漢春秋》佚

袁氏曄《獻帝春秋》《隋志》十卷。佚

司馬氏彪《九州春秋》《隋志》十卷。佚

劉氏峻《九州春秋鈔》一卷見胡元瑞《經傳會通》。佚

凌氏準《漢後春秋》佚

王氏希聖《續漢春秋》佚

孫氏盛《魏氏春秋》《隋志》二十卷。佚

孫氏壽《魏陽秋異同》《唐志》八卷。佚

鄭氏如幾《魏春秋》佚

員氏半千《三國春秋》《唐志》二十卷。佚

崔氏良佐《三國春秋》《唐志》卷亡。佚

卷二百七十六　擬經九

孫氏盛《晉陽秋》《隋志》三十二卷，《唐志》二十二卷。佚

習氏鑿齒《漢晉陽秋》《隋志》四十七卷，《唐志》五十四卷。佚

鄧氏粲《晉陽秋》《唐志》三十二卷。佚

檀氏道鸞《續晉陽秋》《隋志》二十卷。佚

蕭氏方等《三十國春秋》《隋志》三十一卷，《唐志》三十卷。佚

武氏敏之《三十國春秋》《唐志》一百卷。佚

崔氏鴻《十六國春秋》《隋志》一百卷，《唐志》一百二十卷。佚

杜氏延業《晉春秋略》《唐志》二十卷。佚

王氏範《交廣春秋》佚

索氏綏《涼國春秋》五十卷佚

鮑氏衡卿《宋春秋》《唐志》二十卷。佚

王氏琰《宋春秋》《隋志》二十卷。佚

吴氏均《齊春秋》《隋志》三十卷。佚

裴氏子野《齊梁春秋》佚

蔡氏允恭《後梁春秋》《唐志》十卷。佚

姚氏士粦《後梁春秋》二卷存

吴氏兢《唐春秋》《唐志》三十卷。佚

韋氏述《唐春秋》《唐志》三十卷。佚

陸氏長源《唐春秋》《唐志》六十卷。佚

郭氏昭慶《唐春秋》三十卷佚

趙氏瞻《唐春秋》五十卷佚

包氏諝《河洛春秋》《唐志》二卷。佚

尹氏洙《五代春秋》《通志》二卷,《讀書附志》五卷。存

王氏軫《五朝春秋》《宋志》二十五卷。佚

吴氏任臣《十國春秋》十卷存

荀氏廷詔《蜀國春秋》存

亡名氏《歷代善惡春秋》《宋志》二十卷。佚

卷二百七十七　擬經十

晏氏嬰《晏子春秋》《漢志》八篇,《隋志》七卷,《中興書目》十二卷。存

虞氏卿《春秋》《漢志》十五篇。佚

《李氏春秋》《漢志》二篇。佚

吕氏不韋《春秋》《隋志》二十六卷。存

杜氏崧《杜子春秋》《七録》一卷。佚

皇甫氏謐《玄晏春秋》《隋志》三卷。佚

臧氏嚴《棲鳳春秋》《隋志》五卷。佚

王氏道彦《百官春秋》或作「王道秀」。《隋志》五十卷,《唐志》十三卷,又宋《百官春秋》六卷。佚

亡名氏《兵春秋》《漢志》三篇。佚

李氏筌《閫外春秋》《唐志》十卷。佚

辛氏邕之《博陽春秋》見胡元禮《經籍會通》。佚

亡名氏《幼老春秋》闕

劉氏向《新國語》《漢志》五十四篇。佚

孔氏衍《春秋時國語》《唐志》十卷。佚

《春秋後國語》《唐志》十卷。佚

王氏柏《續國語》四十卷佚

顧氏起經《續汲冢師春》一卷佚

王氏通《元經》《通考》十五卷，今止十卷。存

薛氏收《元經傳》十卷存

阮氏逸《元經注》十卷存

王氏禕《擬春秋文辭》十首存。集止七首

王氏世貞《左逸》一卷存

卷二百七十八　擬經十一

王氏敎《次論語》《唐志》十卷。佚

葉氏由庚《論語纂遺》佚

戴氏良齊《論語外書》佚

劉氏𪡏《濂洛論語》十卷佚

符氏彦卿《兵書論語》《宋志》三卷。佚

《女論語》一卷存

潘氏士達《論語外篇》二十卷存

《孔子家語》《漢志》二十七卷。佚。别本存

王氏肅《孔子家語》《隋志》二十一卷。存

張氏融《當家語解》《七録》二卷。佚

王氏柏《家語考》未見

王氏廣謀《家語句解》三卷存

何氏孟春《家語傳》八卷存

陸氏治《家語注》八卷未見

梁武帝《孔子正言》《隋志》二十卷。佚

薛氏據《孔子集語》二卷存

楊氏簡《先聖大訓》十卷存

揚氏雄《法言》《隋志》十五卷。存

侯氏芭《法言注》《七録》六卷。佚

宋氏衷《法言注》《隋志》十三卷。存

李氏軌《法言解》《隋志》一卷。存

辛氏德源《法言注》二十三卷佚

柳氏宗元《揚子新注五條》存

宋氏咸《揚子法言廣注》十卷存

司馬氏光《集注揚子》十卷存

劉氏絳《揚子大義》一卷佚

徐氏君平《揚子義》佚

張氏敷《揚子法言義》十三卷佚

趙氏秉文《法言微旨》佚

卷二百七十九　擬經十二

王氏通《中説》《唐志》五卷，或作十卷。存

戴氏良齊《中説辨妄》佚

燕君《武孝經》見《抱朴子》。佚

沈氏若《廣孝經》唐《藝文志》作「徐浩」，《唐志》十卷。佚

張氏士儒《演孝經》《唐志》十二卷。佚

員氏半千《臨戎孝經》《唐志》二卷。佚

郭氏良輔《武孝經》《唐志》一卷。佚

李氏遠《武孝經》《宋志》一卷。佚

鄭氏《女孝經》《宋志》一卷。存

石氏恪《女孝經像》一卷佚

李氏公麟《女孝經相》二卷佚

賈氏元道《大農孝經》《宋志》一卷。佚

綦氏師元《道孝經》《宋志》一卷。佚

□氏鶚《佛孝經》《宋志》一卷。佚

劉氏炫《酒孝經》《唐志》一卷。佚

皇甫氏松《酒孝經》《宋志》一卷。佚

亡名氏《醫孝經》一卷未見

馬氏融《忠經》一卷存

林氏慎思《續孟子》二卷存

卷二百八十　擬經十三

孔氏鮒《小爾雅》《隋志》一卷。存

張氏揖《廣雅》《唐志》四卷,《七録》同。《隋志》三卷。存。今本十卷

曹氏憲《博雅》《隋志》作《廣雅音》。《唐志》十卷,《隋志》四卷。存

劉氏伯莊《續爾雅》《唐志》一卷。佚

劉氏杳《要雅》五卷佚

李氏商隱《蜀爾雅》《通考》三卷。佚

劉氏温潤《羌爾雅》《宋志》一卷。佚

亡名氏《蕃爾雅》《通考》一卷。佚

梅氏彪《石藥爾雅》二卷存

陸氏佃《埤雅》《宋志》二十卷。存

程氏端蒙《大爾雅》五卷未見

董氏夢程《大爾雅通釋》未見

王氏柏《大爾雅》一卷佚

崔氏銑《小爾雅》一卷存

朱氏謀㙔《駢雅》七卷存

牛氏衷《埤雅廣要》四十卷存

白氏珽《續演雅詩發揮》十首存

鄺氏露《赤雅》三卷存

方氏以智《通雅》五十五卷存

唐氏達《爾雅補》未見

劉氏迅《六説》《唐志》五卷。佚

黄氏佐《六藝流別》二十卷存

朱氏升《小四書》五卷存

金氏德玹《小四書音釋》四卷未見

卷二百八十一　承師一　《孔子弟子》

卷二百八十二　承師二　《孔子門人》

卷二百八十三　承師三　《易》

卷二百八十四　承師四　《尚書》、《詩》

卷二百八十五　承師五　《禮》、《春秋》廣譽附

卷二百八十六〔二〕

卷二百八十七　刊石一

《漢一字石經》佚

《隋志》：《一字石經·周易》一卷《七録》三卷。

《一字石經·尚書》六卷《唐志》五卷，《七録》有《今字石經·鄭氏尚書》八卷。亡

《一字石經·魯詩》六卷《七録》有《毛詩》三卷。亡

《一字石經·儀禮》九卷《唐志》四卷。

《一字石經·春秋》一卷

《一字石經·公羊傳》九卷

《一字石經·論語》一卷《七録》二卷，《唐志》同

卷二百八十八　刊石二

《魏三字石經》佚

《隋志》：《三字石經·尚書》九卷《七録》十三卷。

又《三字石經·尚書》五卷

《唐志》：《三字石經・尚書古篆》三卷

《隋志》：《三字石經・春秋》三卷《七録》十二卷。

《唐志》：《三字石經・左傳古篆》十二卷

《晉石經》卷亡佚

《北魏石經》卷亡

《唐國子學石經》存

《易》九卷

《書》十三卷

《詩》二十卷

《周禮》十卷

《儀禮》十七卷

《禮記》二十卷

《春秋左氏傳》三十卷

《公羊傳》十卷

《穀梁傳》十卷

《論語》十卷

《孝經》一卷

《爾雅》二卷

卷二百八十九　刊石三

《後蜀石經》佚

《易》十卷《略例》一卷。

《書》十三卷

《詩》二十卷

《周禮》十二卷

《儀禮》十七卷

《禮記》二十卷

《春秋左氏傳》三十卷

《公羊傳》十二卷

《穀梁傳》十二卷

《論語》十卷
《孝經》一卷
《爾雅》三卷
《宋國子監石經》七十五卷佚
胡氏元質《重刻漢石經》佚
宋洪氏适《重刻漢石經》佚
蘇氏望《重刻魏三體石經遺字》佚

卷二百九十　刊石四

《宋太學御書石經》闕
《宋吴郡石刻御書六經》佚
楊氏甲《六經圖碑》佚
《金太學石經》佚
《元汴梁學修復石經》佚

卷二百九十一　刊石五

《宋高宗御書乾卦》未見

《唐蕪湖縣篆書易謙卦》存

《宋臨安府磨崖家人卦》一卷存

《宋休陽縣磨崖兑卦》未見

朱子熹《石刻易繫辭》未見

《宋昌州石刻六十四卦象碑》佚

《宋道州石刻太極圖》未見

《明凌雲山石刻易圖》五篇未見

張氏㚟《古文尚書石刻》佚

《明太僕寺石刻冋命》一篇存

《石刻魯頌駉篇》四章未見

《魏正始石經大學僞本》一卷存

《南京國子監石刻大學》未見

韓氏滉《石刻春秋通例》一卷佚

《唐石臺孝經》四卷存

《唐御注孝經雙石幢記》

《宋石刻草書孝經》一卷佚

《宋建康府學御書孝經》一卷未見

《湖州學御書孝經》一卷未見

《常州學御書孝經》一卷未見

句氏中正《石刻三體孝經》《宋志》一卷。佚

楊氏南仲《三體孝經》《宋志》一卷。佚

《昌州石刻古文孝經》一卷佚

李氏師德《石刻孝經》一卷佚

亡名氏《石刻孝經》未見

《明國子監石刻孝經》一卷存

席氏益《石刻孟子》十四卷佚

卷二百九十九〔三〕

卷三百

〔校記〕

〔一〕原作「一齋考目」，據四庫備要本改。

〔二〕《經義考》原闕。

〔三〕《經義考》原闕。下卷同。

經義考校記

卷二　《易》一

《連山》佚

王謨、馬國翰有輯本。

卷三　《易》二

《歸藏》佚

王謨、馬國翰有輯本。

卷五　《易》四

卜子商《易傳》僞本佚

王謨、孫馮翼、張澍、孫堂、馬國翰、黄奭均有輯本。

淮南王劉安《道訓》佚

丁氏寬《易傳》佚

蔡公《易傳》佚

韓氏嬰《易傳》佚

馬國翰均有輯本。

孟氏喜《周易章句》佚

王謨、孫堂、黄奭、馬國翰均有輯本。

梁丘氏賀《周易章句》佚

馬國翰有輯本。

卷七　《易》六

京氏房《易傳》存

王謨有輯本。

《周易章句》佚

孫堂、黄奭、馬國翰有輯本。

卷八 《易》七

費氏直《周易注》佚

《易林》佚

馬國翰均有輯本。

馬氏融《周易注》佚

孫堂、黄奭、馬國翰均有輯本。

卷九 《易》八

鄭氏玄《周易注》佚

惠棟、張惠言輯本各三卷，袁鈞輯本九卷，孔廣森、丁杰輯本各十二卷，丁本附《正誤》一卷，孫堂輯本三卷、《補遺》一卷。

荀氏爽《周易注》佚

《九家易解》佚

劉氏表《周易章句》佚

宋氏衷《周易注》佚

黄奭、馬國翰均有輯本。《九家易解》並有王謨、張惠言輯本。劉、宋兩家並有孫堂輯本。

亡名氏《古五子傳》佚

馬國翰有輯本。

卷十　《易》九

董氏遇《周易注》佚

王氏肅《周易注》佚

孫堂、黄奭、馬國翰均有輯本。

王氏弼《周易注》《隋志》六卷，《七録》十卷。存

《周易略例》《隋志》一卷，新舊《唐志》合《周易注》作七卷。存

今本《注》九卷、《略例》一卷。朱氏於現存各書皆載前人著録卷數，而不載見存卷數，兹一一補之。

虞氏翻《周易注》闕

虞《注》久佚，遺説僅見李氏《集解》及陸氏《釋文》。孫堂、張惠言均有輯本。

陸氏績《周易注》佚

孫堂、馬國翰均有輯本。

《注京氏易》三卷

《津逮》、《學津》刊本及錢遵王藏舊鈔本並作《陸氏易解》。

姚氏信《周易注》佚

尚氏廣《周易雜占》佚

馬國翰均有輯本。姚《注》又有孫堂輯本。

翟氏玄《易義》佚

張氏《易義》佚

黄奭均有輯本。翟氏《義》並有孫堂、馬國翰輯本。

卷十一 《易》十

向氏秀《周易義》佚

王氏廙《周易注》佚

張氏軌《易義》佚

張氏璠《周易集解》佚

張軌《易義》有馬國翰輯本。他三書孫堂、黄奭、馬國翰均有輯本。

干氏寶《周易注》佚

孫堂、馬國翰均有輯本。

黄氏穎《周易注》佚

黄奭、馬國翰均有輯本。

范氏長生《周易注》佚

孫堂、黄奭、馬國翰均有輯本。

卷十二　《易》十一

沈氏驎士《易經要略》佚

梁武帝《周易大義》佚

伏氏曼容《周易注》佚

褚氏仲都《周易講疏》佚

姚氏規《周易注》佚

崔氏覲《周易注》佚

周氏弘正《周易義疏》佚

馬國翰均有輯本。褚、周二《疏》並有黄奭輯本。

卷十三 《易》十二

關氏朗《易傳》《宋志》一卷。存

今本亦一卷。

何氏妥《周易講疏》佚

王氏凱沖《周易注》佚

侯氏果《易説》佚

莊氏《易義》佚

傅氏《周易注》佚

盧氏《周易注》佚

馬國翰均有輯本。侯果《注》並有黄奭輯本。

卷十四　《易》十三

孔氏穎達等《周易正義》《舊唐志》十四卷，《新志》十六卷

今本十卷，單《疏》本十四卷。

李氏淳風《周易玄義》佚

陰氏弘道《周易新論傳疏》佚

崔氏憬《周易探玄》佚

馬國翰均有輯本。崔氏書黄奭亦有輯本。

李氏鼎祚《周易集解》《新唐志》十七卷，《中興書目通考》十卷。存

明刊及《津逮》、《雅雨堂》本並十七卷，附《例略》一卷。昭文張氏影宋本十卷、《畧例》一卷。

郭氏京《易舉正》《宋志》三卷。存

今本亦三卷。

卷十五　《易》十四

徐氏鄖《周易新義》三卷佚

釋一行《易傳》十二卷佚

馬國翰均有輯本。

史氏證《周易口訣義》佚

《四庫提要》作史徵，五代人，避諱改作「證」。著録輯《永樂大典》本六卷。

麻衣道者《正易心法》《宋志》一卷。存

今本亦一卷。

卷十七　《易》十六

胡氏瑗《易傳》《宋志》十卷，又《口義》十卷，《繫辭》、《説卦》二卷。《口義》存

《四庫全書》著録倪天隱《周易口義》十二卷，乃天隱述其師胡瑗之説，故曰「口義」。案：彭汝勵《鄱陽集》：天隱，字茅岡。桐廬人。學者稱爲千乘先生。治平、熙寧中，曾爲合肥學官。晚年主桐廬講席，弟子千人。

卷十八　《易》十七

朱氏長文《易意》佚

方氏《碧琳瑯館叢書》刻朱長文《易解》四卷，不知即《易意》否。

卷十九　《易》十八

張子載《横渠易説》《宋志》十卷。存

《四庫》著録及《通志堂》刊本均三卷。

司馬氏光《易説》《宋志》一卷，又三卷。佚

《四庫》輯《大典》本六卷，《經苑》有刊本。

蘇氏軾《易傳》《宋志》九卷，《通考》十一卷。存

《四庫》本九卷，萬曆甲午刊本作《蘇氏易解》八卷，崇禎刊本作《大易疏解》十卷。

卷二十　《易》十九

程子頤《易傳》《通考》十卷，《宋志》《傳》九卷，《繫辭解》一卷。存

《四庫》本四卷，《古逸叢書》復宋本六卷。

龔氏原《易傳》《宋志》十卷。未見

《續解易義》《宋志》十七卷。未見

《佚存叢書》有《龔氏周易新講義》十卷，不知爲《易傳》抑《易義》。

邵氏伯温《周易辨惑》《宋志》一卷。未見

《四庫》輯《大典》本一卷。

陳氏瓘《了翁易説》《宋志》一卷。存

今本亦一卷，澹生堂、振綺堂藏鈔本並作《了齋易説》。焦竑《經籍志》亦作「了齋」。

卷廿二 《易》廿一

張氏根《吴園易解》《宋志》九卷，《通考》十卷。存

《四庫》本九卷，自《説卦傳》「乾，健也」下缺，有《經苑》刊本。

耿氏南仲《易解義》《宋志》十卷。存

《四庫》本作《周易新講義》十卷。

卷廿三 《易》廿二

張氏浚《紫巖易傳》《宋志》十卷。存

《四庫》本亦十卷。

李氏光《讀易老人解説》《宋志》十卷，未見

《宋志》作《易傳》，《四庫》輯《大典》本作《讀易詳説》，十卷。缺《豫》、《隨》、《无妄》、《睽》、《蹇》、《中孚》六卦，《復》與《大畜》亦有缺文，《繫辭》以下無《解》。

沈氏該《周易小傳》《宋志》六卷，存

《四庫》及《通志堂》本均六卷。

朱氏震《漢上易集傳》《宋志》十一卷。《周易卦圖》《宋志》三卷。《周易叢説》《宋志》一卷。存

《四庫》及《通志堂》本卷與《宋志》同。

卷廿四　《易》廿三

吴氏沆《易璇璣》《宋志》三卷

《四庫》及《通志堂》本均三卷。

郭氏雍《傳家易説》《宋志》十一卷。闕

《四庫》據《澹生堂》鈔本著録十一卷。不闕。

都氏潔《易變體》《宋志》十六卷。未見

《四庫》輯《大典》本作《易變體義》，十二卷。缺《豫》、《隨》、《大畜》、《大壯》、《睽》、《蹇》、《中孚》

七卦。

鄭氏剛中《周易窺餘》《宋志》十五卷。未見

《四庫》輯《大典》本十五卷。

卷廿六　《易》廿五

張氏行成《周易通變》四十卷存

予家藏舊鈔本作《易通變》。

李氏衡《周易義海撮要》《宋志》十二卷

《四庫》及《通志堂》本均十二卷。

程氏大昌《易原》《宋志》十卷。佚

《四庫》輯《大典》本八卷。

卷廿七　《易》廿六

楊氏簡《慈湖易解》十卷存

《四庫》及明刊本均作《楊氏易傳》廿卷。

林氏栗《周易經傳集解》《宋志》三十六卷

《四庫》據《曝書亭》鈔本著録卷與《宋志》同。

卷廿八　《易》廿七

張氏栻《易説》十一卷未見

《四庫》據曹溶藏殘元刻本傳寫，僅存《繫辭傳》。

程氏迥《易章句》《宋志》十卷。佚。《周易外編》《宋志》一卷。存。《古易考》《宋志》一卷。未見。《古易占法》《宋志》一卷。存

《四庫》著録《周易古占法》一卷，《周易章句外編》一卷，與《宋志》同。

項氏安世《周易玩辭》《宋志》十六卷。存

《四庫》及《通志堂》本卷與《宋志》同。

趙氏善譽《易説》《宋志》二卷。佚

《四庫》輯《大典》本四卷，缺《豫》、《隨》、《无妄》、《大壯》、《晉》、《睽》、《蹇》、《解》、《中孚》九卦。

卷廿九　《易》廿八

楊氏萬里《誠齋易傳》《宋志》二十卷。存

《四庫》本及宋刊、明刊《經苑》刊本卷數並與《宋志》同。

曾氏穜《大易粹言》《宋志》十卷或作七十卷。存

《四庫》著録十卷本，館臣考爲方聞一撰，《宋志》誤作曾穜。後内府得宋刊十二卷本，載之《天禄琳琅續編》，則方聞一列名校勘中，書則仍爲穜著。

卷卅　《易》廿九

吴氏仁傑《古周易》、《宋志》十二卷。未見。《周易圖説》《宋志》二卷。存

《四庫》著録吴仁傑《易圖説》三卷，《通志堂》本卷數同。

吕氏祖謙《古易》《宋志》一卷，《通考》十二卷。存。《東萊易説》二卷存。《古易音訓》《宋志》二卷。佚

《四庫》及《通志堂》本並作《古周易》一卷，《存目》載《東萊易説》二卷，館臣考爲僞託。《古易音訓》宋咸熙有輯本二卷。

卷卅一　《易》三十

朱子熹《易傳》《宋志》十一卷。佚。《周易本義》《宋志》十二卷。存

宋咸淳吴革刊本十二卷，明刊改併爲四卷，非其舊也。

林氏至《易裨傳》《宋志》一卷，《通考》二卷，《外編》一卷。存

《四庫》及《通志堂》本均二卷。

馮氏椅《厚齋易學》《宋志》五十卷。未見

《四庫》從《大典》輯爲三種：《輯注》四卷，《輯傳》三十卷，《外傳》十八卷。蓋本各自爲書者。

陸心源曰：厚齋紹熙四年進士，受業於朱文公，官江西運幹，贈尚書。

蔡氏淵《周易經傳訓解》四卷存。止三卷。《易象意言》佚

《四庫》本《經傳訓解》二卷，又從《大典》輯《易象意言》二卷。

卷卅二　《易》卅一

易氏袚《周易總義》廿卷未見

《四庫》著録。又吴尺鳧繡谷亭、汪氏振綺堂、路氏蒲編草堂均有鈔本。

卷卅三　《易》卅二

趙氏以夫《易通》十卷《聚樂堂目》六卷。存

《四庫》著録。《澹生堂》鈔本六卷，帶經堂藏孫慶增鈔本同。

卷卅四　《易》卅三

鄭氏汝諧《易翼傳》《宋志》二卷

《四庫》著録作《東谷易翼傳》，亦二卷。

卷卅六　《易》卅五

趙氏汝楳《周易輯聞》六卷存。《易雅》一卷存。《筮宗》三卷存

《四庫》及《通志堂》本《筮宗》一卷。

稅氏與權《校正周易古經》十二卷闕。《易學啓蒙小傳》一卷存

《四庫》及《通志堂》本《易學啓蒙小傳》一卷。附《古經發題》一卷。

方氏實孫《淙山讀周易記》《宋志》八卷，《澹生堂目》十卷，《聚樂堂目》十六卷

《四庫》本廿一卷，皕宋樓藏本廿卷，陸心源云：實孫字端仲，福建莆田人。慶元五年進士。嘗以所著《易説》上於朝，入史局。

卷卅七　《易》卅六

李氏杞《謙齋周易詳解》廿卷未見

《四庫》輯《大典》本十六卷。

卷四十　《易》卅九

俞氏琰《周易集説》四十卷存。《讀易舉要》四卷未見

《四庫》有輯《大典》本《讀易舉要》四卷。

卷四十三　《易》四十二

胡氏一桂《周易附録纂疏》十五卷存

《四庫》本作《周易本義附録纂疏》。

丁氏易東《周易象義》十卷存

《四庫》輯《大典》本六卷，缺《豫》、《隨》、《无妄》、《大壯》、《睽》、《蹇》、《中孚》七卦及《晉》卦後四爻。

卷四十四　《易》四十三

趙氏采《周易折衷》廿三卷存

《四庫》本作《周易程朱傳義折衷》。

胡氏震《周易衍義》存

《四庫》本十六卷，帶經堂藏千頃堂明鈔本同。振綺堂藏鈔本八册，不分卷。此失記卷數。

張氏清子《周易本義》附録《集注》十一卷佚

歸安陸氏藏影元鈔本，日本宫内省圖書寮有元刊本。

卷四十五　《易》四十四

張氏理《易象圖説》六卷存

《四庫》及通志堂本作《大易象數鉤深圖》，内外編各三卷。通志堂本有理《自序》，無貢師泰、黄鎮成兩《序》。

卷四十六　《易》四十五

蕭氏漢中《讀易考原》三卷存

《四庫》著録此書凡三篇，共一卷。此以一篇爲一卷。

解氏蒙《易經精藴》佚

《四庫》輯《大典》本《易精藴大義》十二卷，缺《豫》、《隨》、《无妄》、《大壯》、《睽》、《蹇》、《中孚》七卦及《晉》卦後四爻。

卷四十七　《易》四十六

陳氏應潤《周易爻變易藴》四卷存

《四庫》本作「義藴」，《帶經堂善本書室目》同此，誤「義」作「易」。

錢氏義方《周易圖説》一卷存

《四庫》本二卷，善本書室藏鈔本同。

黄氏澤《易學濫觴》佚

此書一卷，《四庫》著録有《經苑》刊本。

卷四十八　《易》四十七

曾氏貫《周易變通》佚

《四庫》輯《大典》本六卷，缺《豫》、《隨》、《无妄》、《大壯》、《晉》、《睽》、《蹇》、《中孚》八卦。

卷四十九　《易》四十八

朱氏升《周易旁注前圖》二卷存

「前圖」，《四庫》本作「圖説」。

趙氏汸《大易文詮》八卷存

《四庫》本作《周易文詮》四卷。

鮑氏恂《大易舉隅》三卷存

《四庫存目》及《帶經堂目》均作《學易舉隅》。

劉氏定之《周易圖釋》十二卷一云三卷，未見

《四庫存目》著録十二卷。

卷五十　《易》四十九

蔡氏清《周易蒙引》二十四卷存

《四庫》本十二卷，丁氏《八千卷樓書目》載明刊本廿四卷。

卷五十一　《易》五十一

王氏崇慶《周易議卦》二卷存

《明志》作一卷，《四庫存目》同。

韓氏邦奇《易學啓蒙意見》四卷存

《四庫》本五卷。

洪氏鼒《讀易索隱》未見

《四庫存目》著録凡六卷。

馬氏理《周易贊義》十七卷闕

《四庫存目》計七卷，丁氏《善本書室目》同。丁氏所藏即竹垞舊本云：但缺《繫辭》及《序卦》、《説卦》、《雜卦》等《傳》，不應尚闕十卷。

卷五十三　《易》五十二

舒氏芬《易箋問》一卷存

《四庫存目》作《易問箋》。

季氏本《易學四同》八卷，《圖書餘辨》一卷，《筮法别傳》一卷。存

《四庫存目》、《圖書餘辨》、《筮法别傳》均二卷。

陳氏琛《易經通典》六卷一名《淺説》。存

《四庫存目》作《易經淺説》八卷。

方氏獻夫《周易約説》十二卷存

《四庫存目》作《周易傳義約説》，云：獻夫，弘治進士。朱考作正德進士，誤。

劉氏濂《易象解》六卷未見

《四庫存目》著録作四卷。

汪氏思敬《易學象數舉隅》四卷未見

《四庫存目》著録作《學易象數舉隅》二卷，又汪氏名敬，字思敬。此誤以字爲名。

黄氏芹《易圖識漏》一卷存

《四庫存目》無卷數。

周氏佐《補齋口授易説》三卷未見

《四庫存目》著録本無卷數。

卷五十四　《易》五十三

徐氏體乾《周易不我解》六卷闕

《四庫存目》存《乾坤》一卷，《古易辨》一卷，竹垞所藏但有《乾坤》一卷。

豐氏坊《古易世學》十五卷存

《四庫存目》作十七卷。

胡氏賓《易經全圖》一卷未見

《四庫存目》著録四卷。

卷五十五　《易》五十四

沈氏束《周易通解》、《易圖》俱未見

萬曆《紹興府志》《易圖》作《易圖説》。

王氏樵《周易私録》未見

《四庫存目》著録凡三册。

李氏贄《九正易因》四卷存

《四庫存目》無卷數。

卷五十六　《易》五十五

阮氏琳《圖書紀愚》未見

《四庫存目》著録一卷。

卷五十七　《易》五十六

賀氏沚《圖卦臆言》未見

《四庫存目》著録四卷。

郭氏子章《蠙衣生易解》十五卷存

《四庫存目》作十四卷。

戴氏廷槐《易學舉隅》六卷未見

《四庫存目》著録作《學易舉隅》六卷。

姜氏震陽《易傳闡庸》一百二卷未見

《四庫存目》作百卷。

卷五十八　《易》五十七

傅氏文兆《羲經十一翼》五卷存

《四庫存目》但存《上古易》及《觀象篇》各一卷。

方氏時化《易疑》一卷存

《四庫存目》作四卷。

卷五十九　《易》五十八

錢氏一本《像象管見》七卷

《四庫》本九卷。

《四聖一心録》四卷存

《四庫存目》作六卷。

卷六十 《易》五十九

焦氏竑《易筌》六卷存

《四庫存目》尚有《附論》一卷。

高氏攀龍《大易易簡説》三卷、《周易乾義》一卷存

《四庫》本作《周易易簡説》，《善本書室藏書志》《周易乾義》三卷，云與《易簡説》一書兩名。

郝氏敬《學易枝言》二卷存

《善本書室藏書志》載明刊本四卷。

張氏納陛《學易飲河》八卷存

《四庫存目》作《易學飲河》。

李氏本固《古易彙編意辭集》十七卷存

《四庫存目》作《古易彙編》，分三集：曰《意辭》、曰《象數》、曰《變占》。此但舉其一，誤矣。

曹氏學佺《周易通論》六卷未見

《四庫存目》九卷。

張氏汝霖《周易因指》八卷存

《四庫存目》作《易經澹窩因指》。

崔氏師訓《大成易旨》二卷存

予藏明鈔本三册，不分卷。《八千卷樓目》載存澤堂刊本四卷。

卷六十一　《易》六十

劉氏宗周《周易古文鈔》三卷存

《四庫存目》作二卷。

陸氏振奇《易芥》十卷存

《四庫存目》作八卷。

楊氏瞿崍《易林疑説》十卷存

《四庫存目》無卷數。

卓氏爾康《易學全書》五十卷存

《四庫存目》載《易學》殘本十二卷。

錢氏士升《易揆》十二卷存

《四庫存目》作《周易揆》。

方氏孔炤《周易時論》十五卷存

《四庫存目》作《周易詩論合編》廿二卷。

卷六十二　《易》六十一

吴氏桂森《象像述》五卷存

《四庫》本及予家藏舊鈔本均作《周易像象述》，又予家本六卷。

沈氏瑞鍾《周易廣筌》二卷存

《四庫存目》作《廣易筌》四卷。

王氏艮《易贅》一卷存

《四庫存目》作二卷。

卷六十三　《易》六十二

張氏次仲《周易玩辭困學記》十二卷存

《四庫》本十五卷。

黄氏道周《易象正》十四卷存

《四庫》本十六卷。

倪氏元璐《兒易内儀》六卷、《外儀》十五卷存

《四庫》著録作《兒易内儀以》六卷、《外儀》十五卷。

張氏鏡心《易經增注》十二卷存

《四庫存目》作十卷。

李氏奇玉《雪園易義》四卷存

《四庫存目》尚有《圖説》一卷。

董氏守諭《讀易鈔》、《卦變考略》、《易韻補遺》未見

《四庫》著録《卦變考略》一卷。

卷六十四　《易》六十三

朱氏天麟《易鼎三然》四卷存

《四庫存目》無卷數。

陳氏際泰《易經大意》七卷存

《四庫存目》作《易經説意》。

朱氏朝瑛《讀易略記》一卷存

《四庫存目》無卷數，全書計二百五十一頁，絶非一卷。

來氏集之《讀易隅通》二卷、《易圖親見》一卷、《卦義一得》二卷存

《四庫存目》著録《卦義一得》，無卷數。

卷六十五　《易》六十四

舒氏士諤《易經去疑》十二卷存

《四庫存目》作舒弘諤《周易去疑》十一卷。

張氏振淵《周易説統》二十五卷存

《四庫存目》作十二卷。

錢氏澂之《田間易學》四卷存

《四庫》本十二卷。

黄氏宗炎《周易象辭》十九卷存

《四庫》本廿一卷。

卷六十六　《易》六十五

應氏撝謙《周易集解》十七卷存

《四庫存目》十三卷。

趙氏振芳《易原》二卷存

《四庫存目》無卷數。

郁氏文初《郁溪易紀》二十一卷存

《四庫存目》作《周易郁溪記》十四卷。

張氏問達《易經辨疑》六卷存

《四庫存目》作七卷。

董氏養性《周易訂疑》未見

《四庫存目》著録十五卷，《序例》一卷。舊題董養性，不著時代。館臣考元末有董養性，字邁公，樂陵人。至正中嘗官昭化令，攝劍州事。入明不仕，終於家。朱氏引梅文鼎説，謂養性，樂陵人，寧國府通判，列明末，殆未考知爲何時人。

卷六十七　《易》六十六

孫氏宗彝《易宗集注》十三卷存

《四庫存目》作十二卷。

浦氏起龍《周易通》十卷、《周易辨》二十八卷存

《四庫存目》《周易辨》二十四卷。

于氏琳《易經參同》未見

《四庫存目》有《周易參義》六卷，不知與《參同》爲一書否。

周氏漁《加年堂講易》十一卷

《四庫存目》作十二卷。

卷六十八　《易》六十七

喬氏萊《易俟》六卷存

《四庫》本十八卷。

湯氏秀琦《讀易近解》三卷存

《四庫存目》作二卷。

劉氏巘《周易乾坤義》《隋志》一卷，佚

黄奭有輯本。

卷六十九　《易》六十八

桓氏玄《繫辭注》佚

劉氏巘《周易繫辭義疏》佚

明氏僧紹《繫辭注》佚

馬國翰均有輯本，劉氏《疏》孫堂、黄奭亦有輯本。

卷七十六　《書》五

伏氏勝《尚書大傳》《漢志》、《傳》四十一篇，《隋志》三卷。佚

王謨有《輯補》二卷，陳壽祺有《尚書大傳校輯》三卷、《注》五卷。

歐陽生《尚書章句》《漢志》三十一卷。佚

黄奭、馬國翰有輯本。

《大小夏侯氏章句》《漢志》二十九卷。佚

馬國翰有輯本。

卷七十七 《書》六

馬氏融《尚書注》《隋志》十一卷。佚

王謨、馬國翰有輯本。

鄭氏玄《尚書注》《隋志》三卷。佚

孔廣林輯本十卷，袁鈞輯九卷。

《尚書大傳注》《隋志》三卷。佚

孔廣林輯本四卷，袁鈞輯三卷。

《古文尚書注》《隋志》十一卷，新、舊《唐志》十卷。佚

馬國翰有輯本。

范氏寧《尚書注》《隋志》止《古文尚書舜典注》一卷。佚

徐氏邈《古文尚書音》《隋志》一卷。佚

馬國翰均有輯本。

卷七十八　《書》七

劉氏焯《尚書義疏》《唐志》二十卷。佚

劉氏炫《尚書述義》《隋志》二十卷。佚

顧氏彪《尚書疏》《隋志》二十卷。佚

　馬國翰均有輯本，顧《疏》黄奭亦有輯本。

孔氏穎達等《尚書正義》《唐志》二十卷。存

　今本亦廿卷。

卷七十九　《書》八

蘇氏軾《書傳》《宋志》十三卷、《萬卷堂目》二十卷。存

　《四庫》本十三卷，明萬曆刊本廿卷。

卷八十　《書》九

林氏之奇《尚書集解》《宋志》五十八卷。存

《四庫》及通志堂本作《尚書全解》四十卷，明以來佚《多方》一卷，《四庫》據《大典》補。

史氏浩《尚書講義》《宋志》二十二卷。未見

《四庫》輯《大典》本二十卷。

卷八十一　《書》十

夏氏僎《尚書解》《宋志》十六卷。存

《四庫》據《大典》補闕重編廿六卷。

吕氏祖謙《書説》《宋志》三十五卷、《通考》十卷、《趙氏讀書附志》六卷。存

《四庫》及通志堂本均卅五卷。

黄氏度《書説》《宋志》七卷。存

《四庫》及通志堂本作《尚書説》七卷。

卷八十二　《書》十一

蔡氏沈《書傳》《宋志》六卷。存

《四庫》及通行本作《書集傳》六卷。

卷八十三　《書》十二

袁氏燮《潔齋家塾書鈔》《宋志》十卷。未見

《四庫》輯《大典》本十二卷。

黄氏倫《尚書精義》《宋志》六十卷。佚

《四庫》輯《大典》本五十卷，有《經苑》刊本。

錢氏時《尚書演義》八卷佚

《四庫》輯《大典》本作《融堂書解》廿卷。

魏氏了翁《尚書要義》《宋志》二十卷，《序説》一卷，存

《四庫》本存十七卷，《序説》一卷，佚七、八、九三卷，後儀徵阮氏以佚卷進呈，今江蘇書局刊本不缺。

陳氏大猷《東齋書傳會通》十一卷佚

《考》引張雲章之言謂：大猷，東陽人，登紹興三年進士。《四庫提要》訂「紹興」爲「紹定」之譌。又朱氏引張氏説，同時有都昌陳大猷，號東齋，與東陽陳大猷爲兩人。謂此書不知爲誰著。《提要》定此書爲東陽陳大猷作，非東齋。又案《樂意軒書目》有宋本《書傳》十二卷，明内閣

及《絳雲樓目》亦有之，是此書明末國初尚未佚。

卷八十四　《書》十三

胡氏士行《初學尚書詳解》十三卷存

《四庫》及通志堂本無「初學」二字，焦竑《經籍志》作《書集解》。

王氏柏《書疑》《宋志》九卷，又《讀書記》十卷。存

四庫本九卷。

卷八十六　《書》十五

鄒氏季友《尚書蔡傳音釋》六卷存

《善本書室藏書志》有《尚書蔡傳音釋辨誤》六卷，元至正刊本。

卷八十七　《書》十六

陳氏雅言《尚書卓躍》六卷未見

《四書存目》著録作《書義卓躍》。

卷八十八　《書》十七

章氏陬《書經提要》四卷未見

《四庫存目》著録無卷數。

黄氏諫《書傳集義》未見

《善本書室藏書志》作《書傳集解》十二卷。

馬氏明衡《尚書疑義》一卷存

《四庫》本六卷。

吕氏柟《尚書説疑》五卷存

《四庫存目》及惜陰軒刊本作《尚書説要》。

梅氏鷟《讀書譜》四卷存

《四庫存目》作《尚書譜》五卷。

《尚書考翼》一卷存

當作《尚書考異》。原稿不分卷，《四庫》本由館臣釐爲五卷。

卷八十九　《書》十八

張氏居正《書經直解》八卷存

《四庫存目》作十三卷。

卷九十　《書》十九

杜氏偉《尚書説意》未見

《四庫存目》作《書經説意》十卷，又偉本姓杜，少育於沈漢家，因冒其姓，後乃歸宗。此書蓋未復姓時作，仍題沈偉，此作杜偉，據其後言之。

陳氏泰來《尚書注考》一卷未見

《四庫》著録，《提要》引吴永芳《嘉興府志》謂陳泰交，字同倩，萬曆中國子監生。所著有《尚書考注》。朱引俞汝言作陳泰來，誤。

卷九十一　《書》二十

王氏肯堂《尚書要旨》三十一卷存

《四庫存目》作三十卷。

潘氏士遴《尚書葦籥》五十卷存

《四庫存目》云：目録止廿一卷，而分編則爲五十八卷，蓋以篇數爲子卷也。

卷九十二　《書》廿一

朱氏朝瑛《讀書略記》二卷未見

《四庫存目》作《讀尚書略記》，無卷數。

鄒氏期楨《尚書揆一》未見

《四庫存目》六卷。

朱氏鶴齡《尚書裨傳》十卷存

《四庫》本十七卷。

楊氏文彩《書繹》十二卷未見

《四庫存目》作六卷。

閻氏若璩《尚書古文疏證》十卷存

《四庫》本作八卷。

卷九十三　《書》廿二

毛氏晃《禹貢指南》二卷未見

《四庫》輯《大典》本四卷。

程氏大昌《禹貢論》《宋志》五卷、《萬卷堂目》二卷。存

《禹貢論圖》《宋志》五卷、《萬卷堂目》二卷。未見

《禹貢後論》《宋志》一卷。未見

《四庫》本《禹貢論》五卷，《後論》一卷；通志堂本《論》二卷，《後論》一卷。《禹貢論圖》久佚，《四庫》館臣據《永樂大典》輯《禹貢山川地理圖》二卷，《序》稱凡卅一圖。《大典》載廿八圖，皕宋樓藏影宋本《禹貢論》二卷，《後論》一卷，《圖》一卷，卅一圖完具。

卷九十四　《書》廿三

傅氏寅《禹貢集解》二卷存。闕

《四庫》輯《大典》本作《禹貢説斷》四卷，通志堂本《集解》二卷。

韓氏邦奇《禹貢詳略》二卷存

《四庫存目》無卷數。

鄭氏曉《禹貢圖説》一卷存

《四庫存目》作《禹貢説》。

茅氏瑞徵《禹貢匯疏》十二卷存

《四庫存目》作十五卷。

艾氏南英《禹貢圖注》一卷存

《四庫存目》無卷數。

夏氏允彝《禹貢古今合注》五卷存

《四庫存目》作《禹貢合注》。

胡氏渭《禹貢錐指》二十卷存

尚有圖一卷。

卷九十五　《書》廿四

楊氏簡《書五誥解》一册未見

《四庫》輯《大典》本五卷。

劉氏向《洪範五行傳記》闕

王謨輯三卷。

胡氏瑗《洪範口義》《宋志》一卷。未見

《四庫》輯《大典》本二卷。

卷九十六　《書》廿五

趙氏善湘《洪範統紀》一卷未見

《四庫》輯《大典》本一卷，作《洪範統一》。有《經苑》刊本。

胡氏一中《定正洪範集説》一卷存

《四庫存目》作《定正洪範》二卷。

卷九十七　《書》廿六

吴氏世忠《洪範考疑》一卷存

《四庫存目》作《書傳洪範考疑》。

鄒氏元佐《洪範福極奥旨》五卷未見

複見前卷。

卷一百　《詩》三

申公培《魯故》《漢志》二十五卷。佚

王謨、黄奭、馬國翰均有輯本。

轅氏固《齊詩傳》佚

黄奭有輯本。

馬國翰輯《齊詩傳》三卷。

后氏蒼《齊故》《漢志》二十卷。《齊詩傳》《漢志》三十九卷。佚

馬國翰、沈清瑞輯本各二卷。

韓氏嬰《韓故》佚

《内外傳》佚

王謨、馬國翰均有輯本。

《詩外傳》《漢志》六卷，隋、唐《志》十卷。存

今本十卷。

《韓詩説》佚

馬國翰有輯本。

薛氏漢《韓詩章句》佚

馬國翰有輯本。

卷一百一　《詩》四

馬氏融《毛詩注》佚

侯氏包《韓詩翼要》佚

馬國翰均有輯本。

王氏肅《毛詩注》佚

黄奭、馬國翰均有輯本。

《毛詩義駁》、《毛詩奏事》、《毛詩問難》佚

馬國翰均有輯本。

劉氏楨《毛詩義問》佚

黄奭、馬國翰均有輯本。

徐氏整《毛詩譜》佚

韋氏昭等《毛詩答雜問》佚

王謨、馬國翰均有輯本。

卷一百二　《詩》五

孫氏毓《毛詩異同評》佚

王謨、馬國翰均有輯本。

陳氏統《難孫氏毛詩評》佚

徐氏邈《毛詩音》佚

馬國翰均有輯本。

郭氏璞《毛詩拾遺》佚

王謨、馬國翰均有輯本。

何氏胤《毛詩隱義》佚

崔氏靈恩《集注毛詩》佚

舒氏援《毛詩義疏》佚

沈氏重《毛詩義疏》佚

馬國翰均有輯本，沈氏《疏》並有王謨輯本。

卷一百三　《詩》六

劉氏芳《毛詩箋音證》佚

王謨、馬國翰均有輯本。

劉氏炫《毛詩述義》佚

《毛詩草蟲經》佚

施氏士丐《詩説》佚

亡名氏《毛詩提綱》佚

馬國翰均有輯本。

卷一百四　《詩》七

蘇氏轍《詩解集傳》存

《四庫》本作《詩集傳》。

卷一百六　《詩》九

王氏質《詩總聞》《宋志》二十卷。存

今本卷同。

程氏大昌《詩議》一卷存

《四庫》本作《詩論》。

《詩補傳》《宋志》三十卷。存

舊題逸齋撰。

林氏岊《毛詩講義》《宋志》五卷。佚

《四庫》輯《大典》本作《詩經講義》十二卷，《中興館閣續録》：岊字仲山，福州長樂人。淳熙十五年進士，開禧二年八月除校書郎，三年三月除祕書郎，七月除著作佐郎，以避祖諱改除祕書丞。十一月知衢州。

卷一百七　《詩》十

楊氏簡《詩解》佚

《四庫》輯《大典》本作《慈湖詩傳》二十卷。

呂氏祖謙《家塾讀詩記》《宋志》三十二卷。存

今本卷同。

卷一百八　《詩》十一

朱子熹《毛詩集傳》《宋志》二十卷。存

《四庫》本作《詩集傳》八卷。

輔氏廣《詩童子問》二十卷

《四庫》本十卷。

戴氏溪《續讀詩記》《宋志》三卷。未見

《四庫》輯《大典》本《續呂氏家塾讀詩記》三卷，有《經苑》刊本。

卷一百九　《詩》十二

魏氏了翁《毛詩要義》《宋志》二十卷。未見

上海郁氏復宋刊本二十卷，每卷分上、下，計四十卷，江蘇書局亦有刊本。

段氏昌武《叢桂毛詩集解》三十卷闕

《四庫》本存廿四卷,《周頌·清廟之什》以下闕。

劉氏克《詩説》十二卷闕

崑山徐氏有藏本,第二、第九、第十卷都闕。案: 汪閬源仿宋刊本闕第九、第十兩卷,歸安陸氏刊此二佚卷于《羣書校補》中。

王氏應麟《詩地理考》《宋志》五卷。存

元刊及《四庫》本均六卷。

《詩考》《宋志》五卷,今六卷。存

昭文張氏有元刊本六卷,今本一卷。

卷一百十　《詩》十三

謝氏枋得《詩傳注疏》佚

知不足齋有刊本三卷。

王氏柏《詩辨説》二卷或作《詩疑》。存

《四庫》本作《詩疑》。

《詩義斷法》一卷佚

《四庫》著録五卷。

卷一百十一 《詩》十四

朱氏倬《詩疑問》七卷存

《四庫》本末附《詩辨説》一卷。

卷一百十二 《詩》十五

梁氏寅《詩演義》八卷未見

《四庫》著録十五卷。

卷一百十三 《詩》十六

季氏本《詩説解頤》八卷、又《總論》二卷存

《四庫》及明刊本均四十卷。

豐氏坊《魯詩世學》三十六卷一作十二卷。存

《四庫存目》作三十二卷。

許氏天贈《詩經正義》未見

《四庫存目》著録廿七卷。

卷一百十四　《詩》十七

葉氏朝榮《詩經存固》八卷一本十卷

《四庫存目》本八卷。

凌氏濛初《聖門傳詩嫡冢》十六卷存

《四庫存目》末有《附録》一卷。

馮氏復京《六家詩名物疏》五十五卷存

《四庫》本作馮應京《六家詩名物疏》五十四卷。

吴氏雨《毛詩鳥獸草木疏》二十卷存

《四庫存目》「疏」作「考」。

唐氏汝諤《毛詩微言》二十卷存

唐氏初作《微言》，後又删汰贅詞爲《詩經微言合參》八卷，見《四庫存目》。此失書。

卷一百十五　《詩》十八

沈氏守正《詩經説通》十四卷存

《四庫存目》作十三卷。

徐氏光啓《毛詩六帖》存

此書《明史·藝文志》六卷，予家藏此書十卷。《四庫存目》載范方重訂本十四卷。

鄒氏忠胤《詩傳闡》二十四卷存

《四庫存目》二十三卷，《闡餘》二卷。

卷一百十六　《詩》十九

錢氏天錫《詩牖》五卷未見

《四庫存目》著録十五卷。

張氏次仲《待軒詩記》六卷存

《四庫》本作八卷。

卷一百十七　《詩》二十

張氏溥《詩經注疏大全合纂》存

《四庫存目》三十四卷。

朱氏朝瑛《讀詩略記》二卷存

《四庫》本六册，不分卷。

萬氏時華《詩經偶箋》未見

《四庫存目》著録十三卷。

錢氏澂之《田間詩學》五卷存

《四庫》本十二卷。

顧氏炎武《詩本旨》三卷

當作《詩本音》。

卷一百十八　《詩》廿一

毛氏晉《毛詩草木蟲魚疏廣要》四卷存

《四庫》本作二卷。

朱氏鶴齡《毛詩通義》存

《四庫》本十二卷。

陳氏啓源《毛詩稽古編》存

《四庫》本三十卷。

卷一百十九　《詩》廿二

梁簡文帝《毛詩十五國風義》佚

馬國翰有輯本。

周氏續之《毛詩序義》佚

王謨有輯本。

劉氏巘《毛詩序義疏》佚

馬國翰有輯本。

吕氏枏《毛詩序説》六卷存

《四庫》本作《毛詩説序》。

卷一百二十一　《周禮》二

杜氏子春《周官注》佚

鄭氏興《周官解詁》佚

鄭氏衆《周官解詁》佚

賈氏逵《周官解故》佚

馬國翰均有輯本。

馬氏融《周官禮注》佚

王謨、黄奭均有輯本。

鄭氏玄《周禮音》佚

王氏肅《周官禮注》佚

徐氏邈《周禮音》一卷佚

李氏軌《周禮音》一卷佚

馬國翰均有輯本。

干氏寶《周官禮注》佚

王謨、黄奭、馬國翰均有輯本。

沈氏重《周官禮義疏》佚

戚氏衮《周禮音》佚

《聶氏周官注》佚

馬國翰均有輯本，於聶氏但輯《周禮音》。

賈氏公彦《周禮疏》新、舊《唐志》五十卷，今併爲十二卷。存

今本四十二卷，原注：「今併爲十二卷」，殆四十二卷脱「四」字。

卷一百二十二　《周禮》三

王氏安石《新經周禮義》《宋志》二十二卷。未見

《四庫》輯《大典》本《周官新義》十六卷，附《考工記解》二卷，有《經苑》刊本。

卷一百二十三　《周禮》四

易氏祓《周禮總義》《宋志》三十六卷，《讀書附志》三十卷。未見

《四庫》輯《大典》本三十卷。

俞氏庭椿《周官復古編》《宋志》三卷。存

《四庫》本一卷。

卷一百二十四　《周禮》五

鄭氏伯謙《太平經國之書統集》存

《四庫》本無「統集」二字。

卷一百二十五　《周禮》六

《周禮集說》十二卷闕

《四庫》本十卷。

毛氏應龍《周禮集傳》二十四卷存

《四庫》輯《大典》本作《周官集傳》十六卷，缺《地官》、《夏官》。

卷一百二十六　《周禮》七

魏氏校《周禮沿革傳》六卷存

「挍」當作「校」，下卷《周禮義疏》同。《四庫存目》作四卷。

卷一百二十七　《周禮》八

舒氏芬《周禮定本》十三卷存

《四庫存目》作四卷。

王氏應電《周禮傳》十卷，《周禮圖説》二卷，《學周禮法》一卷，《非周禮辨》存

《四庫》本作《周禮傳》十卷，《圖説》二卷，又《翼傳》二卷，内分七篇。上卷曰《冬官補義》、曰《天王會通》、曰《學周禮法》、曰《治地事宜》，下卷曰《握奇經傳》、曰《非周禮辨》、曰《經傳正譌》。此誤以《翼傳》中之兩篇爲二書。

卷一百二十八　《周禮》九

陳氏仁錫《周禮句解》六卷存

《四庫存目》著録《重訂古周禮》六卷，疑即此書。館臣謂爲坊賈託名，未必真出仁錫。

張氏采《周禮合解》

《四庫存目》作《周禮注疏合解》。

萬氏斯大《周官禮非》二卷

《四庫存目》作一卷。

卷一百二十九　《周禮》十

黄氏度《周禮五官説》《宋志》五卷。存

陳金鑑輯《周禮説》五卷，即此書。

王氏廷相《周官九》一篇存

「九」下殆奪一字。

林氏希逸《鬳齋考工記解》三卷存

《四庫》及通志堂本均二卷。

夏氏休《周禮井田譜》《宋志》二十卷。未見

《四庫存目》有輯《大典》本二十卷。

卷一百三十一　《儀禮》二

賈氏公彦《儀禮疏》《唐志》五十卷。《玉海》云《舊史》四十卷，今本亦五十卷

《四庫》本十七卷，汪閬源影宋刊單疏本五十卷。

卷一百三十二　《儀禮》三

張氏淳《識誤》《通攷》三卷，《宋志》一卷。佚

《四庫》輯《大典》本《儀禮識誤》三卷。

李氏如圭《集釋古禮》十七卷、《釋宫》一卷、《綱目》一卷俱未見

《四庫》輯《大典》本《儀禮集釋》三十卷、《儀禮釋宫》一卷，《經苑》均有刊本。

朱子熹《儀禮經傳通解》《宋志》二十三卷。存

《四庫》本卅七卷。

魏氏了翁《儀禮要義》《宋志》五十卷。未見

《四庫》著録，江蘇局有影宋刊本。

卷一百三十三　《儀禮》四

吴氏澂《儀禮逸經》八篇，《儀禮傳》十篇。存

《四庫》本《儀禮逸經傳》二卷。

卷一百三十六　《儀禮》七

戴氏德《喪服變除》佚

馬氏融《喪服經傳注》佚

王謨、馬國翰均有輯本。馬氏《注》黃奭亦有輯本。

鄭氏玄《喪服譜注》、《喪服經傳注》佚

孔廣林、袁鈞、馬國翰均輯鄭氏《喪服變除》。

劉氏表《後定喪服》《隋志》作《喪禮》。佚

馬國翰輯本作《新定禮》。

王氏肅《喪服要記》佚

王謨、馬國翰有輯本。

《喪服經傳注》佚

黃奭、馬國翰均有輯本。

射氏慈《喪服變除圖》佚

王謨、黃奭、馬國翰均有輯本。

杜氏預《喪服要集》佚

賀氏循《喪服要紀》佚

孔氏倫《集注喪服經傳》佚

蔡氏謨《喪服譜》佚

葛氏洪《喪服變除》佚

陳氏銓《喪服經傳注》佚

裴氏松之《集注喪服經傳》佚

雷氏次宗《略注喪服經傳》佚

崔氏凱《喪服難問》佚

王氏儉《喪服古今集説》佚

馬國翰均有輯本，雷氏《略注》王謨亦有輯本。

謝氏徽《喪服要記注》佚

王謨有輯本。

卷一百三十七　《儀禮》八

徐氏駿《五服集證》一卷存

《四庫存目》作六卷。

卷一百三十八　《禮記》一

戴氏德《禮記》隋、唐《志》十三卷。闕

《四庫》本《大戴禮記》十三卷。

卷一百三十九　《禮記》二

盧氏植《禮記注》佚

王謨、臧庸、黄奭、馬國翰均有輯本。

卷一百四十　《禮記》三

王氏肅《禮記注》佚

孫氏炎《禮記注》佚

射氏慈《禮記音義隱》佚

范氏宣《禮記音》佚

徐氏邈《禮記音》佚

庾氏蔚之《禮記略解》佚

賀氏瑒《禮記新義疏》佚

皇氏侃《禮記義疏》佚

沈氏重《禮記義疏》佚

劉氏芳《禮記義證》佚

熊氏安生《禮記義疏》佚

馬國翰均有輯本，《射氏音義隱》並有王謨輯本。

孔氏穎達《禮記正義》《唐志》七十卷。存

《四庫》本六十三卷。

成氏伯璵《禮記外傳》佚

馬國翰有輯本。

卷一百四十二　《禮記》五

魏氏了翁《禮記要義》《宋志》三十三卷。未見

江蘇局有復宋刊本三十三卷。

卷一百四十三　《禮記》六

陳氏澔《禮記集説》三十卷存

《四庫》本作《雲莊禮記集説》十卷，明刊本三十卷。

卷一百四十五　《禮記》八

黄氏乾行《禮記日録》四十九卷一本三十卷。存

《四庫存目》三十卷。

聞人氏德潤《禮記要旨補》十六卷存

《四庫存目》作聞人德行《禮記要旨補》十卷。

卷一百四十六　《禮記》九

宗氏周《禮記會要》六卷未見

《四庫存目》作《就正録禮記會要》。

卷一百四十八　《禮記》十一

謝氏枋得《檀弓章句》一卷存

《四庫存目》作《批點檀弓》二卷。

徐氏昭慶《檀弓記通》二卷未見

《四庫存目》作《檀弓通》。

阮氏逸《三制井田圖》佚

「三制」當作「王制」。

卷一百四十九　《禮記》十二

蔡氏邕《月令章句》佚

王謨、臧庸、黄奭、葉德輝均有輯本，黄奭、馬國翰併集《月令問答》。

張氏虙《月令解》《宋志》十二卷。未見

《四庫》輯《大典》本十二卷。

卷一百五十　《禮記》十三

黄氏道周《緇衣集傳》二卷存

《四庫》本作四卷。

卷一百五十二　《禮記》十五

朱子熹《中庸或問》《宋志》二卷。存

《四庫》本三卷。

卷一百五十三　《禮記》十六

袁氏甫《中庸詳説》佚

《四庫》有輯《大典》本《中庸講義》四卷，《提要》謂或即此書之别名。

卷一百五十七　《禮記》二十

金氏履祥《大學章句疏義》一卷未見

《四庫》著録作《大學疏義》。

卷一百五十九　《禮記》廿二

魏氏挍《大學指歸》一卷存

「挍」當作「校」。本書内魏校名皆誤作「挍」。《四庫存目》作二卷，附《考異》一卷。

卷一百六十一　《禮記》廿四

葛氏寅亮《大學湖南講》一卷存

《四庫存目》《四書湖南講》五卷，《提要》載《浙江通志》作二十六卷，或别有《續編》。此但載《大學》，不及他三書。

劉氏元卿《大學新編》一卷未見

《四庫存目》作五卷。

卷一百六十二　《禮記》廿五

黄氏道周《儒行集解》一卷存

《四庫》本作《儒行集傳》二卷。

卷一百六十三　通禮一

鄭氏玄《三禮目録》佚

王謨、臧庸、袁鈞均有輯本。

《三禮圖》佚

王謨、黄奭、馬國翰均有輯本。

阮氏諶《三禮圖》佚

馬國翰有輯本。

崔氏靈恩《三禮義宗》佚

王謨、黄奭、馬國翰均有輯本。

卷一百六十五　通禮三

劉氏績《三禮圖》二卷存

《四庫》本四卷。

李氏經綸《三禮類編》三十卷存

《四庫存目》作《禮經類編》。

卷一百六十六　通禮四

《石渠禮論》佚

王謨、馬國翰有輯本。

吴氏商《禮雜義》佚

何氏承天《禮論》佚

徐氏廣《禮論答問》佚

任氏預《禮論條牒》佚

庾氏蔚之《禮論鈔》佚

何氏佟之《禮答問》佚

王氏儉《禮答問》佚

荀氏萬秋《禮論鈔略》佚

周氏捨《禮疑義》佚

馬國翰均有輯本，何氏《禮論》王謨亦有輯本。

董氏勛《問禮俗》佚

賀氏述《禮統》佚

王謨均有輯本，賀氏《禮統》馬國翰亦有輯本。

呂氏枏《禮問内外》二卷未見

《四庫存目》著録但作《禮問》。

卷一百六十七　《樂》

《樂經》佚

王謨、馬國翰有輯本。

《樂記》闕

河間獻王劉德《樂元語》佚

馬國翰均有輯本，王謨亦有《樂元語》輯本。

李氏文察《樂記補説》二卷未見

《四庫存目》著録《李氏樂書》十九卷，内《樂記補説》一卷。

卷一百七十一 《春秋》四

董子仲舒《春秋決事》佚

馬國翰有輯本。

嚴氏彭祖《古今春秋盟會地圖》佚

黄奭有輯本。

《春秋公羊傳》佚

顔氏安樂《公羊記》佚

尹氏文始《春秋穀梁傳》佚

馬國翰均有輯本。

卷一百七十二　《春秋》五

鄭氏衆《牒例章句》佚

賈氏逵《左氏傳解詁》佚

《春秋左氏長經》佚

馬氏融《三傳異同説》佚

戴氏宏《解疑論》佚

何氏休《春秋公羊文謚例》佚

　馬國翰均有輯本，黄奭亦有賈氏《解詁》輯本。

服氏虔《春秋左氏傳解義》佚

　黄奭、馬國翰均有輯本，袁鈞著《服氏春秋傳注》十二卷。

穎氏容《春秋釋例》佚

彭氏汪《左氏奇説》佚

許氏淑《左氏傳注解》

　馬國翰均有輯本。

卷一百七十三　《春秋》六

董氏遇《春秋左氏傳章句》佚

王氏肅《春秋左氏傳注》佚

嵇氏康《春秋左氏傳音》佚

麋氏信《穀梁傳注》佚

馬國翰均有輯本，麋氏書黄奭亦有輯本。

杜氏預《春秋釋例》未見

《四庫》有輯《大典》本十五卷。

卷一百七十四　《春秋》七

劉氏兆《春秋公羊穀梁傳解詁》佚

江氏熙《公羊穀梁二傳評》佚

徐氏乾《春秋穀梁傳注》佚

馬國翰均有輯本。

范氏寧《春秋穀梁傳例》佚

京相氏璠《春秋土地名》

黄奭均有輯本，馬國翰亦有《春秋土地名》輯本。

孫氏毓《春秋左氏傳義注》佚

徐氏邈《春秋左氏傳音》佚

《春秋穀梁傳義》佚

干氏寶《春秋左氏函傳義》佚

馬國翰均有輯本。

卷一百七十五　《春秋》八

沈氏文阿《春秋左氏經傳義略》佚

賈氏思同《春秋傳駁》十卷佚

王氏元規《續春秋左氏傳義略》佚

馬國翰均有輯本。

劉氏炫《春秋左傳杜預序集解》佚

黄奭有輯本。

《春秋左氏傳述義》佚

《春秋攻昧》佚

《春秋規過》佚

馬國翰皆有輯本。

卷一百七十六　《春秋》九

孔氏穎達等《春秋正義》《唐志》三十六卷。存

《四庫》本《春秋左傳正義》六十卷。

楊氏士勛《春秋穀梁傳疏》《唐志》十二卷。存

《四庫》本《春秋穀梁傳注疏》廿卷。

啖氏助《春秋集傳》佚

趙氏匡《春秋闡微纂類義統》十卷闕

馬國翰皆有輯本。

陸氏質《集注春秋》《唐志》二十卷。佚。《集傳春秋纂例》《唐志》十卷。《春秋辨疑》《唐志》七卷。存

《四庫》本陸淳《春秋集傳纂例》十卷，《春秋集傳辨疑》十卷。

卷一百七十七　《春秋》十

盧氏仝《春秋摘微》佚

李邦燉有輯本一卷。

徐氏彦《春秋公羊傳疏》《通考》三十卷。存

《四庫》本《春秋公羊傳注疏》廿八卷。

陸氏希聲《春秋通例》佚

馬國翰有輯本。

卷一百七十八　《春秋》十一

陳氏岳《春秋折衷論》佚

馬國翰有輯本。

《春秋十二國年歷》《通考》作《二十國年表》，《宋志》一卷。佚

《四庫》著録《春秋年表》一卷，自周以下至小邾凡二十國，則「十二國」者殆「二十國」之誤耶。

卷一百八十　《春秋》十三

劉氏敞《春秋意林》《宋志》二卷，《玉海》五卷。存

《四庫》本二卷。

《春秋説例》佚

《四庫》有輯《大典》本一卷。

杜氏諤《春秋會義》《宋志》二十六卷。佚

丁氏《善本書室藏鈔》本四十卷，孫葆田有刊本廿六卷。

卷一百八十二　《春秋》十五

孫氏覺《春秋經解》《宋志》十五卷。存

《四庫》本十三卷。

蘇氏轍《春秋集解》《宋志》作《集傳》，十二卷。存

今本卷與《宋志》同。

卷一百八十三　《春秋》十六

崔氏子方《春秋經解》佚

《四庫》有輯《大典》本十二卷。

《春秋本例》、《例要》《宋志》二十卷，今本十卷。存

《四庫》本《春秋本例》二十卷，又輯《大典》本《春秋例要》一卷。

張氏大亨《春秋通訓》佚

《四庫》有輯《大典》本六卷。

《五禮例宗》《宋志》十卷。存

《四庫》本存七卷，佚《軍禮》三卷。《提要》謂《永樂大典》引此書皆吉、凶、賓、嘉禮之文，而《軍禮》無一字，知《軍禮》佚已久矣。

葉氏夢得《春秋考》《宋志》三十卷。佚

《四庫》有輯《大典》本十六卷。

《春秋讞》《宋志》三十卷。佚

《四庫》有輯《大典》本廿二卷。

卷一百八十四　《春秋》十七

蕭氏楚《春秋經辨》《宋志》十卷。佚

《四庫》有輯《大典》本《春秋辨疑》四卷。

呂氏本中《春秋集解》《宋志》十二卷，又《呂祖謙集解》三十卷。存

《四庫》本三十卷，《提要》謂舊題呂祖謙撰，誤。《宋史》于呂本中此書外，别載呂祖謙《春秋集解》三十卷，乃致誤之由。

卷一百八十六　《春秋》十九

高氏閌《息齋春秋集注》《通考》十四卷。未見

《四庫》有輯《大典》本四十卷。

卷一百八十七　《春秋》二十

呂氏祖謙《左氏博議》《宋志》二十卷。存

《四庫》本廿五卷

《左氏説》《通考》三十卷，今本二十卷。存

《四庫》本《左氏傳説》廿卷，又輯《大典》本《續説》十二卷。《提要》謂《書録解題》謂此書三十卷，乃兼《續説》十卷計之。

卷一百八十九　《春秋》廿二

張氏洽《春秋集傳》二十六卷佚

阮氏進呈元延祐臨江路學本十七卷，缺十八至二十、又二十三至二十六卷。

卷一百九十　《春秋》廿三

魏氏了翁《春秋要義》《宋志》六十卷。未見

《四庫》著録本存卅一卷

程氏公説《春秋分記》《宋志》九十卷。未見

《四庫》著録《春秋分記》九十卷。

戴氏溪《春秋講義》《宋志》四卷。佚

《四庫》輯《大典》本四卷。

李氏明復《春秋集義》《宋志》五十卷，《綱領》二卷。存

《四庫》載《春秋集義》五十卷，又輯《大典》本《綱領》三卷。《提要》引李氏自注「餘見《綱領》上中二卷」，則《綱領》原本三卷，作二卷者誤也。

洪氏咨夔《春秋説》三卷佚

《四庫》輯《大典》本三十卷，《提要》稱《永樂大典》載吴潛所作《咨夔行狀》載《春秋説》實三十卷，朱氏引吴任臣言止三卷者，誤也。

卷一百九十四　《春秋》廿七

吴氏澂《春秋纂言》十二卷，《總例》三卷存

《四庫》本《總例》一卷。

齊氏履謙《春秋諸國統紀》六卷存

《四庫》本尚有《目録》一卷。

卷一百九十六　《春秋》廿九

王氏元杰《春秋讞義》十二卷存

《四庫》本存九卷，佚後三卷。

卷一百九十七　《春秋》三十

鄭氏玉《春秋經傳闕疑》三十卷存

《四庫》本四十五卷。

《春秋透天關》二卷未見

《四庫》輯《大典》本四卷，《提要》云舊題晏兼善撰。

卷二百　《春秋》三十三

胡氏廣等《春秋集傳大全》三十七卷存

《四庫》本七十卷。

饒氏秉鑑《春秋會傳》十五卷《提要》一卷。存

《四庫存目》《春秋提要》四卷。館臣謂與《春秋會傳》另爲一書。

童氏品《春秋經傳辨疑》一卷未見

此書《四庫》著録。

魏氏挍《春秋經世書》二卷存

「挍」當作「校」。《四庫存目》作《春秋經世》一卷。

卷二百一　《春秋》三十四

鍾氏芳《春秋集要》二卷未見

《四庫存目》著録作十二卷。

楊氏慎《春秋地名考》一卷未見

丁氏《八千卷樓書目》著録。

豐氏坊《春秋世學》三十八卷未見

《四庫存目》作三十二卷。

陸氏粲《春秋左氏鐫》二卷未見

《四庫存目》著録作《左氏春秋鐫》。

《春秋胡傳辨疑》四卷未見

《四庫》著録作二卷。

卷二百二　《春秋》三十五

趙氏恒《春秋録疑》十七卷未見

《四庫存目》著録作十六卷。

嚴氏訥《春秋國華》十八卷存

《四庫存目》作十七卷。

王氏樵《春秋輯傳》十五卷存

《四庫》本《春秋輯傳》十三卷，《宗旨》一卷。

卷二百三　《春秋》三十六

姜氏寶《春秋事義考》二十卷存

《四庫》本十六卷。

袁氏仁《春秋鍼胡編》一卷存

《四庫》本作《春秋胡傳考誤》。

傅氏遜《春秋左傳屬事》二十卷未見

《四庫》著録作《左傳屬事》。

《春秋左傳注解辨》二卷存

《四庫存目》作《左傳注解辨誤》。

卷二百四　《春秋》三十七

凌氏稚隆《春秋左傳注評測義》七十卷

《四庫存目》「注評」作「評注」。

鄭氏良弼《春秋續義》三卷未見

《四庫存目》作《春秋續義發微》十二卷。

朱氏睦㮮《春秋諸傳辨疑》四卷未見

《四庫存目》著録。

卷二百五　《春秋》三十八

馮氏時可《左氏討論》二卷，《釋》二卷存

《四庫存目》作《左氏討》一卷，《左氏論》一卷，又《四庫》著録《左氏釋》二卷。

鄒氏德溥《春秋匡解》八卷存

《四庫存目》作六卷。

郝氏敬《春秋直解》十三卷存

《四庫存目》作十五卷。

卷二百六　《春秋》三十九

卓氏爾康《春秋辨義》三十卷存

《四庫》本三十九卷。

顧氏懋樊《春秋義》三十卷未見

《四庫存目》著録。

卷二百七　《春秋》四十

張氏溥《春秋三書》三十一卷存。闕

《四庫存目》三十二卷。

吴氏希哲《春秋明微》未見

丁氏《八千卷樓》著録作《麟旨明微》，不分卷。

來氏集之《四傳權衡》一卷存

丁氏《八千卷樓書目》不分卷。

卷二百六　《春秋》四十一

朱氏鶴齡《讀左日鈔》□卷未見

《四庫》本十二卷，《補》二卷。

姜氏希轍《春秋左傳統箋》二十五卷存

《四庫存目》作三十五卷。

馬氏驌《春秋事緯》二十卷存

《四庫》本《左傳事緯》十二卷，《附録》八卷。

毛氏奇齡《屬辭比事紀》六卷未見

「紀」當作「記」，《四庫》著録本四卷。

《王氏春秋左翼》未見

《四庫》著録王震《春秋左翼》四十三卷，前卷二百五卷著録王氏震《左傳參同》四十三卷，殆名異而實一書耶。

卷二百十一　《論語》一

《古論語》存

《齊論語》佚

孔氏安國《古論語訓》佚

包氏咸《論語章句》佚

馬氏融《論語解》佚

馬國翰均有輯本。

鄭氏玄《論語注》佚

王謨、馬國翰均有輯本，敦煌石室有殘卷，予收入《石室佚書》中。

周氏《論語章句》佚

譙氏周《論語注》佚

陳氏羣《論語解》佚

王氏肅《論語注》佚

周生氏烈《論語注》佚

王氏弼《論語釋疑》佚

馬國翰均有輯本。

卷二百十二　《論語》二

衛氏瓘《論語集注》佚

繆氏播《論語旨序》佚

郭氏象《論語體略》佚

欒氏肇《論語釋疑》佚

虞氏喜《論語讚鄭氏注》佚

庾氏翼《論語釋》佚

李氏充《論語集注》佚

范氏寧《論語注》佚

孫氏綽《論語集解》佚

梁氏覬《論語注釋》佚

袁氏喬《論語注釋》佚

江氏熙《論語集解》佚

張氏憑《論語注》佚

蔡氏謨《論語注》佚

沈氏驎士《論語訓注》佚

梁武帝《論語》佚

太史氏叔明《論語集解》佚

褚氏仲都《論語義疏》佚

　馬國翰均有輯本。

皇氏侃《論語義疏》未見

　内府及鮑氏均有重刊日本本。

亡名氏《論語隱義》佚

　王謨有輯本。

《論語隱義注》佚

　馬國翰有輯本。

卷二百十三 《論語》三

邢氏昺《論語正義》《宋志》十卷

《四庫》本二十卷。

卷二百十八 《論語》八

張氏栻《南軒論語解》存

《四庫》本作《癸巳論語解》。

卷二百十九 《論語》九

鄭氏汝諧《論語意原》二卷存

《四庫》本四卷。汝諧字舜舉，號東谷，處州人。陳振孫《書録解題》云仕至吏部侍郎。

蔡氏節《論語集説》二十卷存

《四庫》本十卷。

金氏履祥《論語集注考證》十卷《一齋目》二卷。未見

《四庫》著録十卷。

卷二百二十一　《論語》十一

陳氏士元《論語解》二十卷存

《四庫》本作《論語類考》。

劉氏宗周《論語學案》四卷存

《四庫》本十卷。

毛氏奇齡《論語稽求篇》七卷存

《四庫》本四卷。

鄭氏玄《論語孔子弟子目録》佚

王謨、袁鈞、孔廣林、馬國翰均有輯本。

卷二百二十二　《孝經》一

魏文侯《孝經傳》佚

王謨、馬國翰均有輯本。

孔氏安國《古文孝經傳》佚

《四庫》著録日本古寫本一卷。

長孫氏《孝經説》佚

后氏蒼《孝經説》佚

張氏禹《孝經説》佚

馬國翰均有輯本。

鄭氏玄《孝經注》佚

王謨、袁鈞、孔廣林均有輯本。

王氏肅《孝經解》佚

韋氏昭《孝經解讚》佚

馬國翰均有輯本。

卷二百二十二　《孝經》二

謝氏萬《集解孝經》佚

殷氏仲文《孝經注》佚

《永明諸王講義》佚

梁武帝《孝經義疏》佚

皇氏侃《孝經義疏》佚

嚴氏植之《孝經注》佚

馬國翰均有輯本。

劉氏炫《古文孝經義疏》佚

王謨、馬國翰均有輯本。

卷二百二十四　《孝經》三

魏氏克己《孝經注》佚

元氏行沖《御注孝經疏》佚

馬國翰有輯本。

卷二百二十六　《孝經》五

朱氏申《孝經注解》一卷存

《四庫存目》作《孝經句解》。

卷二百二十七　《孝經》六

吴氏澂《孝經章句》一卷存

《四庫》本作《孝經定本》。

卷二百二十八　《孝經》七

潘氏府《孝經正誤》一卷未見

《四庫存目》著録尚有《附録》一卷。

卷二百二十九　《孝經》八

羅氏汝芳《孝經宗旨》一卷未見

《四庫存目》著録。

吕氏維祺《孝經本義》二卷未見

吕氏維佶《孝經翼》未見

《經苑》刊《孝經本義》二卷，《孝經翼》一卷。

卷二百三十二　《孟子》二

程氏曾《孟子章句》佚

高氏誘《正孟子章句》佚

鄭氏玄《孟子注》佚

劉氏熙《孟子注》佚

綦母氏邃《孟子注》佚

陸氏善經《孟子注》佚

張氏鎰《孟子音義》佚

丁氏公箸《孟子手音》佚

馬國翰均有輯本，劉熙《注》又有葉德輝輯本。

卷二百三十三　《孟子》三

蘇氏洵《孟子評》一卷存

《四庫》本作《蘇評孟子》二卷。

卷二百三十四　《孟子》四

余氏允文《尊孟辯》存。闕

《四庫》輯《大典》本三卷，《續辯》二卷，《别録》一卷。

尹氏焞《孟子解》佚

《四庫存目》著録謂是依託。

張氏九成《孟子解》《通考》十四卷。未見

《四庫》著録作《孟子傳》二十九卷，佚《盡心篇》。

朱子熹《孟子集注》《宋志》十四卷。存

《四庫》本七卷。

卷二百三十五　《孟子》五

金氏履祥《孟子考證》未見

《四庫》著録《孟子集注》七卷。

管氏志道《孟子訂釋》七卷存

《四庫存目》作《孟子訂測》，内分《訂釋》、《測義》二例。

黄氏宗羲《孟子師説》一卷存

《四庫》本二卷。

卷二百三十七　《爾雅》一

《犍爲文學爾雅注》佚

王謨、黄奭、馬國翰均有輯本。

劉氏歆《爾雅注》佚

樊氏光《爾雅注》佚

李氏巡《爾雅注》佚

孫氏炎《爾雅注》佚

《爾雅音》佚

黄奭、馬國翰均有輯本。

郭氏璞《爾雅圖讚》佚

王謨、黄奭、馬國翰均有輯本。

沈氏旋《集注爾雅》佚

施氏乾《爾雅音》佚

謝氏嶠《爾雅音》佚

顧氏野王《爾雅音》佚

黄奭、馬國翰均有輯本。

裴氏瑜《爾雅注》佚

馬國翰有輯本。

卷二百三十九　羣經一

劉氏向《五經通義》佚

王謨、黄奭、馬國翰均有輯本。

許氏慎《五經異義》佚

《五經要義》佚

王謨均有輯本，馬國翰亦有《五經要義》輯本。

鄭氏玄《六藝論》佚

王謨、袁鈞、孔廣林、馬國翰均有輯本。

《鄭記》佚

袁鈞、馬國翰均有輯本。

鄭氏小同《鄭志》《隋志》十一卷，《唐志》九卷。佚

《四庫》著録輯本《鄭志》三卷，《補遺》一卷，又袁鈞、孔廣林均有輯本。

卷二百四十　羣經三

王氏肅《聖證論》佚

譙氏周《五經然否論》佚

王謨、馬國翰均有輯本。

傅氏咸《七經詩》闕

王謨有輯本。

束氏晳《五經通論》佚

楊氏方《五經鉤沈》佚

王謨、馬國翰均有輯本。

戴氏逵《五經大義》佚

馬國翰有輯本。

邯鄲氏綽《五經析疑》佚

王謨、馬國翰有輯本。

房氏景先《五經疑問》十卷。

王謨有輯本。

常氏爽《五經略注》佚

樊氏深《五經大義》佚

馬國翰有輯本。

卷二百四十二　羣經四

劉氏敞《七經小傳》《宋志》五卷。存

《四庫》及通志堂本三卷。

程子頤《河南經説》《宋志》七卷。存

《四庫》本作《程氏經説》七卷，明刊本八卷。

卷二百四十四　羣經六

岳氏珂《九經沿革》存

當作《九經三傳沿革例》。

卷二百四十七　羣經九

周氏洪謨《經書疑辨録》三卷存

《四庫存目》作《經書辨疑録》。

王氏恕《石渠意見》二卷，又《拾遺》一卷、《補闕》一卷未見

《四庫存目》《石渠意見》四卷，《拾遺》、《補闕》各二卷。

卷二百四十八　羣經十

王氏崇慶《五經心義》五卷存

《四庫存目》無卷數。

陳氏深《十三經解詁》六十卷未見

《四庫存目》五十六卷。

卷二百五十二　四書一

朱子熹《四書集注章句》二十六卷存

宋刊及今本均十九卷。

《四書或問》三十六卷存

《四庫》本三十九卷。

卷二百五十四　四書三

劉氏因《四書集義精要》三十卷未見

《四庫》著録本二十八卷，以下佚。

詹氏道傳《四書纂箋》二十六卷佚

《四庫》著録二十八卷，通志堂本同。

許氏謙《讀四書叢説》二十卷未見

《四庫》本但存《大學》、《中庸》各一卷，《孟子》二卷，《經苑》有刊本。

卷二百五十五　四書四

倪氏士毅《四書輯釋》三十六卷存

《四庫存目》存二十卷。

史氏伯璿《四書管窺》五卷未見

《四庫》著録八卷。

卷二百五十六　四書五

蔡氏清《四書蒙引》十五卷存

《四庫》本尚有《别附》一卷。

卷二百五十七　四書六

薛氏應旂《四書人物考》四十卷存

《四庫存目》尚有《補考》八卷，乃應旂元孫寀編。

高氏拱《四書辨問録》十卷存

《四庫》本作「問辨録」。

陳氏禹謨《經言枝指》九十三卷存

《四庫存目》作百卷。

卷二百五十八　四書七

姚氏舜牧《四書疑問》十二卷存

《四庫存目》十一卷。

萬氏尚烈《四書測》一卷存

《四庫存目》作六卷。

鹿氏善繼《四書説約》□卷未見

《四庫存目》著録無卷數。

卷二百五十九　四書八

陳氏仁錫《四書備考》八十卷存

《四庫存目》《四書考》二十八卷，《四書考異》一卷，不知即《備考》否。

魯氏論《四書通義》十卷未見

《四庫存目》著録三十八卷。

譚氏貞默《四書見聖編》一百□卷存

《四庫存目》作《三經見聖編》一百八十卷。

徐氏養元《四書集説》二十四卷存

《四庫存目》作二十八卷。

徐氏邦佐《四書經學考》十一卷存

《四庫存目》：《四書經學考》十卷，《補遺》一卷，《續考》六卷。

張氏自烈《四書大全辨》三十六卷存

《四庫存目》作三十八卷，尚有《附録》六卷。

陸氏隴其《四書松陽講義》六卷存

《四庫》本十二卷。

《四書困勉録》□十□卷存

《四庫》本三十七卷，今通行本三十四卷，《續録》六卷。

閻氏若璩《四書釋地》一卷，《續》一卷存

《四庫》本尚有《又續》、《三續》各二卷。

卷二百六十三　毖緯一

《易稽覽圖》佚

《易是類謀》佚

《易辨終備》佚

《易通卦驗》佚

《易坤靈圖》佚

《乾元序制記》佚

趙在翰均有輯本，《是類謀》、《坤靈圖》、《乾元序制記》並有黄奭輯本。

卷二百六十四　毖緯二

《河圖括地象》佚

《河圖帝覽嬉》佚

《河圖稽命曜》佚

《河圖稽曜鉤》佚

《龍魚河圖》一卷佚

《河圖始開篇》佚

《洛書甄曜度》佚

《洛書靈準聽》佚

《洛書摘六解》佚

黄奭均有輯本。

卷二百六十五　毖緯三

《尚書緯》佚

趙在翰有輯本。

《尚書璇璣鈐》佚

《尚書考靈曜》佚

馬國翰、趙在翰均有輯本，《璇璣鈐》並有黄奭輯本。

《尚書帝命驗》佚

《尚書刑德倣》佚

《尚書運期授》佚

馬國翰、趙在翰、黄奭均有輯本。

《尚書中候》佚

馬國翰有輯鄭注本。

《詩緯》佚

趙在翰、黄奭均有輯本。

《詩含神霧》佚

《詩汜歷樞》佚

《詩推度災》佚

馬國翰、趙在翰均有輯本，《含神霧》、《推度災》並有黄奭輯本。

《禮緯》佚

趙在翰有輯本。

《禮含文嘉》佚

《禮斗威儀》佚

《禮稽命徵》佚

馬國翰、趙在翰均有輯本，《含文嘉》、《稽命徵》並有黄奭輯本。

《樂緯》佚

趙在翰有輯本。

《樂動聲儀》佚

《樂稽耀嘉》佚

《樂叶圖徵》佚

馬國翰、趙在翰均有輯本，《叶圖徵》並有黄奭輯本。

卷二百六十六　毖緯四

《春秋緯》佚

《春秋演孔圖》佚

趙在翰均有輯本，《演孔圖》並有馬國翰輯本。

《春秋説題辭》佚

《春秋元命包》佚

《春秋文曜鉤》佚

《春秋運斗樞》佚

《春秋感精符》佚

《春秋合誠圖》佚

《春秋考異郵》佚

《春秋保乾圖》佚

馬國翰、趙在翰、黄奭均有輯本。

《春秋漢合孳》佚

馬國翰、趙在翰均有輯本。

《春秋佐助期》佚

《春秋握成圖》佚

《春秋潛潭巴》佚

馬國翰、趙在翰、黄奭均有輯本。

《春秋命歷序》佚

《春秋内事》佚

馬國翰、黄奭均有輯本。

卷二百六十七　毖緯五

《論語讖》《新唐志》作「緯」。佚

《論語摘輔象》佚

《論語摘襄聖》佚

黄奭均有輯本。

《孝經雜緯》佚

趙在翰有輯本。

《孝經句命決》

《孝經援神契》

馬國翰、趙在翰、黄奭均有輯本。

《孝經内事》佚

王謨有輯本。

《孝經古秘援神》佚

《孝經左右契圖》、《中契》佚

《孝經雌雄圖》佚

馬國翰均有輯本。

《孝經内事圖》佚

馬國翰、黄奭均有輯本。

卷二百六十九　擬經二

張氏行成《翼玄》十二卷未見

《四庫存目》著録。

卷二百七十　擬經三

衛氏元嵩《元包》《唐志》十卷。存

《四庫》本作五卷。

卷二百七十一　擬經四

張氏行成《皇極經世索隱》一卷未見

《四庫》有輯《大典》本二卷。

周氏奭《經世節要》未見

《四庫存目》有《皇極經世節要》無卷數，不著撰人。《浙江采進遺書録》作元周爽，殆即宋周奭之譌。

朱氏隱老《皇極經世書解》十八卷存

《四庫存目》作《皇極經世書説》。

亡名氏《皇極經世書類要》十卷存

《四庫存目》有輯《大典》本鍾過《皇極經世書類要》九卷，不知爲一書否。

卷二百七十三　擬經六

蔡氏沈《洪範内外篇》七卷存

《四庫存目》有輯《大典》本蔡氏《洪範皇極内外篇》五卷。

韓氏邦奇《洪範圖解》一卷未見

《四庫存目》著録作二卷。

卷二百七十五　擬經八

趙氏曄《吳越春秋》《隋志》十二卷。存

元大德本十卷，明刊本六卷。

卷二百七十六　擬經九

孫氏盛《晉陽秋》佚

習氏鑿齒《漢晉陽秋》佚

檀氏道鸞《續晉陽秋》佚

蕭氏方等《三十國春秋》佚

武氏敏之《三十國春秋》佚

崔氏鴻《十六國春秋》佚

湯球均有輯本。

吴氏任臣《十國春秋》十卷存

乃一百十六卷

卷二百七十七　擬經十

晏氏嬰《晏子春秋》《漢志》八篇，《隋志》七卷，《中興書目》十二卷。存

今本八卷。

李氏筌《閫外春秋》佚

敦煌石室有殘卷，予印入《石室佚書》中。

孔氏衍《春秋後國語》佚

敦煌石室有殘卷，予印入《石室佚書》中。

卷二百七十八　擬經十一

王氏肅《孔子家語解》《隋志》二十一卷。存

今本十卷。

何氏孟春《家語傳》八卷

《四庫存目》作《家語注》。

薛氏據《孔子集語》二卷存

《四庫》本三卷。

楊氏簡《先聖大訓》十卷存

《四庫》本六卷。

司馬氏光《集注揚子》十卷存

《四庫》本作《法言集注》。

卷二百七十九　擬經十二

王氏通《中説》《唐志》五卷，或作十卷。存

《四庫》本十卷。

卷二百八十　擬經十三

崔氏銑《小爾雅》一卷。

《四庫存目提要》謂此即《孔叢子》中之《小爾雅》，前已出孔鮒《小爾雅》，此當删。

卷二百八十九　刊石三

《後蜀石經》佚

漢軍楊氏、明文淵閣舊藏宋拓殘本。

《宋國子監石經》七十五卷佚

今陳留尚存《周禮殘石》山陽丁氏舊藏宋拓殘本。

卷二百九十　刊石四

《宋太學御書石經》闕

《兩浙金石志》存《周易》二石，《尚書》七石，《毛詩》十石，《中庸》一石，《春秋左傳》四十八石，《論語》七石，《孟子》十一石，總八十六石。今《左傳》但存四十石，較阮氏時又佚八石矣。

宋元釋藏刊本考

《釋藏》刊本源流，我國目録學家罕記述者。往歲在海東，於西京書肆先後得宋、元槧殘經數十卷，後多有題記。欲據以考宋、元刊本，而苦所見之隘。會彼國連年開大藏會，因得縱觀名山大刹之藏。知宋代凡五刻，始刊於蜀，繼刊於閩、浙。元代凡三刻，刊於浙者再，刊於吴者一。爰根據耳目所及，爲《宋元釋藏刊本考》。庚申七夕，上虞羅振玉書於津沽集賢村舍。

由李唐至於五季，佛教經象已有雕版，而刊刻全藏，則肇於北宋之初。太宗開寶五年，詔有司雕刻《大藏經》於蜀，凡十三萬板。神宗熙寧四年秋，賜顯聖寺聖壽禪院設印經院，以僧懷謹領之。此《大藏經》最初刊於蜀中者也。

日本南禪寺藏《佛本行集經》卷十九後題：「大宋開寶七年甲戌歲，奉敕雕造。」又有木記三行曰：「熙寧辛亥歲仲秋初十日中書劄子，奉聖旨賜《大藏經》板於顯聖寺聖壽禪院印造。提轄管句印經院事智悟大師賜紫懷謹。」

福州東禪寺等覺院以神宗元豐三年募集衆緣，開《大藏經》版，爲國祝釐。

日本醍醐寺藏《勝天王般若波羅蜜》卷三前題：「福州東禪等覺院住持慧空大師沖真，於元豐三年庚申歲，謹募衆緣，開《大藏經》印板一副，祝今上皇帝聖壽無窮，國泰民安，法輪常轉。」

至徽宗朝而畢刊。

在海東所見東禪本殘經之記年號者，始於元豐及元祐、紹聖、元符、建中靖國、崇寧，訖大觀而止，未見元、豐以前大觀以後者。故知起於元豐，訖於大觀。

住持之爲勸首者曰沖真、曰智華、曰契璋、

智華、契璋在元祐時，見醍醐寺所藏《攝大乘論》卷上後題。

曰智賢、

在紹聖時，見南禪寺所藏《正法念處經》卷六十八後題。

曰普明、

在崇寧時，見醍醐寺藏《阿育王經》卷九前題。

曰慧明。

在紹興時，見南禪寺藏《阿育王經》卷八後題。

同勸緣者曰大乘寺沙門行成。

見《攝大乘論》卷上後題。

士夫之任勸首者，曰應賢良方正能直言極諫科陳瑒。

見《阿育王經》卷九及南禪寺藏《建中靖國續燈録》卷八後題。

知福州軍州事之贊助者，曰劉瑾、

見三寶院藏《大寶積經》卷十三後題。

曰許懋、

見醍醐寺藏《佛説如來興顯經》卷四後題。

曰王祖道。請主曰參知政事元絳。

並見《正法念處經》卷六十八後題。

勘經者曰黄端、曰謝伯虎。

見《大寶積經》卷十三後題。

詳對僧曰傳祖、

見《佛説如來興顯經》卷四後題。

曰仁旦、

見《攝大乘論》卷上後題。

曰明覺。

見《正法念處經》卷六十八後題。

句當僧曰集成、曰崇信、曰慧隆、

曰潛洞、
見《大寶積經》卷十三後題。
曰紹登、
見《佛説如來興顯經》卷四後題。
曰靈肇。
見《攝大乘論》卷上後題。
見《建中靖國續燈録》卷八後題。
初擬刊全藏五百函，函各十卷。
河野氏藏《大乘顯識經》卷下首題：「福州東禪等覺院住持傳法慧空大師沖真等，謹募衆緣，恭爲今上皇帝、太皇太后、皇太妃祝延聖壽，國泰民安，開鏤《大藏經》板一副，總計五百函，函各十卷。元豐八年乙丑歲五月日謹題。」
元祐間增爲五百餘函。
《攝大乘論》卷上首題：「福州東禪等覺院住持傳法賜紫智華、沙門契璋等，謹募衆緣，恭爲今上皇帝、太皇太后、皇太后祝延聖壽，國泰民安，開鏤《大藏經》板一副，計五百餘函。元祐八年十一月日謹題。」

南渡後，高宗紹興二十六年，宗室士衎因經板字畫漫滅，不堪印造，特施俸資命工。損者重脩，朽者新刻，圓滿一藏，計五百六十餘函。

《阿育王經》卷八後題：「皇叔保寧軍承宣使知内外宗正事士衎，伏覩福州東禪寺《大藏經》板，年代寖遠，字畫漫滅，不堪印造，持施俸資命工。損者重脩，朽者新刻，圓成一藏，計五百六十餘函。庶傳永久，所集鴻因，仰祝今上皇帝聖壽無疆，國泰民安，風調雨順，天下太平，法輪常轉。紹興二十六年五月日謹題。」

孝宗乾道間新刻之經，尚有奉旨送寺續八藏中者。

醍醐寺藏《首楞嚴經義》卷一首題：「僧咸輝募雕《首楞嚴義海經》板一部三函，入本州東禪寺印經藏院流通」云云。下署「乾道八年十一月。」後題：「皇帝付福州入藏。御批：向來印造釋教藏經，工製甚精好。今有僧咸輝自備用度，雕造《首楞嚴義海經》板一副，並教乘文字，可與送入大藏，同見傳《藏經》印造，以廣其傳。」

逮元至治間，經板又有蠹壞。比丘祖意募緣雕換萬板，全藏復完。

南禪寺藏《瑜珈師地論》卷四十九前題：「福州路東禪院慧空大師，雕造《大藏經》板五百餘函。歲月侵久，蠹壞滋多。至治年間，比丘祖意募緣雕換萬板，以壽其傳。恭爲祝延聖壽萬安，十方檀信，法界有情，同圓種智。時泰定丙寅六月日謹題。」

此閩中第一刻也。福州開元寺以北宋之末，募緣雕造《毘盧大藏》五百餘函，而成於南渡之初。

諸經題記所署年號，曰政和，曰宣和，曰建炎，曰紹興，故知經始於北宋之末，告成於南渡之初。

知瀘州軍州事馮檝，又舍俸添鏤經板三十函以完之。

予藏《大唐衆經音義》每卷首題：「敷文閣直學士、左朝議大夫、潼川府路都鈐轄安撫使、知瀘州軍州提學事兼管内勸農使賜紫金魚袋馮檝，恭爲今上皇帝祝延聖壽，捨俸添鏤經板三十函，補足《毘盧大藏》，永冀流通勸緣。福州開元寺住持慧通大師了一題。」

雕經都會曰趙天與、曰鄭遘、曰卓元忠、曰張周、曰葛龜年、曰鄭康、曰吴鳳□、曰曾語、曰陶瑴、曰張嗣、曰林補、曰陳芳、曰林昭、曰蔡康國、曰陳詢、曰蔡俊臣、曰劉漸、曰陳靖、曰謝忠。證會住持曰本明、曰法超、曰了一，管句僧曰本悟、曰惠脩。

南禪寺藏《大智度論釋》卷七十一前題：「福州管内衆緣就開元寺雕造《毘盧大藏經》板五百餘函，恭爲今上皇帝祝延聖壽，文武官僚同資禄位。都會趙天與、鄭遘、卓元忠、張周、葛龜年、鄭康、吴鳳□、曾語、陶瑴、張嗣、林補、陳芳、林昭、蔡康國、陳詢、蔡俊臣、劉漸、陳靖、謝忠，前管句惠脩，證會前住持本明，見住持浄慧大師法超。」下署「建炎二年七月」。

勸緣沙門行崇，

見醍醐寺藏《大般若波羅蜜多經》卷十一。

印造陳忠。

見《大智度論釋》卷七十一後題。此閩中第二刻也。南宋紹興初紀，湖州歸安縣松亭鄉思溪密州觀察使致仕王永從及弟忠翊郎永錫、姪武功郎沖允、從義郎沖彦、男廸功郎沖元、保義郎沖和、闔家眷屬捐舍家財，開鏤《大藏經》五百五十函。掌經沙門曰法己、曰覺清，幹雕經沙門曰法祖，對經沙門曰仲謙、曰行堅、曰静仁、曰道融、曰修敏，都對證僧曰宗鑑，勸緣僧曰浄梵、曰懷深，雕經作頭曰李孜，印經作頭曰金紹、曰密榮。

南禪寺藏《長阿含經》卷二十三前題：「大宋國兩浙路湖州歸安縣松亭鄉思溪居住左武大夫、密州觀察使致仕王永從，同妻恭人嚴氏，弟忠翊郎永錫、妻顧氏，姪武功郎沖允、妻卜氏，從義郎沖彦、妻陳氏，男廸功郎沖元、妻莫氏，保義郎沖和、妻吕氏，與家眷等，恭爲祝延今上皇帝聖躬萬歲，利樂法界一切有情，謹發誠心，捐捨家財，開鏤《大藏經》板總伍百伍拾函，永遠印造流通。紹興二年四月日謹題。雕經作頭李孜、李敏，印經作頭密榮，掌經沙門法己，對經沙門仲謙、行堅，幹雕經沙門法祖，對經慈覺大師静仁、慧覺大師道榮、賜紫修敏，都對證湖州覺悟教院住持傳天台祖教真悟大師宗鑑，勸緣平江府大慈院住持管内掌法傳天台教説法大師浄梵，勸緣住持圓覺禪院傳法沙門懷深。」南禪寺又藏《無相思塵論》，題語畧同。惟印經作頭金紹，掌經沙門覺清二人爲前卷所無。

此浙本之刊於南渡初者。理宗朝嘉熙、淳祐間，安吉州今湖州。思溪法寶資福禪寺亦刊《大藏》凡五千七百四十卷，自「天」至「最」凡六百九十九號，此浙本之刊於南渡末者。蓋有宋一代，至是《大藏》凡五刊矣。

此藏宜都楊惺吾舍人。舊藏全部，中佚數百卷。往在鄂渚曾展觀，欲録卷中題語。舍人謂當録以見贈，後竟不果。舍人曾著之《日本訪書志》，稱嘉熙三年刊，乃畧舉其一題。全藏數百函，非一時所能竟，南禪寺藏安吉州本《大方廣佛華嚴經合論》卷一百五及一百十一、一百十三諸卷，皆署「淳熙二年」，卒不知經始何時及何年訖工。舍人身後，此經已他售，弗可寓目矣。

元代《大藏》凡三刊。一曰《杭州路南山普寧寺大藏經》，始於南宋祥興元年，而成於元世祖至元之末。

案：《普寧寺藏》諸經題記，或署干支，或記年號。予所見者，曰戊寅年，乃宋祥興元年也。曰己卯年，祥興二年也。曰辛巳年，元至元十八年也。又有署至元十六年、十八年、十九年者，而止於至元二十一年，故疑是始於宋末而成於世祖之季葉。

於寺中設《大藏經》局，亦曰刊經局。

見南禪寺藏《大般若波羅密多經》卷二十尾題。

領其事者曰住山僧道安，曰如一。

戊辰至至元十六年所刊，署「住山釋道安」。至元十八年以後所刊，則署「住山釋如一」。

二曰《杭州路大萬壽寺奉敕雕造河西字大藏》。凡三千六百二十餘卷，至大德六年畢工。

善福寺藏《大宗地玄文本論》卷三末載：「大德十年，宣授松江府僧録管主八題記有欽覩聖旨於江南浙西道杭州路大萬壽寺，雕刊《河西字大藏經》板三千六百二十餘卷。《華嚴》諸經懺板至大德六年完成。」法京藏敦煌西夏文經，後有《廣福大師管主八施經記》。又蘭州修獄亦得西夏文《華嚴經》刊本，皆《河西文大藏》。

三曰《延聖寺大藏》。大德五年，河南、江北等處行中書省左丞朱文清，同男顯祖，施財刊造《大藏經板》一千卷，捨入平江路沙磧延聖寺。

南禪寺藏《大方廣佛華嚴經》卷十五後題：「資德大夫、河南江北等處行中書省左丞朱文清，同男顯祖等，施財論工，造《大藏經》板一千卷，捨入平江路砂磧延聖寺，永遠流通功德，專爲祝延聖壽萬安。辛丑，大德五年九月日，提調刊板僧法雷謹題。」

十年，松江府僧録管主八以經板未完，乃募緣續刊一千餘卷。

《大宗地玄文本論》卷三末管主八題記中有云：「近見平江路砂磧延聖寺《大藏經》板未完，遂於大德十年閏正月爲始，施財募緣，接續雕刊，已及一千餘卷」云云。

至大中，寺僧慧聯、行堅、德瑞迴施其師遺財，復雕刊千卷。

内藤氏藏《發智大毘婆沙論》卷百五十一後題：「伏承本寺僧慧聯、行堅、德瑞謹發誠心，迴施先師雲洲首座頤僧正遺下衣鉢，一力雕刊《大藏尊經》一千卷，功德專用，還薦覺靈，莊嚴報地。至大三年六月日，住山明志謹題。」

其畢刊於何年，與函卷之數，不可得而詳矣。此宋、元兩代雕刊《釋藏》之大畧，就予瀏覽所及者記之。更當稽證前籍，别爲詳考，謹俟諸異日焉。

整理後記

《羅振玉學術論著集》第五集收書凡十六種。兹將整理分工情況説明如後：

《金石萃編校字記》、《寰宇訪碑録刊謬》、《補寰宇訪碑録刊誤》、《再續寰宇訪碑録》四種由叢文俊君整理；《增訂漢石存目》、《魏晉石存目校補》兩種由叢文俊君整理，張中澍君校訂。《高士傳輯本》、《王子安集佚文附校記》、《隰西草堂集拾遺》、《蒿庵集捃佚》、《鶴澗先生遺詩輯存附補遺》、《葦間老人題畫集》、《經義考目録附校記》七種由余整理。《臨川集拾遺》由管成學君整理。《墓誌徵存目録》由張中澍君整理，由余校訂。《宋元釋藏刊本考》則由陳維禮君整理。

收入各書之整理均在上世紀八十年代初葉，大劫初過，百廢待舉。與役同仁，或落實政策，甫獲調歸；或間隔十載，再拜絳帳。家室分離，居無定所。爲求職稱晉升，不得不匆忙奔走於課堂以足教學時數，爲文發佈於期刊以塞科研成果。《羅集》整理，唯賴假日公休，夤夜燈下。而其時工作環境，既乏必要之資料以供查閲參考，又多浮躁之心態難得專心對待。整理質量，未克愜意。此次付梓，雖經審改，並由編輯諸君糾謬正訛，各類誤漏，勢難盡免。敬希讀者批評指正是幸。

上列各書整理藏事十餘載後，蔣清翊氏《王子安集注》於上海古籍出版社出版，因羅之《王集》輯佚資料寫作成文後，曾經幾度訂補，《集注》出版選用前出，致有遺漏。余曾就此著文《關於王子安集的佚文與校記》，刊發於《古籍整理研究學刊》一九九七年第二期。附識於此，或可爲關注《王集》者之參助。

王同策二〇一〇年四月十日

圖書在版編目(CIP)數據

金石萃編校字記(外十五種) / 羅振玉著;羅繼祖主編. —上海:上海古籍出版社,2013.10
(羅振玉學術論著集)
ISBN 978-7-5325-6918-2

Ⅰ.①金… Ⅱ.①羅… ②羅… Ⅲ.①漢字—古文字—研究—中國②古籍研究—中國 Ⅳ.①H121②G256.1

中國版本圖書館 CIP 數據核字(2013)第 163591 號

羅振玉學術論著集
金石萃編校字記(外十五種)
(全二册)
羅振玉 著
羅繼祖主編 王同策副主編
上海世紀出版股份有限公司
上 海 古 籍 出 版 社 出版
(上海瑞金二路 272 號 郵政編碼 200020)
(1) 網址:www.guji.com.cn
(2) E-mail:guji1@guji.com.cn
(3) 易文網網址:www.ewen.cc
上海世紀出版股份有限公司發行中心發行經銷
安徽新華印刷股份有限公司印刷
開本 889×1194 1/32 印張 49.25 插頁 10 字數 973,000
2013 年 10 月第 1 版 2013 年 10 月第 1 次印刷
印數 1 — 800

ISBN 978-7-5325-6918-2

K·1749 定價:198.00 元